本书的写作得到国家自然科学基金重点项目"推动经济发达地区产业转型升级的机制与政策研究"（批准号：71333007）和暨南大学产业大数据应用与经济决策研究实验室研究经费资助

扩大出口与
推进贸易强国建设研究

Expanding Exports and Promoting the
Construction of a Trading Power

余壮雄◎编著

暨南大学出版社
JINAN UNIVERSITY PRESS

中国·广州

图书在版编目（CIP）数据

扩大出口与推进贸易强国建设研究/余壮雄编著. —广州：暨南大学出版社，2019.5
ISBN 978 - 7 - 5668 - 2626 - 8

Ⅰ.①扩…　Ⅱ.①余…　Ⅲ.①对外贸易—研究—中国　Ⅳ.①F752

中国版本图书馆 CIP 数据核字（2019）第 078566 号

扩大出口与推进贸易强国建设研究
KUODA CHUKOU YU TUIJIN MAOYI QIANGGUO JIANSHE YANJIU
编著者：余壮雄

出 版 人：徐义雄
策　　划：徐义雄
责任编辑：姜琴月　康　蕊
责任校对：陈皓琳
责任印制：汤慧君　周一丹

出版发行：暨南大学出版社（510630）
电　　话：总编室（8620）85221601
　　　　　营销部（8620）85225284　85228291　85228292（邮购）
传　　真：（8620）85221583（办公室）　85223774（营销部）
网　　址：http：//www.jnupress.com
排　　版：广州市天河星辰文化发展部照排中心
印　　刷：佛山市浩文彩色印刷有限公司
开　　本：787mm×1092mm　1/16
印　　张：13
字　　数：274 千
版　　次：2019 年 5 月第 1 版
印　　次：2019 年 5 月第 1 次
定　　价：48.00 元

前　言

作为拉动经济增长的三驾马车之一，出口贸易对于我国国民经济发展有着举足轻重的地位。改革开放四十年以来，我国出口贸易取得了举世瞩目的成就，我国也跃然成为一个贸易大国。根据我国海关总署数据，我国在 2017 年的出口贸易总额为 2.26 万亿美元，超出 1981 年的 220 亿美元出口贸易总额 100 多倍。而根据世界贸易组织数据，我国的出口贸易总额在国际出口贸易市场所占的份额已从改革开放初期的 1.3% 上升至 2016 年的 13.6%，成为推动全球出口贸易增长的中坚力量。

但是由于 2008 年全球金融危机的阴霾仍未散去，全球经济依旧处于一个相对低迷的状态，加快恢复经济活力已成为各国的燃眉之急。部分国家为了实现自身经济复苏，不是主动寻求国际合作，共同谋求双赢发展，而是不断设立贸易壁垒，采取贸易保护措施，给我国等贸易大国发展出口贸易带来了不容忽视的挑战。

从进出口贸易的量的角度来看，我国已是贸易大国，但从进出口贸易的质的角度来看，我国还是贸易"小"国，无论是进出口贸易的商品质量还是进出口贸易的规则制定权、谈判话语权都仍待提高。随着开放型经济新体制的逐渐建立和完善，我国未来的发展方向越来越清晰：主动参与和推动经济全球化进程，发展更高层次的开放型经济，推动形成全面开放新格局。基于国际经济格局的改变以及我国外贸发展态势的预判，党在不同历史时期提出了不同的对外开放战略目标，从 2007 年党的十七大提出要"提高开放型经济水平"，到 2012 年十八大提出要"全面提高开放型经济水平"，再到 2017 年十九大提出要"推进贸易强国建设、推动形成全面开放新格局"。

扩大出口、加快推进贸易强国是实现全面开放新格局的必经之路，也是当前推动出口贸易转型升级的关键战略。只有实现从贸易大国向贸易强国的转变，我国才能在日益激烈的国际竞争中更切实地保障本国出口贸易的合法权益，才能掌握更多进出口贸易的规则制定权和谈判话语权，才能从根本上提升我国出口贸易在全球产业价值链分工的地位。

本书力求突出新特色、分析新问题、启发新思路，首先分析了我国的出口贸易现状以及存在的问题，然后着眼于当前我国的自贸区建设、"一带一路"建设以及对外合作与援助项目的进展情况，结合近期我国与美国的贸易摩擦，最后总结出如何推进贸易强国建设的政策建议，有助于读者厘清我国出口贸易的发展历程以及了解如何把我国建成贸易强国，同时也希望能为相关决策机构提供参考。

余壮雄

2018 年 7 月于暨南园

CONTENTS 目录

第一章 中国出口贸易的现状分析

第一节 国际贸易的时代背景

1945 年 9 月 2 日，日本签署投降协议书，标志第二次世界大战结束。"二战"结束之后稳定的社会环境为世界经济的发展创造了有利条件，世界经济朝着经济一体化、经济制度化的趋势发展。世界经济的发展像是那春日里的一声雷，唤醒了在战争中逐渐沉睡的世界贸易，自此世界贸易便开始飞速发展，对外贸易的规模不断扩张，国家区域之间的贸易往来也日渐频繁。同时世界贸易的飞速发展，带来了世界各国与各地区经济的一个快速增长期。

根据世界贸易组织（简称世贸组织，英文缩写 WTO）的数据（如图 1－1），自从"二战"以来，世界出口贸易迅猛发展，其总额从 1948 年的 590 亿美元陡增到 2016 年的154 640 亿美元，整个出口贸易的形势几乎呈现指数增长的态势，可见就整个世界的贸易市场而言，出口贸易的增长是世界经济持续发展所带来的必然结果。

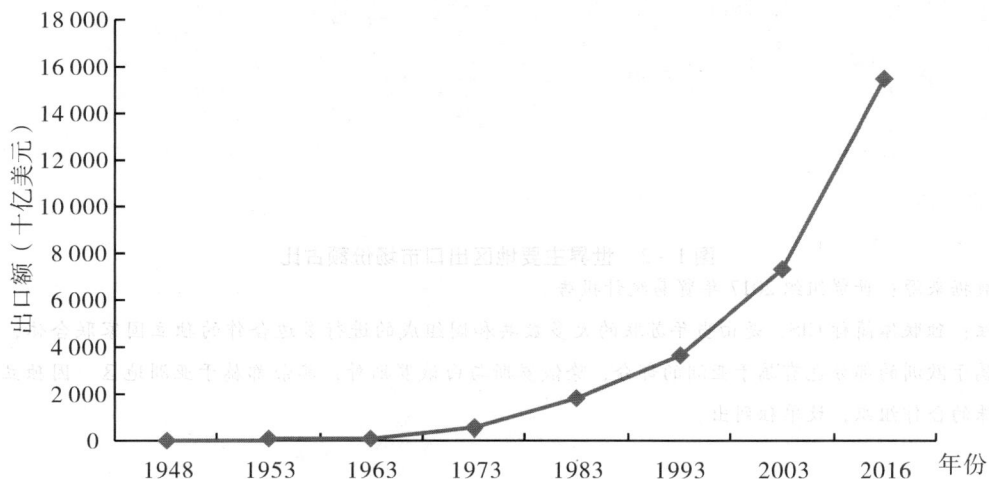

图 1－1 世界出口贸易额

数据来源：世贸组织 2017 年贸易统计报告。

此外，根据世贸组织 2017 年贸易统计报告的结果（如图 1－2），世界对外贸易的出口主要集中于欧洲和亚洲，分别占据世界对外贸易市场份额的 38.4% 和 34.0%，两个地区的累计份额占比为整个世界对外贸易市场份额的一半以上，根据市场集中度的指标衡量，出口市场还是具有较高的市场集中度，因为贸易市场的高集中度，也就意味国家在市场上想要占据一席之地，必须有自己独特的市场优势。同时数据显示，2016 年中国商品的出口额占据世界商品出口额的 13.6%（如图 1－3），虽然 2015 年国家贸易市场情况相对低迷，但是中国的出口依旧保持在世界的前列。即使我国对外贸易概况喜人，但出口贸易是把双刃剑，虽然目前而言是利大于弊，但是占据的市场份额过大，也意味着将面临更大的市场风险。利益与风险并存，一旦国际市场出现较大的波动，对中国的影响将极大，而出口贸易又是国民经济的重要拉动力之一，在经济体制的经济活动的传导机制下，必然会引起国民经济的巨大波动。在这样的背景之下，我国对外贸易的发展更应该步步为营，谨慎行事，追求稳中求进。

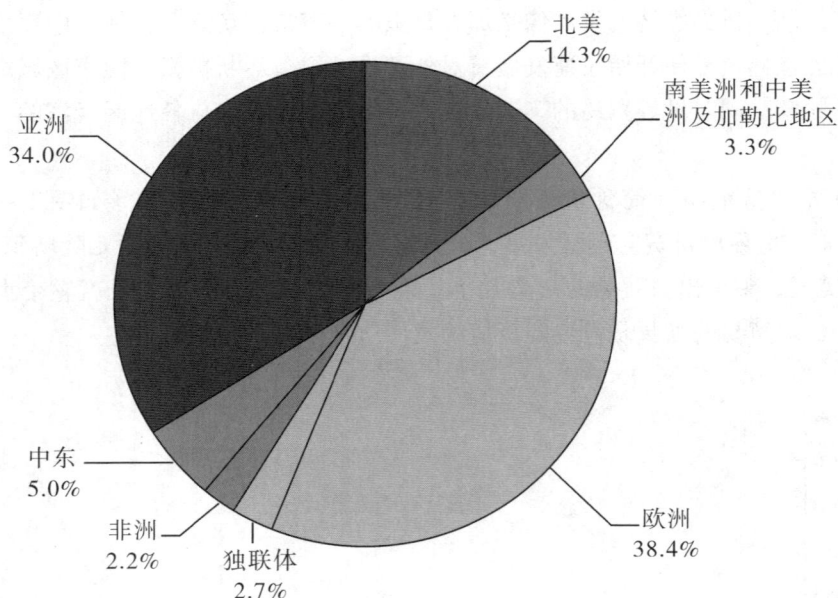

图 1－2　世界主要地区出口市场份额占比

数据来源：世贸组织 2017 年贸易统计报告。

注：独联体简称 CIS，是由当年苏联的大多数共和国组成的进行多边合作的独立国家联合体，其中既有属于欧洲的部分也有属于亚洲的部分，除俄罗斯与白俄罗斯外，其余都属于亚洲地区。因独立联体属特殊的合作组织，故单独列出。

从历史的经验角度来看，对外贸易是一国经济发展到一定程度的产物，也是国家实力的重要组成部分，是一个国家或地区参与国际分工，开展对外经济政治活动的重要形式。在如今开放的国际经济全球一体化的浪潮中，国家对外贸易的发展规模和发展水平也成为衡量一个国家经济发展程度、经济开放程度以及国际影响力程度的一个极为重要的指标。总而言之，对外贸易的发展是一个国家或地区在世界国际经济舞台上地位的一个重要的外在表现。而对于中国，一个拥有着世界最多人口数的大国，想要谋求发展，历史的经验已经告诉我们不能故步自封、闭门造车，而是需要走出去，因此，无论是世界发展的大趋势也好，还是中国自身发展的需求也好，对外贸易都是无法绕过的重要环节。

对外贸易对国民经济发展的牵引作用不言而喻，对外贸易的发展让许多国家的经济从战争阴影中走出来，并且迅速回温，不断发展。在经济发展开放程度不断扩大的今天，对外贸易更是成为一个国家经济发展命脉的重要一环。纵观整个世界贸易的发展历程，了解世界贸易的发展趋势与特点，更好地在世界贸易的大环境、大背景之下努力发展我国贸易经济，不论是单纯为了贸易的发展，还是进一步提升国民经济的发展，都是极具意义的。纵观把控全局，才能让我国贸易紧跟世界贸易的潮流。在贸易的周期性变化中，了解、发掘世界贸易的发展规律和特点，能让我们更加准确地把握我国贸易在世界贸易中的定位，及时、实时地预测与调整我国的贸易方式与结构，让我国对外贸易能在世界的贸易市场中始终保持并占据相对重要的市场地位。与此同时，我国作为一个综合性的大国，既要积极发挥对外贸易对我国国民经济发展的促进作用，更要在促进地区、国家乃至整个世界的经济发展中发挥一个大国的作用，承担一个综合大国促进世界经济发展的职责。

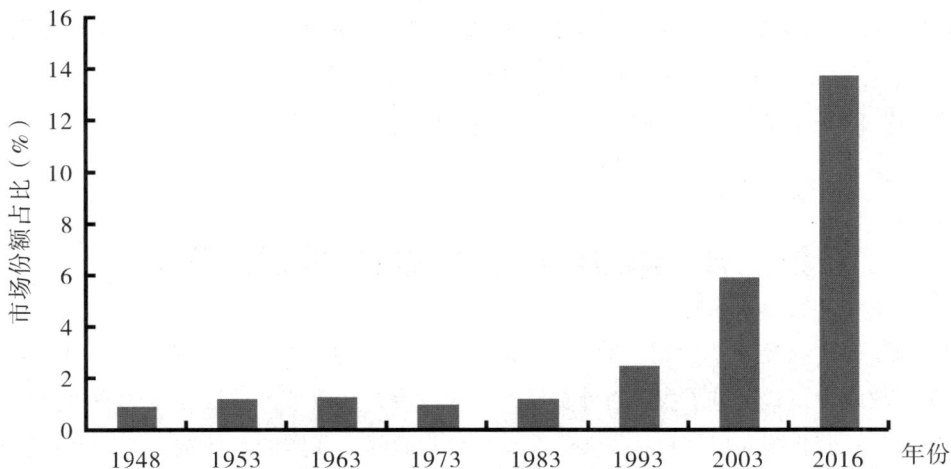

图 1－3　中国出口贸易额占据世界市场份额

数据来源：世贸组织 2017 年贸易统计报告。

世贸组织的数据显示，2015 年我国实际出口贸易总额占据世界出口贸易总额的14.22%，占据整个亚洲地区的48.63%，是当之无愧的世界出口贸易大国。在世贸组织2017 年贸易统计报告中，我们可以看到中国的出口贸易额在国际出口贸易上占据着越来越多的市场份额，从"二战"刚刚结束的 1948 年的 0.9%，到 2015 年已达 14.22%。虽然相比较于 2015 年而言，2016 年中国出口贸易额在世界市场上的份额占比稍有下降，但是依旧达到了 13.6%，占据世界第一，并且遥遥领先于排名第二的美国的 9.4%。经过这么多年的发展，我国已经成为实至名归的出口贸易大国了。就中国出口贸易总额所占国际市场份额的数据来看，中国的对外贸易发展取得可喜的成果，这也表明我国近些年在出口贸易方面的实力和水平都有了显著的提高，但是国际环境瞬息万变，目前骄人的成果并不能成为我国对外贸易发展就此懈怠的理由。伴随着区域经济的发展，国家之间的联系愈发紧密，出口贸易也成为国家对外经济发展的一种重要手段，如何利用出口贸易的契机，为国家和地区的发展谋取更多的发展条件和机遇是每个贸易国家都关心的问题。同时，我国出口贸易在世界的出口贸易市场上占据较大的市场份额，利益与风险并存，这也意味着我们在对外出口贸易的国际市场中面临着更大的风险，国际贸易市场的风吹草动都有可能牵一发而动全身。在这样的时代背景下，既要推进我国出口贸易的进一步发展，又要让我国的出口贸易在国际市场的发展中能够具有更大的风险抵抗性，既要求能够不断扩大市场份额、扩大出口规模，又要保证出口贸易的高质量，不断提高风险抵御性。要进，但更要稳中求进。所以，在这样的国际贸易的时代背景下，研究我们的出口贸易，发现我国出口贸易中存在的问题和不足，就显得很有必要了。需要经过研究挖掘，根据实际情况进行调整优化，促进我国出口贸易更加良性地发展，在保证"量"的基础上同时提高"质"。目前无论从什么角度而言，我国都是一个出口大国，但是众所周知我国出口的商品基本属于技术附加成分低的制造品，且加工贸易比例较大，具体情况在后文中会作详细的数据说明，此处不赘述。总而言之，我国出口贸易还有较大的改善空间，可不断将我国出口贸易由"中国制造"打造成为"中国质造"，再到"中国创造"。

第二节　出口贸易与国民经济发展的联系

1978 年，这个注定被历史铭记的一年，改革开放政策的实施，将中国正式推向了世界的舞台。改革开放政策正式促进了我国对外贸易的飞速发展，在改革开放四十年的岁月里，乘借改革的春风，依托着我国人口红利和优势的劳动力要素禀赋，我国的对外贸易如同开足了马力的列车，一路高歌猛进，经历了从未有过的飞速发展，谱写了属于中国的对外贸易新篇章。

根据历史的发展经验来看，任何经济活动都是历史活动的产物，所以每个时代的经济活动也必然有着当下的时代印记。历史在不断的继承中发展，遵循着一定的规律不断展开，不断延续，因此由此而产生的经济活动也因为历史的遗留性而存在相互的联系，具有历史的继承性。中国，作为一个拥有着上下五千年历史底蕴的文明国度，关于贸易的渊源可以追溯到有史料记载的汉通西域的"丝绸之路"，这个原来由军事目的促发的西行之路，在我国经济发展新常态的时代背景下，演变成增加多边国家合作，促进我国贸易、政治、文化发展的极具时代意义的"一带一路"。在"一带一路"建设推行中，我国贸易面临着更多的机遇，但是我国人口红利、资源禀赋的优势逐渐消失，我国出口结构存在的诸多系列问题也逐渐浮出水面。如何在新常态的经济背景下，在世界贸易的大体系中，优化我国的出口贸易结构，进一步挖掘、发现我国出口贸易存在的问题，并提出解决问题的方法，是进一步促进我国外贸经济发展，促进我国国民经济发展的关键所在。

从改革开放伊始，在过去的 40 年的光景里，我国出口贸易一直保持着高速的增长，根据我国的海关数据，从 1978 年到 2017 年的 39 年中，我国出口贸易总额达到了年平均 20.45% 的增长率，出口贸易的规模得到了极大的扩张。虽然在 2008 年受全球金融危机的冲击影响，我国出口贸易总额缩减，但是在之后的几年中呈逐步回升的状态。而在后金融危机时代，全球贸易增速放缓，并于 2015 年出现萎缩，在全球贸易萎缩的大环境下，2014—2016 年，我国出口贸易的发展呈现负增长，也正是这一种贸易的实际情况，让更多的学者投身于出口贸易的发展研究之中。

出口贸易作为一个重要的宏观经济指标，是我国经济发展重要的三驾马车之一，缺少出口贸易对国民经济的拉动作用，我国经济的发展速度必然放缓。从我国目前主要的贸易商品货物和服务来看，货物和服务净出口大体上都对我国国内生产总值有着较大的拉动作用和贡献率（如图 1-4）。相关学者的研究发现，我国出口贸易每增加 1%，国内生产总值（GDP）会增加 0.17%。不管是从实际经济发展的事实来看，还是从诸多学者的研究数据来看，出口贸易的发展对我国国民经济的发展都有着举足轻重的影响。

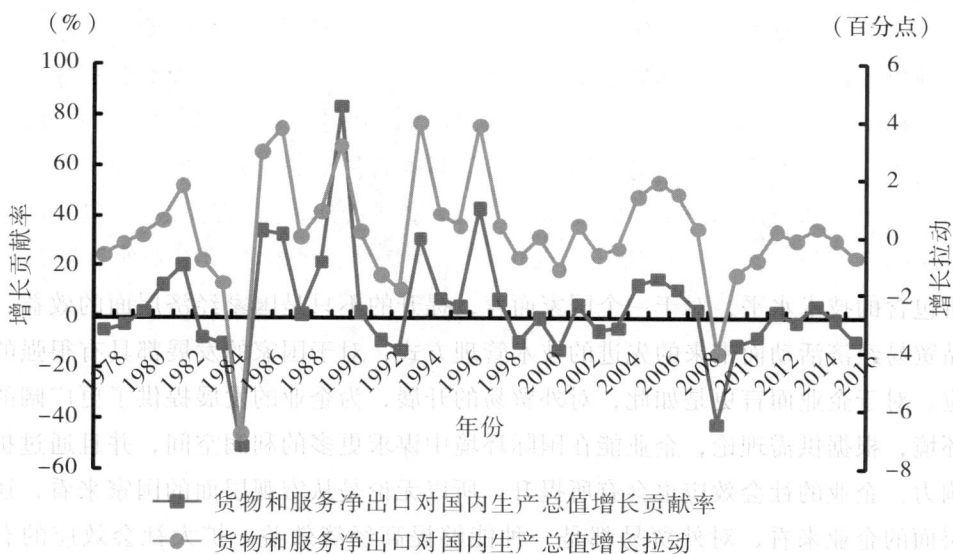

图 1-4 货物和服务净出口对国内生产总值的影响

数据来源：国家统计局。

　　为什么要发展对外贸易，如同为何选择实施改革开放、大开国门的政策一样，历史的发展已经给了我们最好的答案，但是即使如此，关于对外贸易对国民经济的内在影响机理还是需要一种系统的解释，数据所呈现的是影响机理最后结果的外在表现，深入剖析发展对外贸易的重要性，才能让我们更加坚定地走中国改革开放的道路，坚持走出去的政策指导。

　　对外贸易是国际资源的配置调节，能够优化资源配置的结构。在经济学上，从亚当·斯密的分工理论到大卫·李嘉图相对比较优势的禀赋理论，对外贸易最初的经济理论支持就是因为发展对外贸易能够起到一种资源的调节作用，具有劳动力禀赋优势的国家和地区与具有自然资源禀赋的国家和地区进行商品互换，各取所需。对外贸易成为一个很好的载体，缓解了由于资源禀赋的限制而影响一国或一地经济发展的问题。通过对外贸易载体，具有某一禀赋相对优势的国家和地区可以利用自己多余的资源换取自身缺少的资源，大家各取所需，相互促进彼此之间的发展，就整个世界的资源配置而言，实际是起到了一个帕累托优化的作用。若国家或者地区之间的资源禀赋差异不大，国家和地区却由于内在的社会情况和居民生活习性的不同，对于商品或者服务的需求也存在差异，所以即使在资源禀赋相差无几的国家或地区之间，相对而言对外贸易依旧是促进国家和地区经济均衡发展的一种重要手段。

　　对外贸易是一种产生经济效益的重要途径。司马迁《史记》的第一百二十九章"货殖列传"中对人性的解剖有一句脍炙人口的言语，"天下熙熙，皆为利来；天下攘攘，皆为利往"，在经济活动中，这句话形容经济资本活动其实更为生动贴切，资本都是逐利的，对于企业而言如何实现企业利益的最大化始终都是每个企业的最终目标。暂时撇开国家政策、社会效应这类字眼（主要是为了将国际援助、企业社会责任之类的公益性行为排除在外），就常规的商业经济活动而言，大到国家，小到每一个具体的企业，逐利是经济活动的本质所在。对于国家而言，对外贸易是储存外汇的重要举措，面对国内市场的相对饱和与国际市场巨大的市场空间，各国纷纷发展对外贸易，就是为了分取国际市场的一杯羹。而且经济活动不仅仅只涉及商品的流动，其本身所依附的附加价值，所包含的技术水平，对于一个国家而言，提升的不只是国家经济层面的效益，还有因商品贸易经济活动而带来的先进的技术管理方式，对于国家的发展都具有很强的社会正效应。对于企业而言更是如此，对外贸易的开展，为企业的发展提供了更广阔的市场需求环境，根据供需理论，企业能在国际环境中谋求更多的利润空间，并且通过扩大国际影响力，企业的社会效应也会有所提升。所以无论是从宏观层面的国家来看，还是从微观层面的企业来看，对外贸易都是一种能够提高经济效益、扩大社会效应的有效措施。同时由于国际市场的有利可图，企业的扩大生产也进一步缓解了国家的就业压力，稳定了国家的社会环境。

　　对外贸易能够带来先进的科学技术和管理经验，提高国内社会生产效率，促进产业结构优化升级。从更为广泛的对外贸易的定义中我们知道，对外贸易不仅仅局限于传统的商品交换，还伴随着第三产业的兴起、繁荣，技术和服务已经成为当下世界对外贸易不可缺少的一部分，即使是最为传统的商品，其附带的其余价值也是一种重要的资源。在当今互联网迅猛发展、交通运输空前繁荣的时代，技术和服务输出已经是一个具有一定规模和相对成熟体系的贸易方式。一方面，先进的生产技术和管理经验能够提高国内企业的生产执行效率，调整、改善国家的产业结构，促进产业结构优化与产业转型升级；另一方面，因为面临更具竞争压力的国际环境，我国企业必须不断地追求创新，不断地改善目前生产经营所存在的问题。开放的国际大环境，既是一种机遇，也是一种挑战。压力会促进国内企业转型升级，如今的时代不同往日，德国的幼稚工业保护贸易政策是基于"二战"之后世界经济低迷的背景，对幼稚产业所采取的一种举措，但是那是短暂的，一国的企业想要真正成长起来，适应国际环境是其发展历程中无法跨越的环节。创新，是一个国家和民族发展的不竭动力，而对外贸易正是为国家注入了一种内在的驱动力，国家只有积极主动地参与国际竞争，在适者生存的国际竞争环境中，才能大浪淘沙，淘汰效率低下的企业，培养具有核心竞争力的企业，从而提高国内微观企业的发展层次和水平，提高企业的生产效率。企业是微观经济的重要个体，是宏观经济主体的重要组成部分，因此对外贸易对微观企业所产生的作用，会通过微观企业的联动，表现为整个国家宏观的国民经济的运作。

对外贸易不仅仅是一种经济活动，更是一种政治活动。有着紧密经济往来的国家，在外交事务的交涉之时也面临着更少的阻碍，发展对外贸易是国家与其他国家和地区之间的一种重要外交行为，能够促进各个国家和民族之间更为友好的合作关系，从而促进整个世界的经济发展。

因此，对外贸易对国民经济的发展有着举足轻重的影响，而且出口贸易又是对外贸易最为重要的一部分，其对国民经济的影响自然不容忽视。特别是就我国的国情而言，出口贸易是拉动我国 GDP 增长的三驾马车之一，而且无论是历史的经验，还是各界学者的研究，出口贸易对国民经济的重要性都不言而喻，因此推进我国出口贸易的发展，是在经济新常态的时代背景之下，实现我国国民经济进一步发展的重要手段之一。推进我国贸易强国的建设不仅仅是当下的选择，也是历史的继承。我国对外贸易的历史源远流长，在历史上我国一度是世界出口的大国强国，所以推进出口贸易，加强我国的对外贸易，既是我们的历史使命，也是当下经济发展新常态的时代抉择。

第三节　中国出口贸易的概况

我国对外贸易的思想由来已久，对外贸易早期萌芽于夏商，发展于两汉，在唐宋元时期繁荣，明清开始走向衰落。张骞通西域、"丝绸之路"的开辟、郑和下西洋，都是我国古代贸易历史上经久不衰的历史佳话。虽然我国的对外贸易在明清时期经历了较为灰暗的一段时间，但是改革开放的政策为我国对外贸易重新插上了双翼，顺着世界经济发展的大趋势，中国对外贸易迅猛发展，创造了属于中国的贸易新篇章！

出口贸易是一国创收外汇的重要方式，对于我国目前的产业转型升级、新型产业的发展都有着重要的意义。在了解我国出口贸易的基本情况之前，首先需要了解出口贸易的几个基本概念。对外贸易，顾名思义，即一国或者地区与其他国家或者地区之间进行的实物交换，但是这个概念是对外贸易的传统狭义定义，伴随着交通运输的发展，国际之间的交通运输成本降低，凭借着互联网的兴起繁盛，国家与地区之间的对外贸易不仅仅局限在有形商品的贸易，服务和技术等无形商品也成为当代国际贸易市场上不可或缺的重要组成部分。因此，在当代世界经济贸易的背景下，对外贸易有了更为广泛的定义，在传统狭义定义的基础上，加入服务和技术等无形商品的贸易，并且服务和技术等无形商品的贸易在国际贸易市场上占据越来越重要的市场地位，是未来对外贸易发展的趋势所在。但是国际贸易与对外贸易是不同的，国际贸易泛指世界范围内的商品、技术、服务的交换，所以从意义上说对外贸易是就国家层面而言的，国际贸易是国家对外贸易活动的总和。与传统的国内市场相比较而言，对外贸易因为涉及国家以外的国际环境，所面临的市场复杂性、广阔性、不确定性和综合性也是国内贸易所不存在的，所以对外贸易也具有风险性、专业性以及长期性等特点。

但是无论如何，我国近代贸易的发展都取得了相对不错的成果，根据国家统计局以及海关总署的数据，我国贸易在改革开放之后一直处于逐步攀升的状态。特别是 2001 年 12 月我国正式加入世贸组织以来，我国的出口贸易规模更是急速攀升。虽然在 2008 年全球金融危机的影响之下，我国的贸易受到了严重的影响，但是在这次经济危机后我国贸易迅速恢复了过来。2015 年我国出口贸易总额虽然有所下降，但是从海关总署 2018 年最新的数据来看（如图 1-5），我国的出口贸易总额还是保持一个上升的趋势。

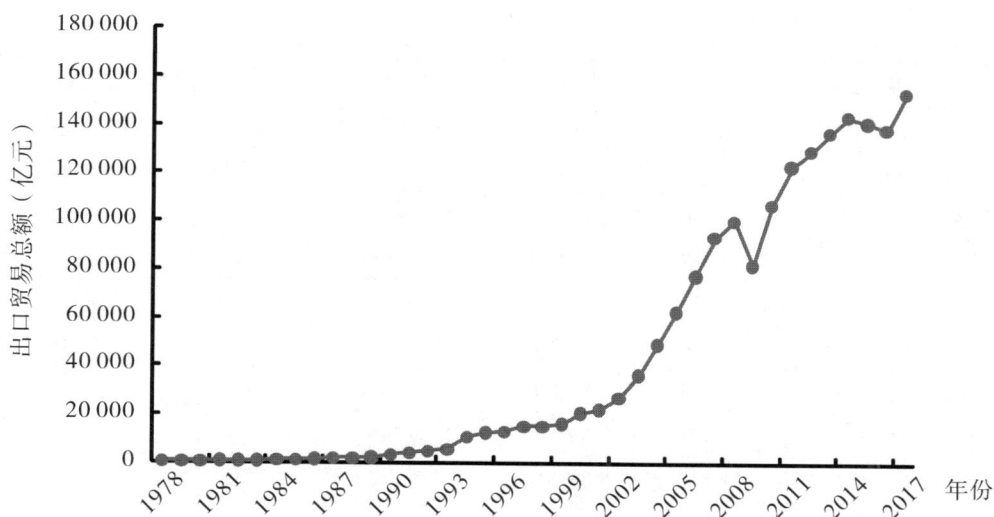

图 1 - 5　1978—2017 年我国出口贸易情况

数据来源：中国海关总署。

　　从改革开放之后出口贸易的增长率数据来看，虽然我国出口贸易额的变化波动较大，但是基本都保持正增长的趋势，除去 2008 年全球金融危机的影响，我国出口贸易相对而言还是呈稳步增长的状态。但是就增长率数据的时间维度来看，我国出口贸易经历改革开放后一段时期的极速发展后，在 1994 年达到一个增长率的顶峰，自那之后，增长的速度开始放缓，在经历金融危机的影响之后，我国出口贸易的增长速度进一步放缓，这表明我国出口贸易体系在不断地成熟。增长速度的放缓不仅是受国际经济大环境的影响，而且是我国自主的一种选择，即不再单纯追求量的增长。在过去四十年时间里，我国出口贸易的发展的确实现了腾飞，但是我国出口商品结构单一化，出口商品也多为一些低附加值的商品。

　　就我国贸易进出口的总体情况来看，我国已经实现由一个进口大国向一个出口大国的角色转变，从我国的贸易差额来看，我国已经由贸易逆差转变为贸易顺差的出口大国（如表 1 - 1）。

表 1 - 1　我国贸易进出口情况（1981—2017）

年份	进出口 （百万美元）	出口 （百万美元）	进口 （百万美元）	贸易差额 （百万美元）	比去年同期（%）		
					进出口	出口	进口
1981	44 022	22 007	22 015	-8			
1982	41 606	22 321	19 285	3 036	-5.5	1.4	-12.4
1983	43 616	22 226	21 390	836	4.8	-0.4	10.9

（续上表）

年份	进出口 （百万美元）	出口 （百万美元）	进口 （百万美元）	贸易差额 （百万美元）	比去年同期（%）		
					进出口	出口	进口
1984	53 549	26 139	27 410	−1 271	22.8	17.6	28.1
1985	69 602	27 350	42 252	−14 902	30.0	4.6	54.1
1986	73 846	30 942	42 904	−11 962	6.1	13.1	1.5
1987	82 653	39 437	43 216	−3 779	11.9	27.5	0.7
1988	102 784	47 516	55 268	−7 752	24.4	20.5	27.9
1989	111 678	52 538	59 140	−6 602	8.7	10.6	7.0
1990	115 436	62 091	53 345	8 746	3.4	18.2	−9.8
1991	135 634	71 843	63 791	8 052	17.5	15.7	19.6
1992	165 525	84 940	80 585	4 355	22.0	18.2	26.3
1993	195 703	91 744	103 959	−12 215	18.2	8.0	29.0
1994	236 621	121 006	115 615	5 391	20.9	31.9	11.2
1995	280 864	148 780	132 084	16 696	18.7	23.0	14.2
1996	289 881	151 048	138 833	12 215	3.2	1.5	5.1
1997	325 162	182 792	142 370	40 422	12.2	21.0	2.5
1998	323 949	183 712	140 237	43 475	−0.4	0.5	−1.5
1999	360 630	194 931	165 699	29 232	11.3	6.1	18.2
2000	474 297	249 203	225 094	24 109	31.5	27.8	35.8
2001	509 651	266 098	243 553	22 545	7.5	6.8	8.2
2002	620 766	325 596	295 170	30 426	21.8	22.4	21.2
2003	850 988	438 228	412 760	25 468	37.1	34.6	39.8
2004	1 154 554	593 326	561 229	32 097	35.7	35.4	36.0
2005	1 421 906	761 953	659 953	102 001	23.2	28.4	17.6
2006	1 760 438	968 978	791 461	177 517	23.8	27.2	19.9
2007	2 176 175	1 220 060	956 115	263 944	23.6	25.9	20.8
2008	2 563 255	1 430 693	1 132 562	298 131	17.8	17.3	18.5
2009	2 207 535	1 201 612	1 005 923	195 689	−13.9	−16.0	−11.2
2010	2 974 001	1 577 754	1 396 247	181 507	34.7	31.3	38.8
2011	3 641 864	1 898 381	1 743 484	154 897	22.5	20.3	24.9
2012	3 867 119	2 048 714	1 818 405	230 309	6.2	7.9	4.3
2013	4 158 993	2 209 004	1 949 989	259 015	7.5	7.8	7.2
2014	4 301 527	2 342 293	1 959 235	383 058	3.4	6.0	0.4
2015	3 953 033	2 273 468	1 679 564	593 904	−8.0	−2.9	−14.1

（续上表）

年份	进出口（百万美元）	出口（百万美元）	进口（百万美元）	贸易差额（百万美元）	比去年同期（%）		
					进出口	出口	进口
2016	3 685 557	2 097 631	1 587 926	509 705	-6.8	-7.7	-5.5
2017	4 107 164	2 263 371	1 843 793	419 578	11.4	7.9	16.1

数据来源：中国海关总署。

1990 年是我国进出口贸易发展历史上一个重要的转折点，自此之后，我国进出口贸易呈现由贸易逆差转向贸易顺差的整体态势。表 1-1 的数据不仅表明了我国的外贸规模在急速扩张，也反映了我国贸易进口与出口结构的不断转变。

从我国出口贸易额变化的整体趋势来看，我国的出口贸易整体保持增长的趋势，出口贸易额的增长率基本都为正，除去 2008 年因为全球金融危机影响，出口贸易锐减。同时 2015 年和 2016 年两年我国的出口贸易额有所下降，但是在 2017 年已经展现回升的迹象，并且进出口增长率达到 10% 以上，创造 2011 年以来的新高。同时根据 1994 年和 2011 年前后我国贸易的增长率变化来看，我国出口贸易的增长速度在逐步放缓，在 1994 年达到极点之后，开始放缓，在 2010 年开始第二阶段的放缓，因此从增长率的整体情况来看我国的出口贸易经历了三个不同增长水平的阶段，这也侧面反映了我国出口贸易结构的不断成熟，不再一味地扩张出口贸易的规模，转而更加关注贸易本身的发展建设，以提高我国出口贸易的发展水平。

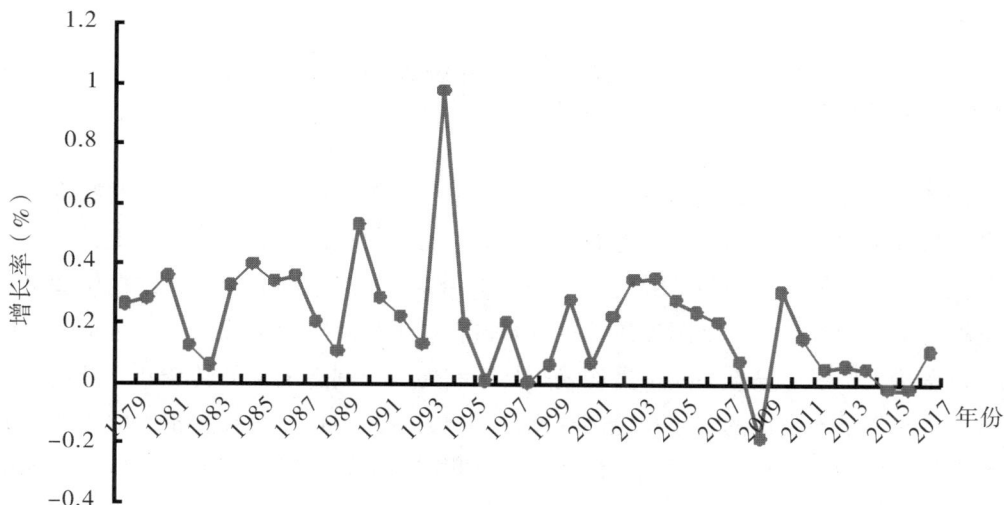

图 1-6　我国出口贸易增长率

数据来源：国家统计局、中国海关总署。

根据海关总署 2017 年出口商品种类数据（如图 1-7），我国出口额占据前五的分别是：第十六类机器、机械器具、电气设备及其零件，录音机及放声机，电视图像、声音的录制和重放设备及其零件、附件，为 43.39%；第十一类纺织原料及纺织制品为 11.35%；第十五类贱金属及其制品为 7.29%；第二十类杂项制品为 7.04%；第六类化学工业及其相关工业的产品为 5.06%；总计为总出口额的 74.13%。下图更加直观地展示了出口额占据前五的商品种类情况。

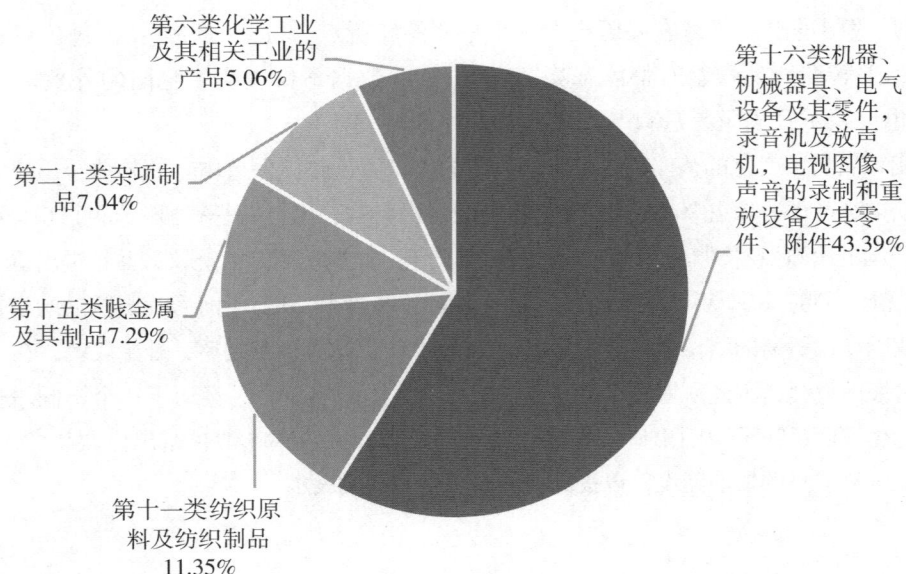

图 1-7   出口额占据前五的商品的所占相对份额

数据来源：中国海关总署 2017 年出口商品种类数据。

数据和图表综合显示，我国目前的出口还集中于工业制成品的出口。纵观数据，我国的产品出口种类中初级产品的出口份额不断下降，工业出口产品的份额不断上升，并且在近些年保持为一个较为稳定的份额比重（如图 1-8）。在工业制成品中，占据份额最大的当属机械制造，而且是一些低附加值的机械制造，这种现象表明，我国不再是依托资源的资源出口贸易大国了，已经完成了由初级产品国家向工业制造国家的转变，产品出口的水平有所提升。但是与发达的国家和地区相比，我国的产品出口还存在着很大的劣势，低技术性要求的机械制造，具有很强的替代性，一旦我国的某种禀赋，例如人力资源、原材料价格等优势消失，我们在对外贸易市场上就会处于相对被动的境地。

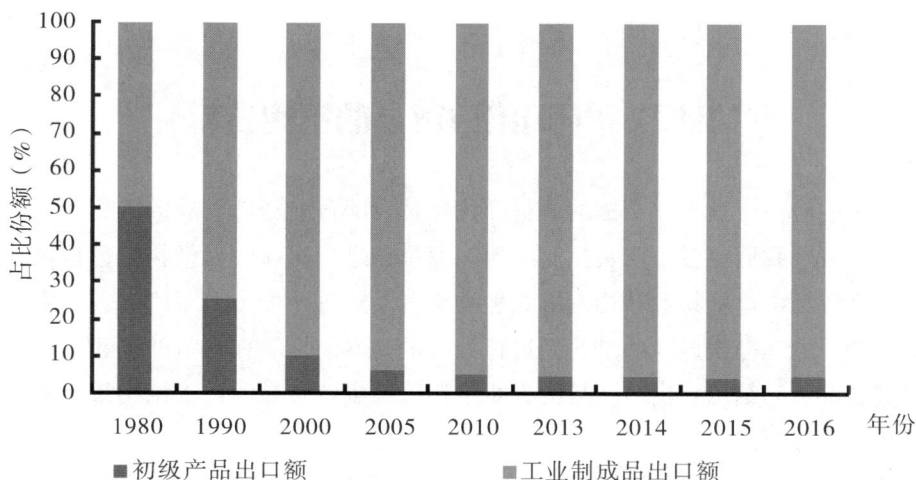

图 1 - 8 初级产品出口额和工业制成品出口额占比（1980—2016）

数据来源：中国海关总署。

在第一节的叙述中有提到根据世贸组织的统计数据，我国的出口贸易规模之大毋庸置疑地处在世界前列，但从出口的商品结构来看，我国目前的产品出口还有很大的提升空间。从 2017 年我国进口商品种类数据来看，进口额占据前五的分别为第十六类机器、机械器具、电气设备及其零件，录音机及放声机，电视图像、声音的录制和重放设备及其零件、附件为 34.8%；第五类矿产品为 20.64%；第六类化学工业及其相关工业的产品为 7.2%；第十七类车辆、航空器、船舶及有关运输设备为 5.83%；第十八类光学、照相、电影、计量、检验、医疗或外科用仪器及设备，精密仪器及设备，钟表，乐器以及上述物品的零件、附件为 5.49%；总计为总进口额的 73.96%。就我国进口的商品种类和出口的商品种类来看，对于一些精密、具有高附加值的需要较高生产技术的产品生产出口，我国目前还存在很大不足，我国出口商品的结构仍然存在着诸多问题。

总而言之，就我国目前对外贸易的出口情况而言，虽然改革开放以来我国的出口贸易取得了不错的成果，但是对于我国出口贸易的情况还需要进行进一步的分析。我国目前的出口贸易已经形成了一个较大的规模，也不再只是追求对外贸易规模的扩大，为了进一步了解我国出口贸易的情况及目前对外贸易存在的问题，本书旨在通过对我国出口贸易的结构进行更为系统的分析研究，为推进我国建设贸易强国的经济目标提出建设性的建议，更好地促进我国对外贸易的发展。

第四节　中国出口贸易的结构分析

在新常态的经济背景下，结构的调整和优化是我国目前经济发展的趋势所在，同样对于出口贸易的发展我们也会重点关注其结构。但是在进行出口贸易结构的分析之前，我们需要首先明确我国出口贸易的结构有哪几种类型，了解每一种类型对应的具体内容以及各种结构的概念，梳理框架，这些是我们进行分析的基本前提。在本节的论述之中，我们主要从出口贸易的商品结构、出口贸易的方式结构以及出口贸易的市场结构重点对我国出口贸易的结构进行分析。

出口贸易结构有狭义和广义之分，狭义的出口贸易结构主要是指商品结构，因为无论是早期的还是当下的对外贸易发展，商品贸易始终是贸易中最为重要的形式，特别是有形商品的贸易。在对外贸易发展尚不成熟的时候，对于贸易的研究主要关注交易本体的结构类型，即商品结构。伴随着贸易的不断发展，越来越多的问题凸显出来，因此对于贸易结构的研究范围也在不断扩展。广义的出口贸易结构还包括方式结构、模式结构和区域结构等。总述而言，出口贸易结构是指构成出口贸易这一活动的各个要素之间的比例关系以及要素之间的相互联系；概括而言，就是出口贸易的主体和客体之间的相互比例关系，具体表现为主体与主体之间、主体和客体之间。

一、中国出口贸易的商品结构

出口贸易的商品结构是指在一定的时期内各类商品或者某一种商品在一国或者地区出口贸易中所占的比重或者地位，通常衡量的指标为商品的出口额占据总出口额的份额。对外贸易的商品主要可以划分为有形商品和无形商品，主要依据是商品的形态和内容差异。有形商品就是我们日常生活中可见的事物，是我们可以人为感知、可以看得见摸得着的实物，因此又称实物商品，有形商品的贸易对应的贸易活动称为有形贸易。相对应地，无形商品即那些区别于有形商品、不具有实物形态的商品，当下而言，无形商品贸易主要包括技术贸易和服务贸易，服务贸易是无形商品贸易的构成主体。随着贸易和科技的不断发展进步，在有形商品贸易的基础之上，无形商品贸易也逐渐成为国际对外贸易中的重要组成部分，同时因为世界发展的大趋势，第三产业迅猛发展，服务和技术贸易的发展速度也在不断加快。

影响一个国家或者地区对外贸易商品结构的因素有很多，具体而言主要的影响因素包括该国或者该地区的经济发展水平、产业结构、自然资源禀赋以及贸易政策。经济发展水平、产业结构、自然资源禀赋以及贸易政策的不同导致国家或地区之间存在对外贸易商品结构的差异。一般情况而言，经济发达国家的对外贸易商品结构是以进口初级产品、出口工业制成品为主，而发展中国家则恰好相反。发达国家依靠社会生产技术进口原材料，实际出口的是劳动资本价值，而发展中国家社会生产技术存在不足，因此比较依赖原有的自然资源禀赋。因此对外贸易的商品结构能够反映一个国家或者地区在国际上的经济实力、科学技术水平。根据联合国《国际贸易商品标准分类》（SITC）公布的国际贸易和对外贸易商品结构的比较分析，对外贸易的商品结构是国家或地区经济发展水平、产业结构和科技发展的重要外在表现形式，而国际贸易是国家和地区贸易的综合，整个国际贸易的商品结构相对应地则反映了整个世界的经济发展水平、产业结构和科技发展。

我国出口贸易的商品结构主要是有形商品、服务和技术贸易，表1-2数据显示有形商品的出口贸易是我国商品贸易中最为重要的一种商品输出形式，我国的服务贸易发展相对缓慢，并且在总出口额和GDP的占比中呈现倒U型。服务贸易的出口与我国服务业的发展息息相关，虽然我国经济不断向前发展，三大产业结构也在逐步优化平衡，但是我国服务业目前的发展与先进国家和地区的服务业相比，体系还是不够完善成熟，存在着较大的改善空间。我国自改革开放到2001年加入世贸组织以来，出口贸易规模迅速扩大，但是我国的出口目前主要集中于工业制成品，所以也不难解释为什么有形商品出口贸易几乎等同于我国的出口贸易。我国的出口贸易商品结构目前还是以有形商品为主，虽然服务和技术占据了一席之地，但是与目前有形商品的出口贸易规模相比还是具有很大差距。就高新技术的出口情况来看，我国的高新技术出口和服务出口贸易几乎呈现相同的变化趋势，因为高新技术和服务都与第三产业的发展紧密相连，所以二者呈现相似的发展态势也是必然。但是值得一提的是，我国的技术出口情况目前与服务出口贸易情况比较而言，还是相当乐观，这也证明我国在鼓励技术创新、在高新技术投入方面还是取得了一定的效果。近些年，我国高新技术的发展，特别是我国高铁技术的发展，在世界范围内都取得了瞩目的成果。

表1-2　我国三种主要商品形式出口情况

年份	服务贸易		有形商品贸易		技术贸易	
	占总出口额（%）	占GDP（%）	占总出口额（%）	占GDP（%）	占总出口额（%）	占GDP（%）
2000	12.08	2.49	89.46	18.41	17.05	3.51
2001	12.36	2.46	89.88	17.86	18.88	3.75
2002	12.10	2.68	90.18	19.97	21.59	4.78
2003	10.59	2.80	91.59	24.18	25.20	6.66
2004	10.47	3.18	91.91	27.89	28.01	8.50
2005	9.70	3.24	91.45	30.59	28.86	9.65

（续上表）

年份	服务贸易		有形商品贸易		技术贸易	
	占总出口额（%）	占GDP（%）	占总出口额（%）	占GDP（%）	占总出口额（%）	占GDP（%）
2006	9.43	3.34	92.47	32.70	28.85	10.20
2008	10.23	3.22	93.26	29.30	24.17	7.60
2009	10.70	2.51	93.37	21.94	26.09	6.13
2010	10.79	2.80	90.59	23.47	26.09	6.76
2011	9.59	2.42	95.60	24.08	24.44	6.16
2012	9.29	2.22	96.84	23.18	24.98	5.98
2013	9.53	2.20	96.83	22.31	25.66	5.91
2014	9.49	2.12	95.67	21.38	24.15	5.40

数据来源：根据国家统计局、世界银行数据整理而得。

大致而言，我国目前的出口贸易商品结构相对稳定，以有形商品出口为主，技术出口次之，服务出口紧随其后。关于出口贸易具体商品的结构，我们还需要从有形商品、服务和技术三个方面进行更为详尽的研究分析，了解三种商品形式内在的发展结构问题，从更加微观可行的角度进行剖析，更深入地发现目前我国商品结构存在的问题，从更为具体的点出发进行改善，以调整三种主要商品形式内在结构着手，达到最终调整优化我国出口贸易的商品结构的目标。

（一）有形商品出口贸易结构

有形商品出口一直是我国出口贸易的主要形式，我国早期凭借丰富的自然资源和低廉的人力成本为我国的商品出口创造了成本优势。我国有形商品出口规模在十几年的时间里不断迅速扩展，从最初 2000 年的 18 459.610 05 亿元到 2014 年的 137 652.632 7 亿元，十四年的时间，有形商品出口规模达到大约 6.5 倍的增长，在总出口额中所占的比重不断增加。虽然在 2008 年受全球金融危机的影响，我国的出口节奏放缓，但是有形商品出口依旧在我国的总出口额中占据相对稳定的比重，证明我国的有形商品出口具有较强的国际市场竞争力，即使国际大环境发生变化，我国出口贸易商品结构还是保持相对稳定。有形商品出口作为我国出口贸易中最具有分量的商品形式，其具有的独特优势就是能够保持在商品结构中一直占据绝大部分的份额，也证明目前对我国出口贸易而言，有形商品出口是我们在研究商品结构时的一个关键所在。虽然我们一直在强调第三产业的发展，强调追求创新、追求高新技术的研究，但是我们要研究商品结构就无法绕过这个占据了出口贸易份额 90% 的商品形式——有形商品。

表 1 - 3　我国有形商品出口情况

年份	有形商品出口额（亿元）	总出口额（亿元）	占总出口额（％）	占 GDP（％）
2000	18 459.610 05	20 634.4	89	18.41
2001	19 795.627 62	22 024.4	90	17.86
2002	24 301.701 14	26 947.9	90	19.97
2003	33 235.297 67	36 287.9	92	24.18
2004	45 130.320 55	49 103.3	92	27.89
2005	57 293.603 68	62 648.1	91	30.59
2006	71 755.286 66	77 597.2	92	32.70
2007	86 300.454 57	93 563.6	92	31.94
2008	93 631.861 09	100 394.9	93	29.30
2009	76 594.563 84	82 029.69	93	21.94
2010	96 947.307 06	107 022.8	91	23.47
2011	117 815.171 3	123 240.6	96	24.08
2012	125 275.402 6	129 359.3	97	23.18
2013	132 790.822 2	137 131.4	97	22.31
2014	137 652.632 7	143 883.8	96	21.38

数据来源：根据国家统计局、世界银行数据整理而得。

　　有形商品的出口之所以成为我国出口商品中几乎贡献全部出口额的存在，既与历史因素有关，也与我国的发展方式有着密切的联系。我国的对外贸易发展起步较晚，虽然从历史的纵向来看，我国对外贸易的历史源远流长，但是明、清、近代我国贸易的发展几乎停滞，特别是在近现代我国遭受战争的摧残，在当时的社会政治环境下，社会生产无法很好地进行。任何经济活动的产生、发展与繁荣都离不开一个稳定的社会政治环境的支撑，所以在中华人民共和国成立之后我国社会生产才算真正走上正轨，但是当时由于国内物资短缺，社会生产效率还处于初步阶段，所以那时中国还暂时不具备对外贸易的能力。改革开放之后，我国才真正开启了对外贸易的新征程，但是对于大多数发达国家和地区而言，对外贸易的发展在"二战"结束之后就开始了，我国就起步时间而言，已经足足迟了 30 年的时间。

　　根据贸易理论的相对比较优势理论，一国的产品之所以能够走出国门，在世界市场上占据一定的市场份额，是因为它们都有着其独有的商品优势，或成本优势，或技术垄断，或产品差异，总而言之有着其独特的需求市场。

　　从有形商品出口贸易占据 GDP 的比重来看，我国国民经济发展对于有形商品的出口贸易有着较强的外贸依存度。外贸依存度是刻画一个国家或者地区国民经济的发展对于外贸经济的依附程度的指标。众所周知，对外贸易面临着国际市场复杂的环境，国际政策的变动、国际汇率的波动、贸易的信息不对称性、逆向选择和道德风险等诸多影响因素带来的不确定性和风险和国内市场相比都被扩大，因此如果一个国家对外贸的依附程度较大，就意味着面临更大的风险和不确定性。紧紧依附对外贸易并非一个国家长治久安的经济发展模式，这也就是为什么诸多国家曾凭借对外贸易使国家经济得以迅速发展，但是一旦国际环境有所变动，这些高外贸依存度的国家便首当其冲。外贸依存度一般用进出口总额占国内生产总值或者国民生产总值（GNP）的比例来衡量，若将进出口总额换成出口总额则具体刻画的是一国或者地区对于出口贸易的依赖程度。外贸依存度虽然无法直接反映一国或者地区的经济发展水平、产业结构和技术水平，但是能反映一个国家或地区参与世界贸易的竞争程度，同时外贸依存度也反映了对外贸易对于国民经济发展的贡献率。高外贸依存度意味着国民经济中很大部分的发展来自对外贸易的发展，相较于低外贸依存度的国家和地区来说，对外贸易的发展对高外贸依存度的国家有着更强烈的影响力。

表 1-4　初级产品和工业制成品情况

年份	初级产品		工业制成品	
	出口额（百万美元）	占出口总额（%）	出口额（百万美元）	占出口总额（%）
2016	105 186.79	5.01	1 992 444.40	94.99
2015	103 927.11	4.57	2 169 541.11	95.43
2014	112 692.13	4.81	2 229 600.57	95.19
2013	107 267.63	4.86	2 101 736.37	95.14
2010	81 685.76	5.18	1 496 068.56	94.82
2005	49 037.00	6.44	712 916.00	93.56
2000	25 460.00	10.22	223 743.00	89.78
1990	15 886.00	25.59	46 205.00	74.42
1980	9 114.00	50.30	9 005.00	49.70

数据来源：国家统计局。

早期，我国的商品出口主要集中于初级产品的出口。1980 年我国初级产品的出口额占据了总出口份额的一半以上，此时期，初级产品和工业制成品算是平分秋色，各占据出口贸易的半壁江山，一方面是由于我国国土广袤，自然资源丰富，另一方面是因为实施了农村土地改革政策，初级产品的生产被完全带动起来。经历了三大改造的中国，社会生产力被进一步释放，社会工业生产率也在不断攀升。1980—1990 年，初级产品的出口额占据总出口额的比重锐减到四分之一，证明这十年间我国的工业制造业急速地发展壮大，到 2000

年初级产品的占比已经只有十分之一左右，之后便稳定在二十分之一左右。初级产品和工业制成品之间相对的比重份额，构成我国一种相对稳定的出口贸易商品结构形式。

从最初三种主要商品形式——有形商品、技术和服务三者的结构构成来看，三者之间的结构是相对稳定的。为了寻找三者稳固结构形成的原因，我们对于有形商品进行进一步的细分，在更小的范围内进行研究，发现造成我国有形商品出口稳定的主要原因在于内部的工业制成品占据绝大部分，并且，初级产品和工业制成品与最为外在的三种贸易商品形式有着惊人的相似，这种稳定结构的构成都是因为一种商品的形式占据90%以上的份额。简单而言，工业制成品的出口贸易波动会引起出口贸易的波动，从而影响外在表现的商品结构形式。而初级产品占据较小的份额，其发生的变动对于出口贸易的影响远不及工业制成品。初级产品主要来源于第一产业，工业制成品主要是第二产业的产出结果，二者比例稳定，也侧面反映了我国第一产业和第二产业的产出也处于一个稳定平衡的状态。以制造业为主的第二产业相对于第一产业的发展并没有较大的提升，正是制造业发展水平的相对停滞，我国才亟须寻求产业机构优化，推进供给侧结构性改革，调整产业结构，并且大力鼓励和发展创新，为我国制造业的发展再次注入新鲜的动力。

虽然至此我们已经知道调整出口贸易商品结构的关键在于调整有形商品的结构，有形商品的结构又在于工业制成品，但是我国工业制造业规模之大，品类之多，如何集聚有效的资源进行更为有效的分析研究，这需要我们对工业制成品的内部结构进行进一步的细致分析，选择出主要的制造产业生产的主要产品，讨论如何才能实际可操地、有所重点地进行调整优化，才能改变内部，从源头上解决问题。

从图1-9来看，第七类机械及运输设备制造在SITC的十类商品中占据近一半的份额，也就是说在我国工业产品出口中机械及运输设备是最为主要的组成部分。我国一直是世界上的钢铁进出口总额大国，机械及运输设备又具有一定的制造规模，加上早期外商机械及运输设备所带来的技术和经验，经过多年的发展，我国的机械及运输设备的制造技术已经相对成熟，所以我国的机械及运输设备无论是从制造的原材料成本，还是从劳动力价格的优势上看，在生产要素禀赋这一部分已经抢占了先机。同时由于我国机械及运输设备制造的规模较大，一定的生产规模所带来的规模经济进一步降低了生产成本，根据柯布—道格拉斯生产函数，除去土地这一固定的生产要素之外，我国机械及运输设备在生产制造的各个环节中都具有优势，成本优势和技术优势的叠加，让我国机械及运输设备在世界机械及运输设备的市场中脱颖而出，受到世界各进口商的青睐。

第八类杂项制品24.2%

第九类未分类的商品0.3%

零类食品及活动物2.8%

第一类饮料及烟类0.2%

第二类非食用原料（燃料除外）0.7%

第七类机械及运输设备47.8%

第三类矿物燃料、润滑油及有关原料1.6%

第四类动植物油、脂及蜡0

第五类化学成品及有关产品6.2%

第六类按原料分类的制成品16.3%

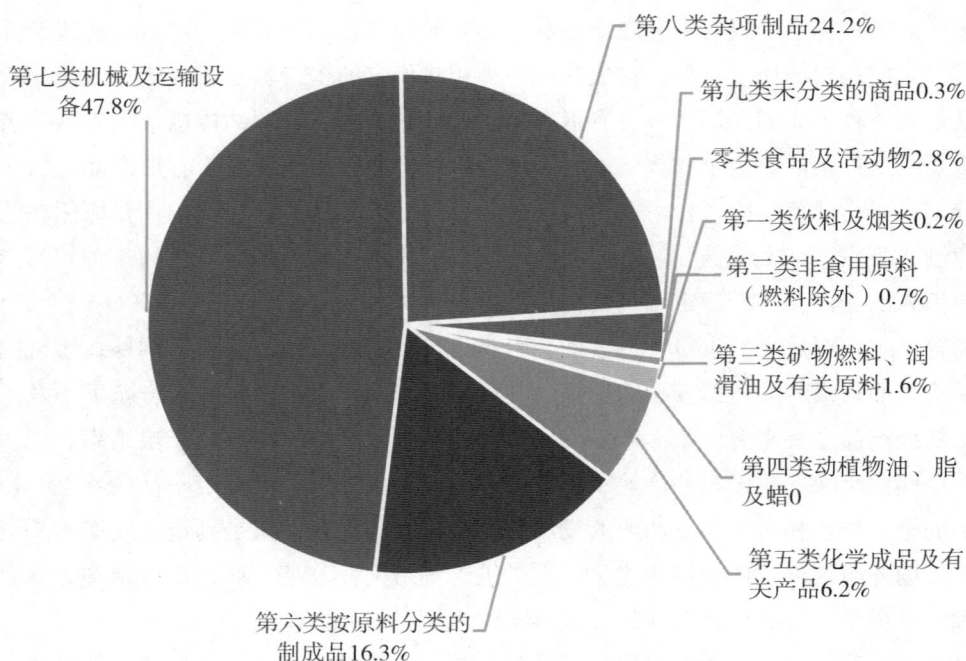

图 1 - 9　2017 年出口产品 SITC 十大类出口份额占比

数据来源：中国海关总署。

再进一步而言，我国机械及运输设备主要集中于电信及声音的录制及重放装置设备，电力机械、器具及其电气零件，办公用机械及自动数据处理设备。就生产的机械种类来看，我国出口的机械主要为一些日常生活器械，该类机械生产工艺相对而言较为简单，产品附加值也较低，不属于高净值类的产品。这反映我国目前的制造出口其实还是通过出口的数量规模以达到一个较大规模的出口额，在世界对外贸易的市场上，我国还是在靠量取胜，而非质。世界生产技术不断发展进步，国际贸易愈加频繁，技术和经验的传播也在不断加速。如果不提高我国的生产制造技术，将出口低附加值的工业制成品向高附加值的工业制成品转变，在我国生产优势逐渐流失的当下，世界对外贸易市场极有可能重新洗牌，我国将不再是机械制造出口大国。但是由于我国的机械制造所占权重较大，其对出口贸易的影响自然也不容忽视，加上我国的外贸依存度较大，其对国民经济也会带来深远的影响。服装及衣着附件的出口依旧是我国出口贸易的重要组成部分。根据海关总署 2017 年的数据显示，该类产品的出口额在总出口额中的占比依旧高达 6.96％，我国服装贸易制造主要是集中于对其他国别的服装贸易品牌的加工，品牌的附着价值低，主要利润为薄弱的成本加工费。从具体的制造产品维度来看，我国制造业目前还处于一种较低的生产制造水平。

表 1－5　二项分类出口商品前五概况表

商品构成（按 SITC 分类）	出口额（千美元）	占总出口额（%）
76 章　电信及声音的录制及重放装置设备	301 892 837	13.34
77 章　电力机械、器具及其电气零件	289 021 733	12.77
75 章　办公用机械及自动数据处理设备	196 493 535	8.68
84 章　服装及衣着附件	157 490 491	6.96
89 章　杂项制品	148 904 017	6.58

数据来源：根据中国海关总署数据整理。

　　综观我国出口贸易的商品结构，我国的服务贸易和技术贸易目前的发展空间充裕，有形商品的出口占据我国出口贸易的几乎全部份额。有形商品和服务贸易及技术贸易侧面反映了我国二、三产业的发展情况，二者保持了相对稳定的占比，这在一定程度上表明我国的二、三产业占比也保持相对稳定，同时也侧面反映了我国第三产业的发展速度相对缓慢。我国的产业结构还是以第二产业为主，第三产业虽然近些年取得不错的成果，但是在出口贸易方面，第三产业中的服务和技术等无形商品的对外输出程度还存在着不足。我国的外贸依存度较高，而我国的出口贸易又主要集中于有形商品的出口，有形商品的出口又以电信及声音的录制及重放装置设备，电力机械、器具及其电气零件，办公用机械及自动数据处理设备为代表，我国制造业生产的产品利润空间较小，产品价格优势只是一时的优势所在，并非长久之计。现在国际对外贸易市场具有一定的市场势力，产品只有具有差异性和低替代性才有特定的市场目标群体，有市才能有价，出口贸易的竞争实际上就是国际贸易市场份额的竞争，具有一定的市场控制力，就要保证产品能够在这个市场具有竞争力。从供需的理论来看，价格似乎是攫取市场份额最好的手段，但是伴随生产成本的降低，国际市场上地区和国家往来交流学习日益频繁，低成本很难成为一个长久的制胜法宝，而且一味追求低成本会压缩企业的利润空间，会打击企业生产的积极性。提升产品的质才是在市场上立于不败之地的不二法则，这也正是先进优秀企业不惜大力投入研究开发，不断推陈出新的原因。从另外一个角度来说，我国出口贸易的商品结构较为单一，且商品的集中度很高，这种情况下，我国出口产品的抗风险能力就大大降低，一旦主要出口的商品种类受到外部冲击，我国的对外贸易必然受到重创，再加上较高的外贸依存度，国民经济的发展也会受到严重的影响。所以针对我国相对单一、高集中度的出口贸易商品结构现状，我国要做好出口贸易的风险管理，追求稳中求进的发展模式。

（二）服务出口贸易结构

第二次世界大战之后，世界经济迅速发展，服务贸易也迅速发展壮大起来。与传统有形商品贸易相比，服务贸易的定义显得更为复杂，因为有形商品是一种能够明确感知的商品，但是对于服务这种无形却又切切实实存在的商品贸易该怎样进行描述定义？直到1994年在关税及贸易总协定（简称关贸总协定，英文缩写 GATT）乌拉圭回合所达成的《服务贸易总协定》才使服务贸易有一个被广为接受的定义。《服务贸易总协定》从服务贸易常见的四种模式即跨境支付、境外消费、商业存在、自然人流动对服务贸易的定义进行规范。但是伴随着电子商务的发展，此四类模式的划分标准也得到了调整，主要是电子商务的形式使得跨境支付、境外消费这两种消费模式之间的边界逐渐模糊，无法进行明确划分。即使如此，此四类模式划分的标准还是目前国际服务贸易最为常见的划分标准。

服务贸易又称国家劳务贸易，是指国家或者地区之间相互提供服务的经济活动，具体而言，根据服务贸易的四种模式的定义，服务贸易是指服务提供者从一国境内通过商业现场或自然人现场向消费者提供服务。国际服务贸易有着狭义和广义之分，前者是指发生在国家或者地区之间的服务往来的经济活动；后者在前者的基础上纳入了提供者与使用者在没有实体接触的情况下的无形交易活动。如今国际服务贸易的概念更加倾向于后者。国际服务贸易主要可分为追加服务和核心服务两大类别，具体而言国际追加服务贸易是指随附商品实体出口而提供的追加服务；国际核心服务贸易是指与有形商品的生产和贸易无直接关系，而可被消费者单独购买，能为消费者提供核心效用的服务。国际服务贸易的内容包括：国际运输，国际旅游，跨国银行、国际融资公司及其他金融服务，国际保险和再保险，国际信息处理和传递、电脑及资料服务，国际咨询服务，建筑和工程承包等劳务输出，国际电讯服务，广告、设计、会计管理等项目服务，国际租赁，维修与保养、技术指导等售后服务，国际视听服务，教育、卫生、文化艺术的国际交流服务，商业批发与零售服务，其他官方国际服务，等等。

根据其具体内容来看，服务贸易的标的主体一般而言都具有一定的无形性，伴随这种无形性的是测度的复杂性，因此在海关总署的数据中一般无具体展示。

20世纪80年代，服务贸易增长势头强劲，服务贸易的规模不断扩大，对外服务贸易的领域不断扩宽，但是服务贸易的发展离不开国家和地区内部第三产业发展的支撑，发达国家和地区与发展中国家之间产业结构存在的差异导致服务贸易在二者之间的发展处于一种不平衡的状态，无论是从服务贸易的规模，还是从服务贸易的结构或者自由化程度等方面来看，发达国家和地区都处于主导和领先的地位。

就我国服务贸易的发展情况而言，服务贸易发展保持较高的增长速度，服务贸易的地位不断提升，根据《我国对外服务贸易 2015 年统计报告》的数据（如图 1 – 10），我国服务贸易每年的出口额增长率几乎都高于世界整体平均水平，表明我国服务贸易的发展还是高于世界服务贸易的平均水平，但是从数据中我们同样也观察到，在世界服务出口贸易出现负增长的情况下，我国服务出口贸易减少的情况更为严重。较高的外贸服务自由化程度，同时也意味着在世界整体服务贸易的出口环境中，我国面临的贸易风险高于世界整体的平均水平，利益与风险相互依存。

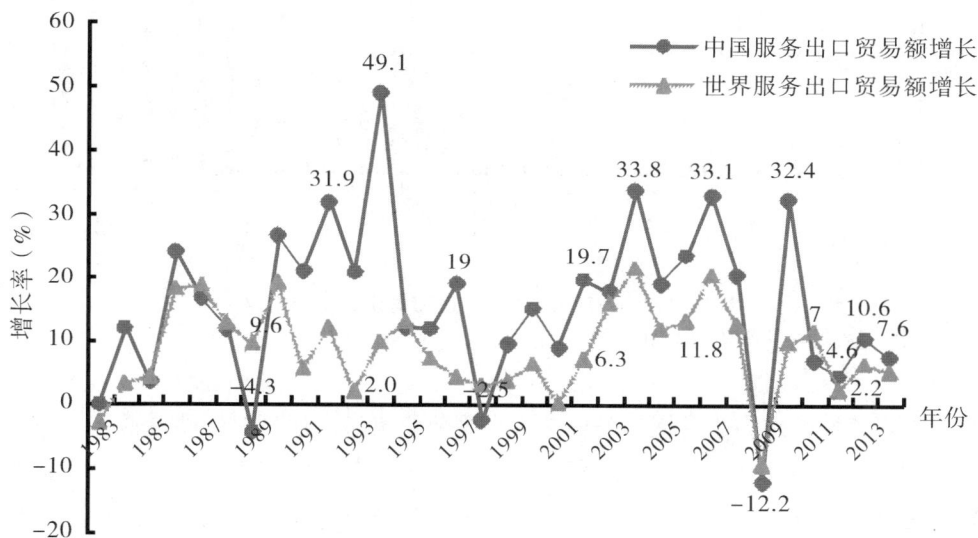

图 1 – 10　1983—2014 年中国和世界服务出口贸易额增长率
数据来源：《我国对外服务贸易 2015 年统计报告》。

单从我国服务出口贸易额和上年同比增长的数据来看，我国服务出口贸易规模的发展是一个逐年增加、不断扩大的过程，但是增长的速度有所放缓，特别是在 2008 年全球经济危机的影响下，我国的服务出口贸易在 2009 年锐减，较前一年的服务出口贸易额减少了 12.2%，成为我国服务出口贸易额增长率的新低。2009 年之后，我国的服务出口贸易额触底反弹，迅速恢复，创造了 32.4% 的增长率。在此之后我国服务出口贸易额便保持一个相对稳定的增长速度，规模不断扩大，水平不断提升。

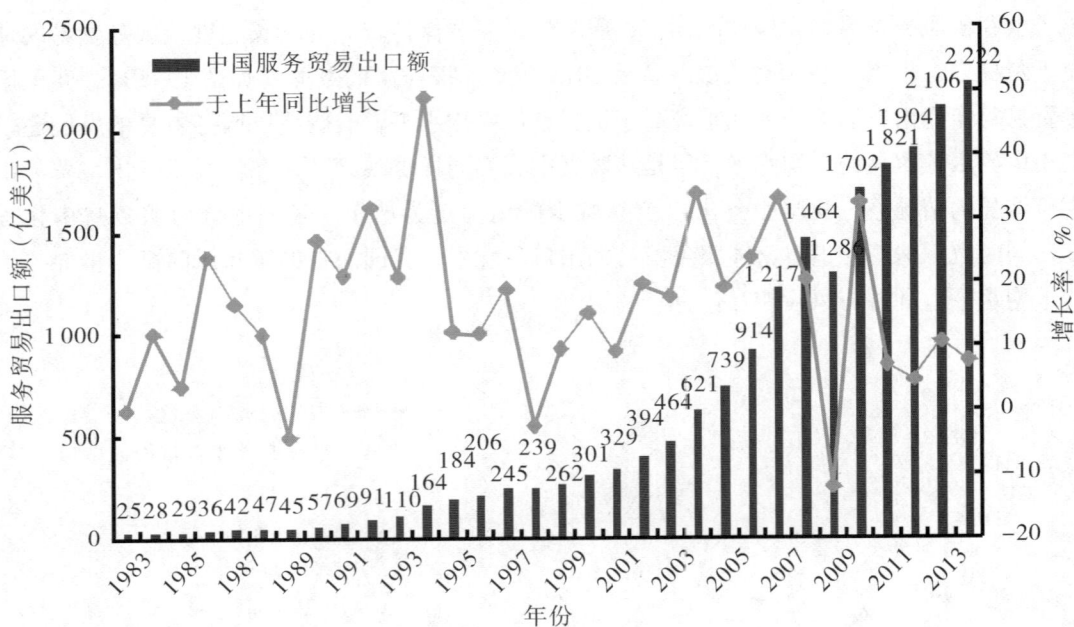

图 1 - 11　1983—2014 年我国服务出口贸易情况
数据来源:《我国对外服务贸易 2015 年统计报告》。

　　一直以来我国都致力于发展服务业,扩大服务业出口,但是对于我国而言,发展服务出口贸易的意义具体在哪? 服务出口贸易建立在国内服务业的基础之上,大力发展服务出口贸易即是要大力发展我国的服务业。大力发展服务产业一直都是我国促进产业结构优化的有效措施之一,服务产业的发展能够加快促进我国产业结构的调整和产业升级转型,从而促进国民经济的发展。同时由于机械制造的替代性,第一、二产业的就业容纳量在不断缩小,而作为第三产业的服务业能够很好缓解社会的就业压力,因为服务业涉及行业领域较为广泛,且多为劳动密集型或者劳动与资本密集型结合的行业,就业容纳量大,能够很好地缓解我国的就业压力,促进社会的稳定。同时,经济全球化、一体化是全球经济发展的趋势所在,在这个开放的时代,没有任何一个国家能够独立于这个整体的经济趋势之外。为了谋求国家的发展,为国民创造更好的生活环境,我们有责任和义务积极参与国际市场的竞争,大力发展服务出口贸易有利于提升我国在国际市场上的地位,增强我国的国际竞争力。但是就目前的情况来看,我国服务贸易一直存在贸易逆差,服务贸易的进口大于服务贸易的出口,这也与我国服务业的发展与发达国家和地区存在差异有关。因此对我国而言,大力发展服务出口贸易是一种顺势而为的选择。

根据世界服务出口贸易的具体内容和我国服务出口贸易的具体情况（如图 1 - 12 和图 1 - 13），我国的服务出口贸易也主要集中于运输和服务旅游，两者累计占据了我国服务出口贸易的 43.3%，但是根据图的趋势，服务出口贸易中的运输服务和旅游两类贸易趋向水平平稳的状态，我国服务出口贸易的结构也在逐步地趋向于稳定，但是我国服务出口贸易除去运输服务和旅游这两类，其他又包含具体哪些内容？我们根据服务出口贸易的具体内容对我国整体的服务出口贸易情况进行了分析。

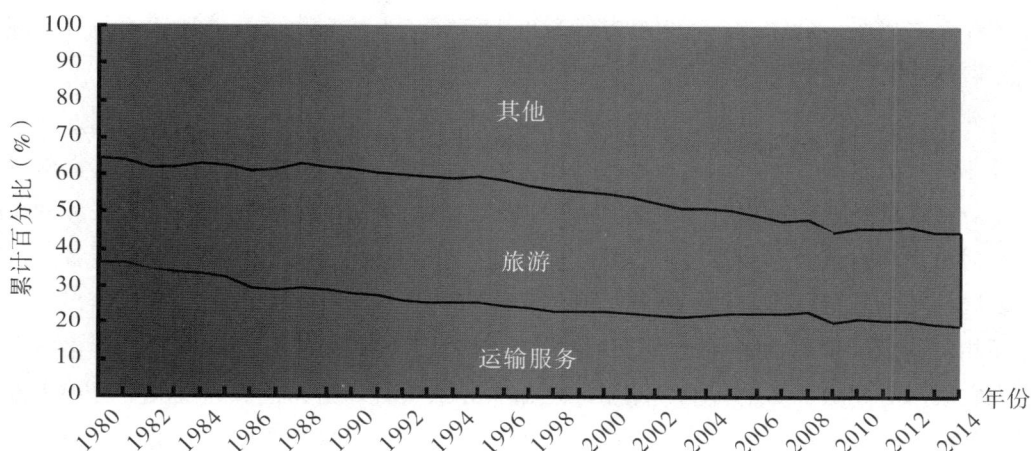

图 1 - 12　1980—2014 年世界服务出口贸易结构变化

数据来源：《我国对外服务贸易 2015 年统计报告》。

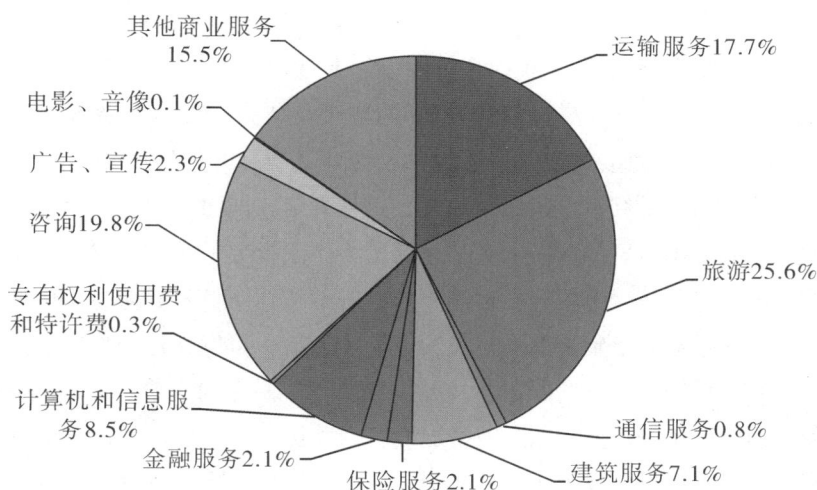

图 1 - 13　2014 年中国服务出口类别构成

数据来源：《我国对外服务贸易 2015 年统计报告》。

2014年我国服务出口贸易中旅游还是占据最大的份额，与旅游有关的服务主要包括旅游住宿的宾馆和酒店、旅行社等业务。随着国民经济的发展，居民的生活水平日益提高，在满足了基本物质需求的基础上，根据马斯洛需求层次理论，居民开始有了更多精神层面的追求，而且现代都市生活压力过大，旅游成为居民一种休闲放松的主要形式。从我国服务出口贸易的第二大占比——运输服务的情况来看，交通运输业的发展大大缩减了旅游的时间成本和金钱成本，两大类服务贸易相互联系又相互促进，旅游的发展拉动了运输服务的发展，运输服务的发展又为旅游提供了便捷，并进一步促进了旅游的发展，二者形成了相互依存、有机统一的结合。这也在某种程度上解释了为什么我国旅游和运输服务呈现相同的发展态势。

另外值得关注的是，金融和保险行业在服务业中所占比例往往反映了一个国家或者地区服务业的发展水平。一个国家或者地区服务业发展到一定地步的时候，金融和保险等金融类行业必在服务业中占据一个较为重要的地位，因此我国的金融服务和保险服务的出口情况映射出我国目前服务业发展的现状。服务出口贸易概况实际上是一个国家或者地区服务业发展情况的一种投影。虽然从前期的增长率和增长量数据来看，我国服务出口贸易的情况还相对乐观。单纯就服务贸易的具体内部结构来看，我国服务业的发展主要集中于服务业中发展水平相对拙劣的行业，旅游和运输服务虽然对于国民经济的发展有着很大的拉动作用，但是服务业成熟的标志是金融和保险行业的繁荣，只有实体经济的各项建设、社会服务制度体系趋向于完善才能支撑一个国家金融和保险行业的顺利进行。金融和保险行业是否繁荣，反映出国家其他行业之间结构是否优化，社会分工合作是否顺畅。金融和保险行业的相应指标数据能从各个不同的角度反映国民经济的整体和个体状况，是国民经济发展的晴雨表，因此发展金融和保险业，实现金融和保险业的繁荣是发展服务业的一个重要目标。而就目前的情况而言，我国的金融和保险业发展还相对落后，在整个服务业中所占据的比例也较小，这同时也表明我国还有许多需要建设和努力的地方。服务出口贸易的结构折射出我国服务业的结构现状，我国需要调整产业结构，极力发展服务业，完善整个社会运转的体系和制度，为金融和保险业的发展创造一个良好的发展环境。

从整个服务出口贸易的结构分析结果出发，首先肯定我国服务出口贸易正处于一个不断向前发展的过程，服务出口贸易规模的扩张速度始终高于世界的平均水平，但是我国服务出口贸易的结构依旧相对单一、不平衡，运输服务、旅游和其他服务贸易的比例处于一种较为稳定的状态。但是根据对服务贸易商品种类的进一步分析，可发现这种稳定状态也是一种相对而言低水准的稳定状态。我国的服务业发展虽然取得了一定的成功，国民三大产业的比例也在日渐平衡，但是就第三产业的服务业情况而言，我国第三产业的发展形势并不如我们想象的那般乐观，我国的服务业发展水平还较低，同时金融和保险业发展存在的不足，也反映了我国国民经济的发展存在诸多不足和亟须完善的地方。服务出口贸易和服务业的发展紧密相关，要想促进我国服务出口贸易，前提是集中力量发展我国的服务业。

（三）技术出口贸易结构

技术贸易作为服务贸易之外另一种无形的贸易商品，有着独特的存在意义，技术贸易是我国市场体系中重要的组成部分，是连接研发和生产的纽带，技术贸易衡量的是一项技术能否应用于生产经济活动，创造经济利润。虽然早在20世纪60年代，我国就通过国家经济合作和国家经济技术援助的方式进行过技术输出，但是我国对外技术贸易真正开始于那二十年后。改革开放以来，我国重视自主创新，在引进、借鉴、吸收的基础之上进行自主创新研究，已经形成了较为完整的工业体系，在技术贸易开始的后十年时间里，我国已经成功地在诸多行业里具有成熟的产业技术水平，促进了我国工业制造的发展，推动了我国产业结构的优化。创新是一个国家发展动力的根源所在，所以不管国家发展到怎样的一种水平，创新都是永不过时的时代主题。在贫困落后时期，创新是脱贫致富的有效措施；在经济急速发展时期，创新为国民经济这趟列车提供持续前进的动力；在经济繁荣时期，创新为经济的繁荣昌盛提供有效的保障。而技术是创新的产物，技术贸易则是技术在研发之后用于社会经济活动的一种具体形式。

根据世贸组织的数据和国家统计局的数据，整理计算出我国的高新技术出口在出口总额和GDP中的比重，可以看出相较于服务贸易，我国的高新技术发展情况相对乐观，这与我国一直主动追求自主创新的政策指导相关。从上述分析中我们知道我国出口贸易的主体为有形商品出口，而有形商品主要来源于工业制成品，目前我国的技术贸易也多用于工业制造，因此可通过比较衡量高新技术出口在工业制成品中的所占比重来分析技术贸易对于工业制造的促进作用。高新技术贸易在工业制造中所占比例越高，反映高新技术对于工业制造的促进效果越好，也更加能够反映一项技术的实际应用效率。技术贸易究其根本其实还是衡量技术贸易能够创造多少经济利益，技术贸易是国际贸易的一种重要商品形式，对于这种用于社会生产制造的技术而言，以其创造的社会利益来判断是最为直接有效的评定方式。

据图1-14，高新技术出口在我国的工业制成品出口中基本占据了四分之一的比例，表明我国的技术贸易在生产中的作用是非常显著的，极大地提高了生产效率，也说明了我国技术贸易的投入产出效率较高，我国研发的高新技术对目前我国出口贸易有着重要的影响。想要进一步推动我们出口贸易的发展，必须坚持不懈地进行创新。而技术出口贸易的发展需求能够拉动我国创新的进一步发展，所以为了促进产业结构优化，推进产业结构转型升级，促进国民经济的发展，必须大力发展我国的技术出口贸易。

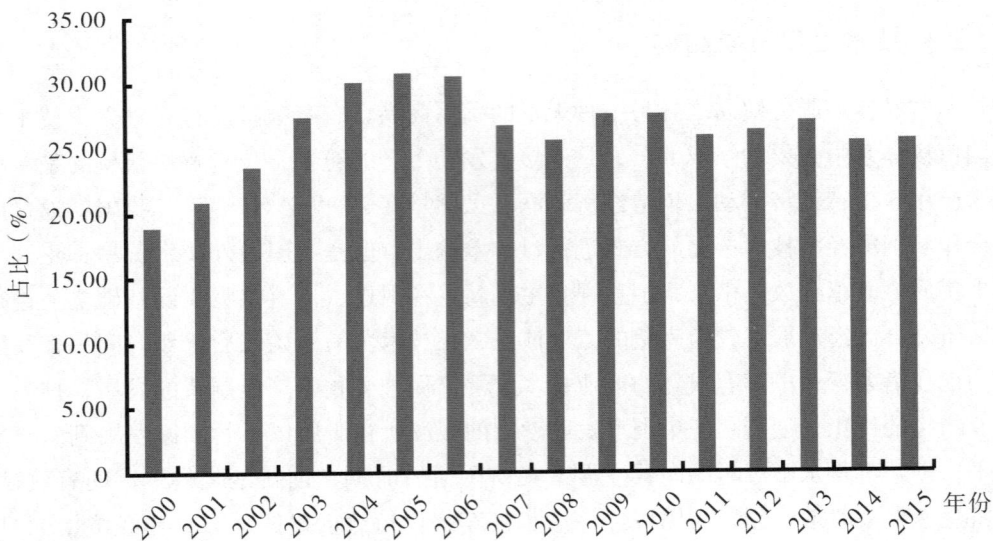

图 1-14   高新技术出口（占工业制成品出口的百分比）

数据来源：世界银行。

推动我国技术贸易的发展是永恒不变的主题，创造是第一生产力，而技术作为创新的产物，是我们无论处于何时何地都需要坚持不懈地去推进的。只有坚持推陈出新，创新生产技术、管理模式等，不断注入新的活力，我国的技术贸易、对外贸易以至于国民经济才能走得更稳、更远。

二、中国出口贸易的方式结构

所谓的出口贸易方式，简单而言即出口贸易商品方式，具体而言是指一国或地区与别的国家或地区进行商品交换时所采用的具体方法，出口贸易方式包括一般贸易、加工贸易、易货贸易、补偿贸易等。所以出口贸易的方式结构主要是指各种贸易方式之间的比例关系及其相互联系。

改革开放以来，我国贸易迅速发展，我国出口贸易的方式也在不断发生改变，但是就我国出口贸易的方式结构来看，我国的出口贸易的方式结构主要集中于一般贸易和加工贸易。

传统意义的一般贸易指的是全部或绝大部分利用国内的生产资料进行生产加工然后出口的一种贸易方式，属于单边输出或者输入，出口贸易的一般贸易则是指单边输出关境。加工贸易则是相对而言，生产的原材料来源于境外国家和地区，加工贸易根据原材料是否由生产委托商提供又可以划分为来料加工装配贸易和进料加工贸易。来料加工装配贸易包括来料加工和来件装配两个方面，是指由境外企业提供原材料、零部件、元器件等基本材料，由境内的企业按照生产委托商的要求，进行生产加工或者装配，最终形成半成品或成品，交付于生产委托商，并且按照双方之前约定好的方式收取一定的加工费用，进行加工装配的企业无须付汇进口。而进料加工贸易则是境内企业付汇进口，根据自己进口的原材料进行生产制造，并进行销售的过程。前者只赚取加工费用，不承担销售经营风险，对于原材料也无所有权，后者对原材料具有所有权，并且承担加工制成品的销售和经营的风险。在我国对外贸易发展的初期，加工贸易方式主要集中于来料加工装配贸易，但是随着我国贸易的不断发展，我国的贸易方式也在悄然发生改变，如今主要的加工贸易方式已经成为进料加工贸易。

来料加工装配贸易与进料加工贸易具有相同之处，根据二者的定义我们可以看出，就地理区位而言，虽然二者的原材料、零部件、元器件和最终的产品都是在境外，但是生产加工的企业都位于境内，所以又有"两头在外，中间在内"的说法。但二者又有本质的区别，主要表现在对原材料、零部件、元器件和产品的所有权不同。来料加工装配贸易与进料加工贸易的原材料、零部件、元器件虽然都是来自于境外，最后产品面对的销售市场也是境外，但是前者的境内企业只是作为一个中介加工商，对原材料、零部件、元器件和产品都不具有所有权，在整个贸易的过程中，与之相关的利益只有与境外生产委托商之间商议的加工费用价格，而后者的境内企业却对原材料、零部件、元器件和产品具有绝对的控制权，加工制造商自己进口原材料、零部件、元器件，并且对自己生产加工的产品有着自己的销售意愿。前一种贸易方式中两者的关系主要表现为委托代理关系，境外外贸公司为委托人，境内生产加工企业为代理加工人，而后一种贸易方式中两者主要表现为买卖关系并且在原材料、零部件、元器件购买完成之后，钱货交付到位，这种关系就结束了。但是对于来料加工装配贸易来说，直至加工装配完成的产品交付于生产委托商，生产委托商付清加工费用，二者的委托代理关系才算画上句号，而且，生产加工企业主要是赚取加工费用，风险相对较小。而对于进料加工贸易，境内加工制造商则要自行承担来自于原材料、零部件、元器件购买和最终产品的销售经营风险，当然其也有着更高的利润空间。

一般贸易与加工贸易的区别：

（1）从生产加工原材料的属地角度来看，一般贸易一般是指出口国利用本国的生产资料进行生产加工出口，而加工贸易根据其定义可知其主要的原材料来源于境外，只是在出口国境内进行加工装配生产等活动。

（2）从参与的境内企业的收益和所有权角度来看，一般贸易的企业既是原材料的采购者又是产品的生产者，同时承担生产加工的货物销售，所获得的利润是生产成本或收购成本与国际市场价格之间的差价。而加工贸易，其加工生产企业也进行购买原材料和销售的活动，但是究其根本而言，加工贸易赚取的其实为加工费用，因为原材料和最终销售的产品都是在境外。

（3）从税收的角度来看，一般贸易因为是单边输入或者输出，所以在进口时需要缴纳进口税，出口的时候需要退还部分税费，而加工贸易实行海关监管保税，在进口环节不征收进口税，出口时也不征收增值税。

一般贸易与加工贸易的联系：

（1）加工贸易的发展必然会促进一般贸易规模的扩张。因为加工贸易是境内生产商和境外委托商之间的委托代理关系，所以无论是来料加工装配贸易还是进料加工贸易，综合而言加工贸易能为境内建立原材料供应商网络，并实现境内原材料进口替代，从而促使加工贸易向一般贸易方式的结构转化。

（2）从加工贸易的变化周期而言，加工贸易存在动态的变化周期，产业结构的变化，生产技术的进步，促使加工贸易的进口原材料也在不断发生着改变，原材料类别也在不断扩张，某种加工原材料在新的生产技术下被更加具有优势的原材料替代。产业结构和技术导致生产活动方式发生改变，新的原材料开始进入生产环节。在这种变化的过程中，我国的制造业和经济结构也在不断升级优化。在上述出口贸易的商品结构中，我们可以看到服装出口比重下降，机电产品出口比重上升，这种变化正是加工贸易原材料不断更迭的动态变化的外在表现。根据商品结构的变化来看，我国目前虽然各项商品的比例有所变化，但是整体的结构变化不大，即占主要出口商品的几种类型依旧没有明显变化，这也说明这种动态的变化具有长期性，加工贸易的发展遵循着"形成特定产业、带动经济增长、促进一般贸易"的规律，这也意味着一般贸易的发展也同时具有这些规律，同时由于我国政策的调控支持，两种贸易方式的差距也会逐渐缩小。

从我国2014—2017年三种贸易方式的占比情况（如图1-15）可知，我国一般贸易目前在三种贸易方式中的占比已经超过了50%，我国贸易初期虽然主要依靠加工贸易来拉动经济的发展，但是加工贸易所带来的外商企业先进的生产技术和管理经验已经逐渐地渗透到我国的生产管理之中。这些先进的生产技术和管理经验对我国的生产制造起到了很好的指导作用，加上我国自主研发创新的投入，使得我国的社会生产效率大大提高。之前我国的贸易收入主要依靠加工贸易赚取中间商的加工费用，利润微薄，在我国的生产技术达到一定水平之后，我国开始自主生产制造产品出口，赚取更多环节的利润收益。而且就三种贸易方式的结构来看，其他贸易的占比相对稳定，我国贸易方式的变化主要来自于一般贸易和加工贸易这两种贸易方式的相互较量。另外就近四年的情况来看，我国一般贸易占据上风，一般贸易的占比逐渐增加，加工贸易的占比缩减，一般贸易对于加工贸易占比的挤出效应，实际上表明了我国贸易方式结构的优化。相比较于加工贸易而言，一般贸易所代表的是一种更为高水平的贸易方式，是指一国的出口贸易占据一种积极主动的地位，而非其他外商的出口贸易中间的一个环节。一般贸易使得我国的出口贸易有更多的利润空间，但同时也面临更多的风险，所以发展对外贸易，或者说对外贸易以一般贸易方式为主导的情况，也反映了一国的对外贸易水平。

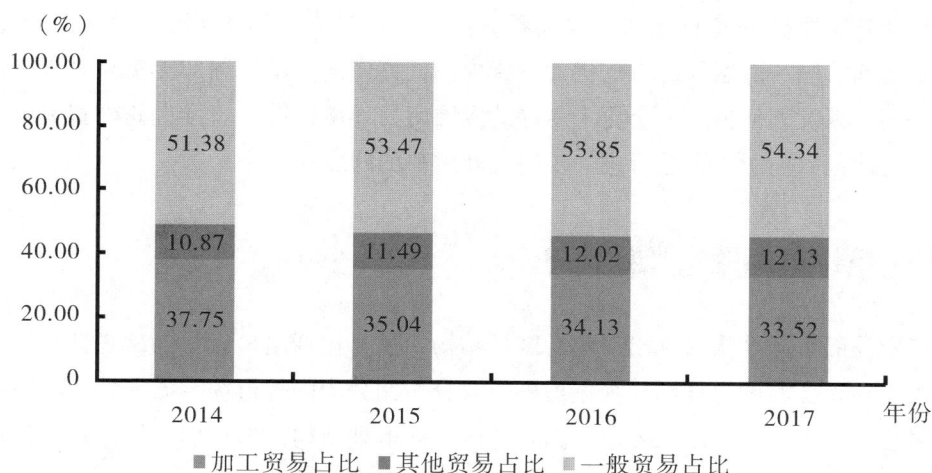

图1-15　2014—2017年三种贸易方式的占比情况

数据来源：中国商务部。

同时我国加工贸易方式的主要构成是进料加工贸易，而且从进料加工贸易占据总出口额的份额比重变化趋势来看（如表1-6），我国加工贸易方式的份额下降的主要原因来自于我国进料加工贸易的占比下降。进料加工贸易虽然相比较来料加工装配贸易而言，有着更多的控制权，但是进料加工贸易与一般贸易而言，如同来料加工于进料加工。一般贸易完全掌握整个产品从生产到加工销售到最终完成交易的一系列经济活动，但是进料加工贸易，虽然对进口的原材料、零部件、元器件和产品有着所有权，但并不包括一个完整的经济活动的所有环节。而完整的经济活动中的每个环节都有自身收益的点，所以二者的比较等同于局部与整体的比较。在经济活动中，存在着交易成本，而对整个生产销售经营的经济链进行掌控，能够避免在经济活动其中的环节链接之处花费交易成本，所以一般贸易有着更大的贸易优势。但是一般贸易的发展并不是空中楼阁，社会生产达到一定的水平，各项制度体系得以完善，才能为一般贸易提供发展的基础土壤，供其滋长繁荣。

表1-6　一般贸易和进料加工贸易结构比较

年份	2017	2016	2015	2014
总出口额（万元）	1 533 205 774	1 384 545 456	1 412 552 304	1 439 116 559
一般贸易（万元）	833 254 580	746 014 565	754 560 270	739 439 211
占总出口额（%）	54.35	53.88	53.42	51.38
进料加工贸易（万元）	459 688 052	422 190 531	443 323 165	487 499 214
占总出口额（%）	29.98	30.49	31.38	33.87
累计占比（%）	84.33	84.37	84.80	85.26

数据来源：中国海关总署。

虽然就三种贸易方式的比例结构来看，我国的贸易方式结构处于一个逐步优化的过程，但是目前我国一般贸易的占比仍然有待提高，如何进一步挖掘加工贸易对于一般贸易的促进作用，以及如何创造一个更为良好的发展贸易环境，进一步推进我国贸易方式结构的优化也是我们目前所需要进行进一步研究和解决的问题。

三、中国出口贸易的市场结构

出口贸易的市场结构又称出口贸易区域结构，主要包括出口贸易的地理区位、空间结构分布等，出口贸易的市场结构根据地理位置分布又分为国外市场结构和国内市场结构。

顾名思义，国外市场结构即出口国境外的空间地理结构，通俗而言即出口地区的空间地理结构，是指在一定时期国家或者地区对于其他国家和地区出口的市场结构，通常用它对某国或地区的进出口额占该国或地区进出口总额的比重来进行衡量。对于出口而言，就主要用出口该地区的出口额占总的出口额的比重来表示，反映进口地区在出口国的对外贸易活动中所占的地位。同时国外市场结构因为涉及进出口地区，所以又称出口贸易地理方向和出口贸易的区间分布，能够反映一国或者地区与其他国家和地区之间贸易联系的紧密程度，通常而言根据国外市场结构可以区别该国或地区的主要贸易对象或主要贸易伙伴。

国内市场结构，即为国内地区结构，亦称国内地区分布，主要是指国内出口省份、城市等地区的空间地理分布。就中国目前的情况来看，从地理的跨度而言，大区域的国内市场结构，可以是东、中、西三大地区出口情况占我国出口贸易的比重；细微而言，则是一个省份、一个城市，甚至更小的区域范围内所占的出口比重。国内市场结构，表明某地区对于国家出口贸易的贡献率，也反映了该地区的经济发展水平和对外贸易开放程度。

虽然我国目前是世界上最大的出口国家，但是我国产品出口究竟面对的是哪些国家和地区，哪些国家和地区又是我国出口贸易的良好的贸易伙伴，是我们在开展经济活动和政治活动都需要了解的前提。了解我国出口贸易区域空间结构，有利于我们更加明确与各个国家和地区的贸易往来关系，这种关系的明确无论对促进进一步的经济往来活动还是以政治目的实施某种外交手段都有一定的参考意义。

就世界范围七大洲的区域划分来看，我国的出口贸易主要集中于亚洲、北美洲、欧洲这几大区域，出口额占比分别达到48.43%、20.37%、18.95%，占据我国整个世界出口份额的85%以上，亚洲仍然是我国最大的出口区域（如图1-16）。在前面的出口贸易的商品结构分析中，我们了解到我国的出口贸易主要集中于不具有高附加值的日常工业制成品，在亚洲地区，除去少数几个国家和地区以外，大部分国家和地区都为欠发达的发展中国家，此类国家也是我国出口贸易主要商品的市场目标群体。就具体的国家而言，我国出口额占比最大的国家和地区前十位分别为美国、中国香港、日本、韩国、德国、越南、印度、荷兰、英国、新加坡、中国台湾。除去越南、印度之外，其他的都为经济发达的国家或地区，对越南和印度的出口贸易主要是由于亚洲太平洋经济合作组织（简称亚太经合组织，英文缩写 APEC）的存在和一些从国际政治方面考虑而引发的出口行为。经济新常态下，"一带一路"的发展建设，推动着我国与亚洲地区国家之间的往来贸易愈渐频繁。就区域来看，亚太经合组织"消化"着我国一半以上的出口贸易。

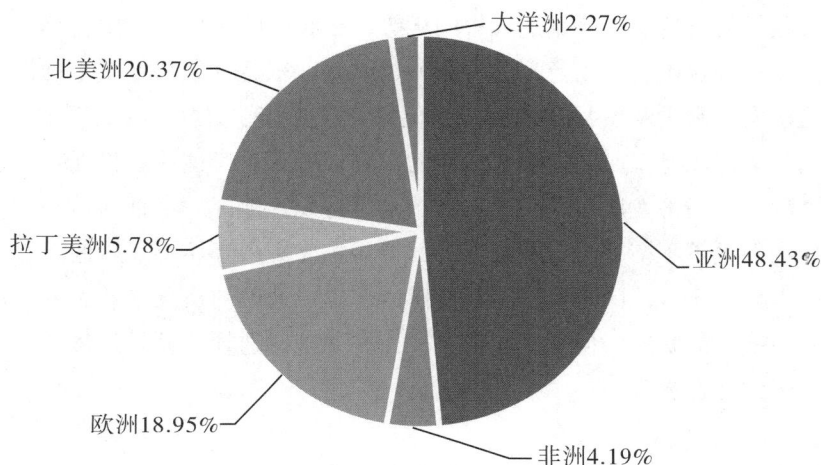

图 1-16　我国区域出口情况

数据来源：中国海关总署。

表 1-7　具体地区和区域的出口情况

	出口总额（万元）	占比（%）		出口总额（万元）	占比（%）
美国	291 027 845	18.98	亚太经合组织	972 333 186	63.42
中国香港	188 991 652	12.33	亚洲	742 555 095	48.43
日本	93 014 472	6.07	北美洲	312 380 542	20.37
韩国	69 646 576	4.54	欧洲	290 616 391	18.95
德国	48 183 155	3.14	欧洲联盟	251 988 411	16.44
越南	48 022 910	3.13	东南亚国家联盟	189 017 720	12.33
印度	46 148 382	3.01	拉丁美洲	88 651 211	5.78
荷兰	45 429 587	2.96	非洲	64 262 738	4.19
英国	38 437 283	2.51	大洋洲	34 727 983	2.27
新加坡	30 500 060	1.99			
中国台湾	29 788 385	1.94			

数据来源：中国海关总署。

　　视野从国际市场转入中国境内，就我国国内出口地区情况来看，广东省从改革开放以来一直就是我国的出口贸易大省，时至今日，仍然是我国出口贸易的领头羊，位于广东省的深圳、东莞、广州、佛山更是领跑我国出口市场。江苏、浙江、山东、福建等省份凭借港口优势，成为我国 31 个省份和地区中出口的遥遥领先者。就我国出口的区域分布来看，出口大省还是集中于我国经济发展较为发达的东部沿海地区，内陆地区如河南、辽宁、河北等省份主要是凭借着传统工业制造大省的优势，在我国的出口贸易中占据一席之地。江苏、浙江、山东、福建等省份以及深圳、苏州、上海、东莞、广州等城市的出口额占比反映了城市的经济发展水平和贸易开放程度，但是对于河南、辽宁、河北等内陆省份而言，它们较低的出口额占比是工业制造规模滞后的表现，毕竟对于这些省份而言，没有得天独厚的自然条件优势，经济发展水平又远不如东南沿海发达地区。这种出口额的占比反映了我国地区发展的严重不平衡，出口贸易活动的开展主要集中于经济发达地区。

　　无论是从世界的区域范围来看还是从我国内部出口地区的情况来看，我国区域出口的结构都面临着不平衡的状况，但是区域情况往往并非刻意选择，而是经济活动发展到一定时期的一种具体的外在表现。

表 1-8　我国区域出口情况

	出口总额（万元）	占比（%）		出口总额（万元）	占比（%）
广东省	457 599 038	29.85	深圳市	178 699 503	11.66
江苏省	254 162 727	16.58	苏州市	127 977 756	8.35
浙江省	198 303 779	12.93	上海市	117 976 837	7.69
上海市	117 976 837	7.69	东莞市	74 276 762	4.84
山东省	106 615 180	6.95	广州市	71 980 160	4.69
福建省	62 529 833	4.08	宁波市	44 420 862	2.90
河南省	33 818 449	2.21	金华市	36 602 257	2.39
辽宁省	33 505 870	2.19	天津市	28 903 869	1.89
河北省	29 662 190	1.93	佛山市	28 445 449	1.86
天津市	28 903 869	1.89	青岛市	27 899 494	1.82

　　数据来源：中国海关总署。

　　在前面的章节中，我们的研究分析表明出口贸易对于国民经济的发展有着很好的促进作用，所以调整我国出口贸易的地区分布，也许不失为一种有效缓解区域发展不平衡的手段之一。

第五节 中国出口贸易的比较优势分析

上述章节分别从国际贸易发展的大环境，发展贸易的必要以及出口贸易与国民经济联系各个角度分析了发展对外贸易的意义，以及我国对外贸易的发展趋势，并且重点从各个不同的角度对我国对外贸易的结构进行了分析，所有的努力都是在为我国对外贸易的发展特别是出口贸易的发展寻求一条高效可行的发展道路。近年来随着世界经济的温和复苏，制造业生产的回暖，加之我国供给侧结构性改革的逐步推进以及贸易政策的调控，我国经济也开始逐步向好，对外贸易开始呈现出结构优化、质量提升的良好发展态势。即使是在这样的形式下，我们依旧要谨慎行事，将我国对外贸易结构优化、质量提升的良好发展态势继续保持和推进下去。如何保证能够继续保持和推进，需要我们对我国的对外贸易，尤其是出口贸易有着更为全面系统的认识，因此我们对我国出口贸易做了一个系统性的SWOT（以优势、劣势、机会、威胁为内容的态势分析法）态势分析。

一、中国出口贸易的优势

贸易结构持续优化升级，在出口贸易的商品结构方面，2018年前两季度代表了较高附加值的出口商品——第十六类机械电器设备以及第十七类车辆航空器，出口额分别达到了5 100亿美元、603亿美元，分别增长16.4%、16%，合计占我国出口总额的48.68%。在出口贸易的方式结构方面，反映我国出口贸易自主发展能力的一般贸易出口方向在2018年前两季度达到6 680亿美元，比去年同期增长18.5%，占同期出口总额57%。在出口企业性质方面，2018年前两季度，私营企业一般出口贸易方向达到了4 142亿美元，占同期一般出口贸易总额62%，比去年同期增长19.5%。在国际市场结构方面，2018年我国对美国、东南亚联盟、欧盟、亚太经合组织的出口额分别达到2 176亿美元、1 527亿美元、1 917亿美元和7 402亿美元，比去年同期分别增长13.5%、18.1%、11.6%和13.8%，国际出口市场多元化格局更加明显。

首先贸易发展更加注重质量。随着我国经济层面的进一步发展，加之产业升级和政府政策调控，我国产业已逐渐从劳动、资源密集型产业转向资本、技术密集型产业。从我国目前出口贸易的商品结构可以看出，高附加值商品以及相关技术密集型制造业的出口额稳步提升，例如电机电器设备、车辆航空器设备出口额分别达到了2 438亿美元、512亿美元，分别比去年同期增长16%、16%，说明我国出口产业正不断更新升级。其次，我国出口企业的创新能力以及国际竞争力亦不断提升，以中兴通讯与腾讯为例，该类高科技企业重视研发和产品创新，相关投入比例逐年上升，并注重自身品牌建设，在部分区域中其市场占有率远远高于国外的同类型企业。

二、中国出口贸易的劣势

目前我国出口贸易技术水平整体发展良好，但相对于发达国家仍有相当的差距。以我国一般出口贸易商品为例，2018 年前两季度我国第十六类机械电器设备以及第十七类车辆航空器的出口额分别达到了 5 100 亿美元、603 亿美元，合计占我国出口总额的 48.68%。但目前我国仍处于产业升级阶段，我国仍旧在该类出口产品生产链中处于比较弱势的地位，所生产的大部分为低附加值或低技术产品，我国出口贸易技术结构仍旧不高。

根据国家统计局数据，2006 年我国服务贸易进出口总额为 2 027 亿美元，其中出口方向为 1 024 亿美元；2016 年我国服务贸易进出口总额为 6 575 亿美元，其中出口方向为 2 083 亿美元，较 2006 年分别增长了 224.37% 和 103.42%。同期我国货物进出口总额为 36 855 亿美元，其中出口方向为 20 976 亿美元，这反映出我国服务出口贸易虽然发展迅速，但相对于发达国家仍处于比较低的水平，国际竞争力不足；甚至在我国进出口结构中，服务出口贸易与商品出口贸易的差距依旧存在，总体贸易结构发展依旧不平衡。

三、中国出口贸易的未来发展

（一）抓住历史发展机遇，打造全新贸易圈

目前复杂多变的全球政治经济既带来了挑战也带来了机遇，我国应该抓住目前的发展机遇，打造新的贸易圈，特别是"一带一路"建设的推动，这对我国未来出口贸易的发展具有非常重要的意义。改革开放以来，我国的外向型经济发展取得了一定的成效，但面对目前的经济转型，"一带一路"倡议连接了亚非欧走廊，将整个欧亚大陆包括在内，开发了巨大的市场潜力，进一步推动了中国外向型经济的发展和突破，打造了全方位的对外开放新格局，也加强了中国在该区域的贸易话语权，这对于中国未来的对外贸易发展具有巨大意义。

（二）积极参与新贸易规则制定

从历史发展的经验来看，是否掌握相当的国际贸易规则制定权对于国家的贸易发展具有很大的影响。世贸组织发展至今，欧美国家掌握了大部分的规则制定权，这有利于欧美国家在国际市场上确立优势地位，这从目前的国际贸易市场占比也可以清晰地看出。因此，我国应当积极参与到国际新贸易规则的制定决策过程中，特别是在亚太经合组织、上海合作组织、中国—东盟中心等国际经济组织中，我国应当承担更多的责任，掌握更多的

规则制定权和资源，以国际贸易新平台来带动我国出口贸易的进一步发展。

（三）加快产业升级，调整优化贸易结构

目前我国仍处于产业升级阶段，在全球国际贸易生产链中处于比较弱势的地位，我国出口的产品大部分为低附加值或低技术产品，服务贸易与发达国家相比仍有很大的差距，我国出口贸易技术结构发展不平衡。这要求我们要加快产业升级的步伐，推动产业向资金、技术密集型产业靠拢，大力发展服务业，以消费需求带动生产需求，提高服务贸易在我国出口贸易中的比重，特别是推动"走出去"战略的发展，不断优化我国贸易结构，促进我国出口结构中一般贸易和服务贸易的平衡发展。

（四）持续提供良好的出口贸易环境

我国出口贸易的发展离不开良好的贸易环境。在政策层面，我国应当继续加强经济贸易的制度建设及政策制定，改善海关环境，为出口企业提供更多便利，使贸易制度具备更强的可信性和可预见性；在基础设施层面，可不断推动贸易基础设施建设，引进更多相关设施，为出口贸易奠定良好的物质基础；在国际贸易层面，我国可争取更多国际贸易话语权，减少国际贸易摩擦，消除国际贸易壁垒，为我国出口贸易创造良好的国际出口环境。

四、中国出口贸易的潜在威胁

目前全球的政治经济局势仍处于复杂多变的状态，例如朝鲜半岛、中东地区等地缘冲突的潜在威胁，恐怖主义的抬头，国际市场的不稳定，贸易壁垒的建立，等等，这些潜在因素都会影响我国出口贸易的进一步发展。特别是2018年以来的中美贸易，中美经过三轮贸易谈判依旧不能避免贸易冲突的不断升级。中美两个贸易大国关税的不断提升，打乱了全球原有的市场秩序，加重了我国出口企业的负担，限制了我国出口贸易的进一步发展。特别是美国对我国"走出去型"企业提起的调查和诉讼，例如2017年对中兴通讯的制裁以及8.9亿美元的巨额罚单，在限制了我国"走出去"战略发展的同时，也相应延缓了我国出口产业向高新技术方向转型的速度。

第二章　中国自由贸易试验区建设

第一节　中国自由贸易试验区建设的背景

本章介绍的中国自由贸易试验区（简称自贸区，英文缩写 FTZ），依据的是世界海关组织（WCO）的国际惯例。建设自由贸易试验区是单个主权国家的行为，通过建立自由贸易试验区促进对外贸易、经济发展，区内的企业享受一定的优惠政策，降低出口的成本，促进出口。

中国自由贸易试验区的构想最早可以追溯到改革开放早期。但是当时地方政府缺乏相关的经验，即使出台了某些政策，也很难落实到位。并且自由贸易试验区或者自由贸易试验港的名称也由于一些政治原因没有在早期落实，直到 2003 年年底，自由贸易试验区才正式被学者提出来。从正式提出到真正建立上海自由贸易试验区，期间有经济学家、战略学者、研究中心的工作人员亲自去某些地区进行考察，并形成专家小组进行多次深入调研，经过多次讨论最终决定在上海建立第一个自由贸易试验区。

建设中国自由贸易试验区是党在考察了国内外新形势的情况下实行的重要战略举措。

一、中国自由贸易试验区建设的国内背景

1978 年，我国开始实行改革开放。2013 年，我国经过了三十多年的改革开放，国民生产总值达到世界第二，贸易规模为世界第一。但是在 2013 年，我国的出口贸易总额大幅度回落，对国内经济也造成了冲击。产能过剩，内需增长比较缓慢，经济结构亟须转型。中国迫切需要新的动力来帮助经济开启一个新阶段，以迈向更高质量的经济发展时代。

2012 年 11 月，在十八大的会议上，党中央就提出了加快建设自由贸易试验区的战略。之后党的十八届三中全会上提出的《中共中央关于全面深化改革若干重大问题的决定》中与自贸区有关的内容包括转变政府职能，建立开放型的经济新体制和建立现代化的市场体系等。

中国自由贸易试验区的建设决策是当时的社会发展倒逼与顶层设计相结合的一项举

措。中国将建立自由贸易试验区作为进一步扩大对外开放的试验田进行局部试点，在小范围开始进行试点，使试验的后果可控，哪怕试验失败，影响也有限。同时，试点区域比较小，有助于集中资源和相关政策，可以在目标任务上进行探索，使试验做精，进行物理隔离或电子隔离也比较方便，便于在实施"二线有效管住"的基础上推进"一线完全放开"。自由贸易试验区是顶层设计，是为了全面深化改革的一项安排，希望用实践来检验一些改革政策是否可以在中国的其他地方实施。

总的来说，从国内背景来看建立中国自由贸易试验区是当时我国经济发展的需要，即探索扩大对外开放的新途径，它是为进入全面改革新时期而进行的顶层设计。

二、中国自由贸易试验区建设的国际背景

在其他国家已经建立自由贸易试验区的同时，我国自贸区的建立是面对美欧日在国际贸易谈判中向新兴国家施加压力做出的主动回击。近年来，美欧日三大经济体先后发起TPP（跨太平洋伙伴关系协定）、TTIP（跨大西洋贸易及投资伙伴协议）和PSA（多边服务业协议）等新一轮的多边贸易谈判，试图将新兴国家排挤在外，形成新的多边协议，建立新的贸易规则，以取代世界贸易组织规则。这些多边协议的主要特点是推行更高标准和提供更高水平的自由化，包括推行更加自由的贸易，使投资更加自由便利，提供更高水平的服务，并且也强调营造更加公平的环境，让国家之间在进行更加公平的竞争的同时，权益受到更好的保护。而在这些贸易谈判中，都没有中国的参与。有专家认为，发达国家这些协议的谈判、签订，未来将会压制新兴国家在国际贸易中正逐步建立的谈判地位，他们的目标之一也是试图将包括中国在内的新兴国家排挤到国际贸易体系的边缘。虽然中国2013年的贸易总量已经达到世界第一，发展成为世界上最大的贸易国家，但是由于世界贸易组织多哈回合谈判进展得不顺利，原来世界贸易组织带来的经济政治红利逐渐消退，加上我国经济发展面临的转型和结构问题，如果中国不尽快参与世界贸易规则的制定，就可能会面临"再次入世"的危险。

所以在当时的国际背景下，建立自由贸易试验区一方面是向世界传递信号——中国将会以积极的态势加入到国际贸易的谈判中去，另一方面是在新形势下为多边贸易合作积累经验，为与发达国家进行谈判提供实践样本，使我国能够在贸易体系的建立中占有一席之地。

三、中国自由贸易试验区建设的意义

面对国际经济全球化、政治多极化、信息多样化的世情，以及我国经济发展从追求量上的扩大到追求质上的提高的国情，我国需要进一步开放和更深入的改革。2013年中国成

立上海自由贸易试验区，是在当时的背景下做出的大胆且顺应时代发展的尝试，它的成立也拉开了全面深化改革的旗帜，是改革开放的新阶段。中国设立第一个自由贸易试验区受到全国人民的瞩目，也得到了世界的关注，很多经济学者开始进行分析研究。它在开始阶段主要以制度创新为核心来打破原有的阻碍经济发展的一些政策，处理好政府、市场和企业三者的关系，优化当时的市场环境，做到最大程度的对外开放，以对我国的经济发展、创新驱动、转型升级产生深远的影响。

建设自由贸易试验区的意义总的来说有两方面：一方面是扩大对外开放，全面深化改革。自由贸易区的建设是我国顺应全球发展的趋势，扩大与其他国家交流的重大尝试。大胆进行改革，形成一些创新的政策，在全国其他地区进行推行以带动其协同发展。并且时刻牢记有国内国外两个市场，在对外开放方面充分利用两个市场的资源来进行经济发展。另一方面，自由贸易试验区是参与建设国际经济贸易的合作平台。我们需要积极利用自贸区的作用，争取全球经济治理制度性权力。在自贸区建设之前我国在投资贸易领域采取的是行政审批和许可制度，自贸区建立之后政策进行适度放宽，并且根据贸易发展情况进行一些环节的创新，优化企业参与国际贸易的流程，促进要素流动，提高效率。自贸区的建立加快促进了我国的贸易发展规则与国际对接，也加快了中国的经济全球化进程。

经过全面探索，各自贸区在行政体制、财政体制上按照自身发展情况进行改革创新。我国自由贸易试验区既成为我国扩大对外开放的强力引擎，又可以为沿海到中西部开放型经济新体制的形成提供强大的助力，从而推进我国形成全局性的对外开放，并且促进我国供给侧结构性改革的转型升级。自贸区将在我国政策支持和市场力量的作用下，帮助我国实施西部大开发、中部崛起、东北振兴、东部率先发展、京津冀协同发展等区域协调发展战略，逐步打造若干城市群，成为带动东北地区和中西部地区发展的重要增长极，解决我国地区发展不平衡、不协调的问题。

第二节　中国自由贸易试验区建设的概况

一、中国自由贸易试验区的总体发展情况

截至 2017 年 12 月中国自由贸易试验区挂牌成立的数量达到十一个，已经占到了省级行政区划的三分之一。自贸区试点的逐步建立可以看出我国已经在对外开放上全面放开，它也是新的阶段我国深化改革的新窗口，对制度的改革创新也意味着一场大规模的制度变迁。

表 2-1　中国自由贸易试验区成立时间统计

第一批	2013 年 9 月 29 日	中国（上海）自由贸易试验区	正式成立
	2014 年 12 月 28 日	中国（上海）自由贸易试验区	授权扩展
第二批	2015 年 4 月 21 日	中国（广东）自由贸易试验区	正式成立
		中国（天津）自由贸易试验区	
		中国（福建）自由贸易试验区	
第三批	2017 年 4 月 1 日	中国（辽宁）自由贸易试验区	正式成立
		中国（浙江）自由贸易试验区	
		中国（河南）自由贸易试验区	
		中国（湖北）自由贸易试验区	
		中国（重庆）自由贸易试验区	
		中国（四川）自由贸易试验区	
		中国（陕西）自由贸易试验区	

资料来源：根据国务院下达的相关通知整理。

2018 年 4 月 13 日，海南自由贸易试验区被宣告支持成立，并且支持全岛进行建设，逐步推进，以建设更有特色的自贸港。

从一枝独秀到四个齐建设再到十一个联动发展，中国自贸区的建设经历了从试点到扩大再到推广的过程，面积也从 28.78 平方公里扩展到 1 300 多平方公里。2013 年，自贸区只有上海一个试点，面积较小；2015 年，广东、福建、天津作为第二批自贸区的试点正式挂牌成立，形成了"1＋3"的格局；2017 年，第三批自贸区试点同时挂牌成立，包含了 7 个省份，试点范围不断扩大。自此我国自贸区的分布构成了包含 6 个沿海省份、2 个中部省份、3 个西部省份的"1＋3＋7"的"雁阵格局"。目前我国的自贸区建设已经贯穿南北方，横跨东西向，联系各大区域。我国新一轮的改革开放持续深入推进，新时代的经济发展拉开了全面改革开放的大幕，拉开了更加深入推进的大幕，形成了全国各地区协同发展、陆海空一体化的对外开放新格局。

从各大自贸区的定位来看，上海主要体现了综合性，作为中国自贸区第一个试点，在各方面进行尝试；天津主要服务京津冀，促进协同发展；福建主要是进行两岸交流合作，建设海上丝绸之路；广东全力打造粤港澳一体化；辽宁主要是帮助东北振兴，促进工业转型；浙江主要是聚焦大宗商品和海洋战略；河南主要是建造交通物流枢纽；湖北主打战略的创新，建设产业高地；重庆是着眼于建造西部开放门户城市；四川聚焦西部国际开放的交通枢纽；陕西的定位是建设丝绸之路的经济带。各大自贸区联合"一带一路"建设，打造长江经济带区域发展战略的重要支点，协调京津冀发展，振兴东北地区经济，带动中部地区的发展，深入推进西部大开发战略。

二、中国自由贸易试验区的发展历程

（一）第一批自由贸易试验区

第一批自由贸易试验区的建设是作为改革试验田进行的，仅上海一个试点，重点在财政制度、金融制度、转变政府职能、对外贸易等方面进行改革，并大力推广上海市转口、离岸业务的发展，为自贸区模式的推广积累可复制的经验。

1. 中国（上海）自由贸易试验区

上海自由贸易试验区的建立经历了比较漫长的过程，因为之前中国政府没有相关的经验，所以对上海自贸区的设立比较慎重，经历了 3~4 年各方面的努力，2013 年 9 月 29 日上海自由贸易试验区正式成立。

（1）战略定位及发展目标。

上海自由贸易试验区作为中国首个试点，受到全国乃至全世界的瞩目。它利用自身的黄金位置和原有的经济发展优势，充分在行政体制、金融行业等各方面进行探索，进行大胆尝试，积累可复制推广的经验。外高桥保税区、浦东机场综合保税区、洋山保税港区和外高桥保税物流园区原本就是海关特殊监管区域，之所以要在此基础上进行自贸区的设立是为了促进贸易的更高层次发展，让投资商在一个更加开放自由的平台上进行交易。上海自贸区的建立可以使上海充分发展包含大宗商品的贸易以及服务贸易，并且除了实体贸易外，也促进了金融体制和权益贸易的改革和发展，创新远期、衍生等金融产品，打造"中国经济升级版"。除了经济功能外，上海自贸区还作为中国经济改革的指向标，在探索中国对外开放的新模式上走在前方，希望以最小风险来推动全国的改革开放。上海自贸区在建设过程中在贸易方面可以享受税收放宽、外汇使用等优惠政策，对金融业、制造业、物流业、航运服务业等各行业的改造升级发展有着重要作用。

（2）区域格局及功能定位。

区域从功能上来说可以分为四块：综合保税区、金融片区、开发片区、高科技片区。

综合保税区同时包括 4 个海关特殊监管区域：外高桥保税区、外高桥保税物流园区、洋山保税港区、浦东机场综合保税区，总面积为 28.78 平方公里。

表 2 - 2　上海综合保税区的区域划分及功能定位

区域	面积（平方公里）	功能定位
外高桥保税区	10.00	业务功能发展已经非常丰富，也是目前国内经济规模最大的海关特殊监管区域。外高桥保税区重点发展文化产品，做大做强包括汽车、酒类、机械制造类等十大专业贸易平台
外高桥保税物流园区	1.03	主要与外高桥保税区相互联系，协同发展，建立国际重要的物流基地
洋山保税港区	14.16	发展大宗商品的产业基地、航运龙头企业的集聚地，建立面向欧美的电子产品、品牌服装等的分拨配送中心
浦东机场综合保税区	3.59	已经成为亚太分拨的中心和快件转运中心。吸引医疗机械、高档消费品等知名品牌入驻，形成融资租赁、高档消费品保税展销等服务产业链

资料来源：《中国（上海）自由贸易试验区总体方案》。

金融片区：陆家嘴金融片区，面积 34.26 平方公里。上海的国际金融中心的核心区域是陆家嘴金融片区，它是上海国际航运中心的高端服务区，上海的现代商业贸易在此处集聚，同时它也是上海国际贸易的中心。这里在逐步探索建立与国际通行制度相连接的金融制度体系，尽快建立既有自由又有法治约束，既有中国特色又有国际共性的市场环境。陆家嘴金融片区的建设有重点区域，即重点建设世博前滩地区，重点发展航运金融、文化体育旅游业、高端服务业等。

开发片区：金桥开发片区，面积 20.48 平方公里。经过二十多年的持续开发，金桥开发区大力发展制造行业，并取得很大的进步，已经成为上海先进制造业的核心功能区；在服务业方面，已经成为生产性服务业的集聚区。金桥开发片区也大力发展新型产业和工业，有了显著的效果，在新兴产业上为全国的新兴产业发展做了示范，在生态工业上也成了全国的典范。金桥开发片区为了不断激发经济发展的活力，持续提高开发区的创造创新能力，未来将重点进行行政制度和金融制度的创新，不断推进贸易的便利化，优化营商环境。

高科技片区：张江高科技片区，面积 37.2 平方公里。张江高科技片区主要围绕科学技术进行建设。自贸区的建立为张江片区的转型升级提供了历史机遇，"科技中心建设""双自联动"以及国资国企改革等任务的实施，促使创新要素在张江高科技片区集聚，进而和全球的创新资源进行联合，充分利用创新要素进行建设。张江片区要在科技中心的建设中扮演创业服务业的集成商，即和创业者共同发展，不仅是物业租赁关系更是合作伙伴，整合多方面的资源，充分利用自身的科技优势，加快企业的发展，实现共赢。

（3）建设成果。

2018 年是改革开放 40 周年，也是上海自由贸易试验区成立 5 周年。到现在为止，上海自贸区在制度改革创新上已经取得了很多的成果，并且一些优秀的政策已经在全国各地实施。同时也给其他的自贸区积累了经验，也体现了改革试验田的作用。例如开展"证照分离"改革试点的 116 项行政许可事项、外商投资备案管理、企业准入"单一窗口"等多项制度已经在全国适应地区复制推广。

表 2 - 3　上海自贸区的主要经济指标

（单位：亿美元）

年份	工业总产值	进出口总额	出口总额	进口总额
2013	646.16	1 134.33	295.03	839.30
2014	572.70	1 241.00	331.46	909.54
2015	3 901.03	1 442.28	598.56	843.72
2016	4 312.84	1 179.83	348.65	831.18

资料来源：《上海统计年鉴》。

从表 2 - 3 可以看出，上海自贸区的工业总产值、进出口总额一直在上升，并且工业总产值提高得比较快，进口总额和出口总额在 2016 年都出现了缩水，自贸区的建立对进口的影响不大，但还是促进了出口，在一定幅度上提高了出口总额。

除了经济指标，从政策上的成果我们也可以看出上海自贸区在贸易方面的改革。

表 2 - 4　上海自由贸易试验区的制度成果

制度	成果
商事制度	首先实施"证照分离"，116 项制度成果
贸易便利	上海港通关时交接单改为电子单；海陆空协同发展，预计 2020 年海运、空运的货物通关时间会以小时计。"单一窗口"升级到 3.0 版本，船舶申报环节减少超过 60%，船舶申报环节、货物申报环节减少超过 20%；打造高效率，内容丰富的窗口
金融制度	设立自由贸易体系，累计开立 7.07 万个自由贸易账户等

资料来源：《中国（上海）自由贸易试验区》。

因为上海自贸区是第一个试点，所以很多制度也是从其开始改革的，像"单一窗口"、负面清单、准入前国民待遇等政策，在企业主体的准入、外资的注入、通关环节等各方面都有了很大程度的提高。截至 2018 年 6 月底，外资企业的入驻率已经上升到全部入驻企业的 20%，在挂牌前还是 5%。而平均每个月新入驻的企业是挂牌时的 5 倍，并且在活跃度上也有了很大的提高，企业之间的交流、产业链的对接、商品的消费等各方面的活跃度也提高了80%以上。

（4）建设中存在的问题。

上海自贸区建立五年以来，虽然在各方面取得了重大成果，但依旧存在问题。具体来看主要有：①政府与市场的关系还没有准确定位。虽然像负面清单等很多政策都是在做减法，减少政府的干预，但是上海也是受经济体制影响比较深的地区，政府不可能立刻放开让市场与企业协同独立发展，很多的政策体系还需要进一步完善，这需要一个长时间的调整发展过程。政府、企业、市场三者的关系需要进一步进行探索，建立一个高效且监管到位的市场。②片区发展不平衡。上海现在有7个片区，在11个自贸区中片区最多，上海每个片区都有自己的独特定位。各片区在改革上的积极性很高，但是因为各个片区的改革侧重点不一样，有的主要发展金融、有的主要发展科技、有的主要发展外贸等，使得各片区发展节奏不一样，就可能会产生某个区域在某方面失衡，导致一些改革措施在某一片区不配套，或者片区的改革经验不能复制推广。③虹吸效应。众所周知上海是我国的金融中心，自贸区的建立进一步吸引了投资，这很可能会让上海一枝独秀，导致区域发展失衡。怎么样协同上海地区和周边地区的经济发展，使上海更好地辐射周边地区也是上海自贸区需要思考解决的问题。

（二）第二批自由贸易试验区

第二批自贸区功能差异化，天津、福建、广东这三省市在借鉴了上海自贸区成功经验的基础上，也有自己独特的定位，发展自己的特色领域。并且4大自贸区在金融、贸易、制造业、行政体制方面也取得了重大突破，持续推进贸易便利化，在投资管理方面三个自贸区也各尽其能进行改革，创新的成果已经能够初步显现，金融水平、服务水平已经得到提高，监管体系也已经初步形成。

1. 中国（广东）自由贸易试验区

广东自贸区作为第二批的试点之一，有其自身的优势：一是广东自贸区是金融改革的新阵地，二是在地理上对接港澳。

（1）战略定位及发展目标。

广东自由贸易试验区在地理上具有优势，它连接港澳，能促进粤港澳的深度融合。建设中加强与香港、澳门的经济文化交流，创新三者之间的金融合作的体制，使贸易投资更加自由化、便利化。广东自贸区一方面要不断进行制度创新来推动三个地区之间交易规则的对接，使贸易交流更加顺畅，另一方面要跟随时代的脚步，时刻关注国际的贸易规则，使创新的同时不忘与国际规则接轨，可以在与其他国家的贸易合作中形成新的优势。

（2）区域格局及功能定位。

表2-5　广东自贸区的区域划分及功能定位

区域	面积（平方公里）	功能定位
广州南沙新区	60	以服务业为主，服务行业中重点发展生产性服务业，打造国际性的高端生产性服务业的高地，建设高水平的综合服务枢纽
深圳前海蛇口片区	28.2	重点发展高端服务业，包括但不限于科技服务、信息服务、现代金融等服务业，建设具有国际化金融开放和创新特色的金融业对外开放试验示范窗口、世界贸易服务的重要基地和具有国际先进水平的枢纽港
珠海横琴新区片区	28	主要以第三产业为主，大力发展高科技、文化、旅游等产业。建立休闲旅游的基地，打造国际文化交流商务服务更高标准的平台，推动澳门经济多元化发展，成为其发展的新载体

资料来源：《中国（广东）自由贸易试验区总体方案》。

（3）建设成果。

表2-6　广东自由贸易试验区的建设成果

时间跨度	新增企业（家）	外商投资企业（家）	合同利用外资（亿美元）
2015年4月—2017年6月	130 200	5 879	752.24

资料来源：《中国（广东）自由贸易试验区》。

　　广东自贸区积极推进各大改革，进行制度创新。在进出口贸易，吸引外资，发展新型产业等各方面做出了很大的成果。就2017年来说，广东自贸区的进出口总额达到了将近10 000亿元，比2016年增长了将近5%。

　　具体来说，南沙片区重点在政务体系上进行改革，共形成了376项创新改革成果。为了营造有活力有效率的市场环境，南沙片区推出了无人商事登记系统，企业登记注册自主办理，创新企业可以3天内完成注册的基本事宜，其速度接近新加坡的水平，大大提高了企业登记入驻的效率，营造了一个接近国际先进水平的营商环境。截至2018年初，南沙片区的企业注册数量已经达到了59 000户，是没有挂牌前数量的2.7倍，新增的注册资本已经达到了9 642.7亿元，比挂牌前翻了6.4倍。深圳前蛇口片区重点发展金融行业，大胆尝试，推进很多措施来提高金融对外开放的示范窗口的水平，例如率先实行境内境外双向的股权投资，双向发行债券和建立双向的资金池等，建立了港交所前海联合交易所和深港基金小镇，一方面可以方便投资者的业务往来，另一方面使资金可以更加自由地交流。

我的融资租赁行业在前海自贸片区集聚，截至 2018 年初，从挂牌起新注册的企业达到 16.86 万户，其中金融企业累计将近 6 万家，占到了 30%。横琴片区重点发展和港澳的合作，在经济合作、人文交流等方面进行改革创新，使交流合作形式和内容全面升级，率先建成港珠澳大桥延长线，投入巨大成本的横琴口岸及综合交通枢纽工程也在建造的过程中。截至 2018 年初，横琴片区香港和澳门的企业数量已经达到 2 218 家，包含澳门投资的企业有 1 212 户，香港投资的企业有 1 006 户，投资资本总额达到 1 747.70 亿元。从这三个片区来看，各个片区都有侧重点地改革创新，取得的成果也是很明显的。

（4）建设中存在的问题。

广东自贸区在与港澳合作中，在金融开放、投资贸易、人才交流等各方面都采取了相关政策来深化与港澳的交流与合作。但是广东自贸区还是存在着一些未来需要解决的问题：①与港澳的产业合作不平衡。香港有些产业会有地方保护，并不对外开放，并且行政体制和内地的不一样导致两地的合作并不能全面放开，前海片区与香港的合作比较多，但大部分行业还是集中在金融、贸易和物流；澳门还是以博彩行业为主，虽然很多专家对澳门的产业多样化发展提出建议，但由于区域面积小和经济体的限制使转型未能成功，横琴片区主要为澳门的经济转型提供新的载体，它也是和澳门片区合作最多的片区，但大部分也是旅游业方面的发展。所以由于行政体制不一样，监管制度不一样，产业发展程度不一样，怎样突破现存的壁垒从而深化合作也是广东自贸区需要思考的问题。②人才要素流动存在障碍。广东自贸区为促进人才的交流建立了人才交流示范区，对港澳人才的签证、居留都提供了相关的便利化政策，但是一些硬性条件仍然不能忽视，例如香港、澳门人多地少，房价一直很高，而广东自贸区自从挂牌以来房价一路走高，高昂的房价让人才无论是定居还是租房都会有一定困难，从这方面来说不利于人才的交流和储备。怎样建立一支高素质的人才队伍并为建设提供有力的人才支持，要从生活的基本需求入手来把握人才的交流和储备。

2. 中国（天津）自由贸易试验区

天津自贸区作为第二批的试点之一，具有自己独特的优势，一是能带动京津冀的发展，二是土地面积相对比较充裕，三是可以利用天津的港口优势在现有的体制框架上来开展国际商务活动。

（1）战略定位及发展目标。

天津自由贸易区是北方第一个自由贸易试验区。它主要与京津冀的协调发展有关。根据上海自贸区的改革发展经验，学习复制上海自贸区的优秀创新成果，重点探索独属于天津的特色，包括：通过"一带一路"建设契机为环渤海地区的经济提供服务，推动其共同发展；设立航运税，建立航运金融体系；制度创新更好地服务实体经济；经过三至五年的改革和探索，将天津自由贸易试验区建设成为高水平、高标准的自贸区，从而吸引高端产业的集聚，产生辐射带动效应，在我国的经济发展转型中起到带头作用。

（2）区域格局及功能定位。

表2-7　天津自贸区的区域格局及功能定位

区域	面积（平方公里）	功能定位
天津港片区	30	专注于航运物流，国际贸易和金融租赁等现代服务业的发展
天津机场片区	43.1	重点发展高端制造，设备制造，航空物流等航空航天，研发设计和新一代信息技术等生产性服务
滨海新区中心商务片区	46.8	滨海新区中心商务片区重点发展以金融创新为主的现代服务业

资料来源：《中国（天津）自由贸易试验区总体方案》。

（3）建设成果。

表2-8　天津自由贸易试验区的建设成果

时间跨度	新增加的市场主体（个）	新增注册资本（万亿元）	新增外商投资企业（家）	外资注册资本（亿美元）
2015年4月—2018年4月	45 000	1.64	2 119	3 985

资料来源：《中国（天津）自由贸易试验区》。

从表2-8我们可以看出，天津自贸区在吸引资本投资上取得了一定的成果，就新增的市场主体来说，新增的数量是还没有设立自贸区前每年新增数量的2倍。自贸区的设立激发了市场活力，而且天津主打协同京津冀经济发展的牌，三个地区在税务服务平台实现信息互通，提高了企业的办事效率。并且京津冀的企业在天津口岸也得到了便利，缩短了他们的货物进出口时间，减少了审查环节和滞留成本。截至2018年4月底，这三个地区的企业数量已经超过了自贸区内企业数量的50%。为了促进三个地区的产业发展，还设立了相关的结构调整基金，促进了产业链的融合发展，一些新兴产业也应运而生，例如进口的商品直接销售、航空设备的维修、进口汽车企业全产业服务链等。

具体来说，天津港片区推进了新型贸易产业发展，也推动了金融行业的发展，对外汇的资本看意愿进行结汇，将资金集中起来进行运作管理，提高了效率减少了金融风险，还实施了如经营性的租赁可以收取外币作为租金等各种金融创新政策来促进金融行业更好地发展。特别是天津港东疆片区新增的市场主体达到9 134户，挂牌三年来新增的注册资本也达到了7 784亿元，无论是注册市场主体还是注册资本都比未挂牌前七年的总和翻了三到四倍。天津机场片区主要围绕航空航天来开展各项工作，利用航空物流优势发展跨境电商，建设物流中心提高了企业商品的进出口效率。进一步缩短了通关环节，大大缩短了跨境商品的通关时间。为了更好地发展跨境电商还建立了服务平台，出口企业的业务可以在平台上直接进行办理。这些措施也取得了一定的成果，2017年天津机场片区进出口总额达到1 277亿元，同比增长了将近15%。跨境电商的商品成交数量达到412万，商品的交易总额有8.2亿元。滨海新区中心商务片区主要以产业发展和金融行业发展结合为重点，发展金融行业来扶持其他产业的发展，解决在资金方面的困难，提高经济发展的质量。中心商务片区先主要以中央性质的企业和金融合作作为切入点，央企和金融创新主体以近1∶4的比例分配，中央企业有70多家，金融主体有差不多300家，很多创新型的金融主体都首先在商务片区落户发展，例如大陆首家落地发展的创业投资机构元富创投，第一季保险性质的金融服务公司人保金融等。自挂牌以来，截至2018年4月中心片区新增的市场主体有22 000家，注册资本达到6 000亿元，天津市内融资租赁企业的注册资本达到888.8亿元，全国的融资租赁企业的注册资金有2 500亿元，占全国的35.6%。

（4）建设中存在的问题。

天津自贸区已经取得了阶段性的创新成果，但是在自贸区的推进过程中还存在问题。①政策的创新性不强。天津自贸区是第二批试点，在建设过程中，四个自贸区相继推出相关的改革政策，力图在服务贸易、投资体系、金融发展等各方面进行突破。天津自贸区改革政策一方面导向性不强，另一方面同质化比较严重，缺乏新意，很多政策是在上海自贸区的改革经验的基础上进行创新，虽然这也是建立自贸区的目标之一——建立可复制和推广的改革经验，但是天津自贸区要结合自身的发展，对自身实际存在的问题进行创新改革。②离国际高标准的自贸区还存在差距。2017年上海财经大学发布了四个自贸区的发展指数，和国际高水平的标准对接建立了一套指标体系来衡量自贸区的发展情况，从报告来看天津自贸区的发展综合处于第三位，平均不到八十分，天津自贸区在开放力度上也不够，一些优惠政策主要集中在京津冀企业，像进出口企业的通关时间也和国际的高标准存在差距。所以天津自贸区对于建立高水平的国际贸易规则，完善监管体系还需要作进一步的努力。③京津冀地区的利益失衡。天津自贸区的建立有一个重要的任务就是协调三个地区的经济发展，但是三者在经济发展程度、行业发展的相关制度等方面都存在差异，自贸区的建立很可能会导致一些优质要素单方向的流动，导致地区发展失衡。所以天津自贸区也要注意建立相关的利益协调机制来使三个地区共同发展，实现共赢。

3. 中国（福建）自由贸易试验区

福建自贸区是 2015 年第二批的试点之一，福建也是在地理上是最接近台湾的省份。福建自贸区的建立也是为了进一步深化海峡两岸政治经济等方面的交流合作。

（1）战略定位及发展目标。

福建自由贸易试验区的建设定位于扩大对外开放，深入推进两岸在各方面的交流合作，营造一个与国际贸易规则对接的营商环境，将福建自贸区和丝绸之路、"一带一路"的建设结合在一起，使福建的经济发展取得新的增长。福建自贸区建设过程中要坚持对外开放的前沿优势，使其成为海上丝绸之路建设的核心区，积极提高自身的经济实力，与海上丝绸之路沿线的国家和地区深入合作，创造经济发展新动力。另一方面福建自贸区要充分发挥对台优势，创新两岸的交流方式，建立相关的平台来使人才、资本等要素可以顺畅地流通，加快文化、经济、人才的交流与合作，建设两岸文化交流的示范区。同时福建自贸区也要在政府的管理上下功夫，简政放权，协调好政府和市场的关系，建立法制化的市场环境，让企业的发展无后顾之忧。力争经过三到五年的改革和探索，福建自贸区将建成可以进行自由投资，有着突出的金融创新，并有着高效的监管体系的自由贸易试验区。

（2）区域格局及功能定位。

表 2 - 9　福建自贸区的区域格局及功能定位

区域	面积（平方公里）	功能定位
平潭片区	43	重点建设两岸共有家园和国际旅游岛屿，实施投资贸易和资本人才交流更加自由，便捷的措施
厦门片区	43.78	重点建设新兴产业和现代服务业，改革创新两岸交流的形式，建设成为两岸金融服务的中心和贸易中心
福州片区	31.26	重点建设成为先进制造业基地，推动与海上丝绸之路沿线地区间交流合作

资料来源：《中国（福建）自由贸易试验区总体方案》。

（3）建设成果。

表 2 - 10　福建自由贸易试验区的建设成果

时间跨度	新增企业（家）	新增注册资本（亿元）	新增台资企业（家）	合同台资（亿美元）
2015 年 4 月—2017 年 8 月	63 057	1 282 462	18 000	55.71

资料来源：《中国（福建）自由贸易试验区》。

福建自贸区自挂牌以来充分利用制度红利，在行政体制、金融制度、经济发展规则、对台的政策等方面进行大力改革，积极打造便利化、规范化的营商环境。截至 2018 年 3 月，福建自贸区新增的企业数量是挂牌前的 4 倍多，新增的注册资本是挂牌前的 5 倍多。新增的台湾企业占到了新增总企业的 2.8%。具体来说，平潭片区产业基础比较薄弱，自贸区的建立为平潭片区带来了制度红利，截至 2018 年 3 月共推出了 126 项创新措施。为了提升平潭片区经济实力，政府积极进行创新改革，扩大对外开放。提出的创新改革措施和对外开放的政策数量都是全省第一。通过构建简单政府，实行"关检一站式查验平台 + 关检互认"来缩短通关检查环节等措施，大幅度地提高了市场的活力。有数据表明，平潭片区三年来新增的企业达到了 7 108 户，其中外资企业有 578 户，新增的注册资本金有 3 290 亿元，包含外商投资资本金 385.1 亿元。并且台湾注册投资的企业数量占到了百分之七点多，但占外资企业数量 90.3%。厦门片区在建设过程中实行"减法"，建立了一套减少办事环节、缩短时间、降低成本的行政体制，形成了自己的创新改革之路。三年来厦门片区致力于建设两岸的金融中心、服务中心和东南航运中心，累计推出了 343 项改革措施，试验的任务已经进行了 234 项。厦门片区积极推进两岸金融中心的建设，充分发挥金融租赁的优势，发展各种融资租赁业务，包括飞机、船舶、汽车、工程设备等。挂牌三年来，截至 2018 年 3 月，厦门片区新增的企业数量达到 34 900 家，注册的资本超过 5 559 亿元，其中新增的外资企业有 2 059 家，台湾注册投资的企业超过了外资企业数量的 54%，外资的注册资本达到了 987.26 亿元，其中台资占到了近 20%，仅 2017 年，厦门片区的贸易进出口额就达到了 1 598 亿元，比 2016 年增加了 20.7%。自贸区的建立让福建自贸区建立了更加标准的政府服务，建立起更高水平的贸易规则，福建自贸区充分发挥靠海资源和丝绸之路沿线地区的优势，紧紧专注改革红利，三年来对赋予的任务已经进行了 105 项，并在建设过程中推出了 136 项创新措施，推广商事制度的改革，将企业的注册登记时间由原来的 15 个工作日缩短为近 3 个小时。截至 2018 年 3 月，福建自贸区新增企业的数量是挂牌时的十倍，达到 28 787 家，总的注册资本有 4 700 亿元。

（4）建设中存在的问题。

福建自贸区依托"一带一路"的建设、丝绸之路的建设和与台湾在地理位置上最为接近的优势，各片区根据自己的经济发展情况和特色，进行大力的改革创新，但仍然存在一些问题。①高水平的产业仍然缺乏。福建自贸区因为本来的产业基础就比较薄弱，经济规模相比其他的三个自贸区较小，虽然各片区已经采取了各种措施来引进各种产业，但是福建自贸区的高端制造业、现代服务业的发展仍旧不够理想，这不利于建立国际高水平的自贸区，因此福建自贸区应该提高制造业转型升级能力，并依托于文化底蕴大力发展旅游行业、文化产业等新兴服务业。②行政管理制度还需继续改革创新。目前行政管理的范围仍然比较广泛，政府在一些产业上的管制仍然没有放开，这限制了贸易的自由化和要素的自由流动。将来福建自贸区还是要在行政管理审批制度上进行进一步改革，政府主要发挥好监管作用，充分利用互联网提高办事效率。③人才缺乏。福建自贸区三个片区的技术人才、管理人才和创新人才都很缺乏，而人才是进行技术创新、制度创新等各方面创新改革的推动力。未来福建自贸区要实施一些举措来吸引人才，建立自己的人才储备，为自贸区的建设发展提供新动力。

（三）第三批自由贸易试验区

第三批自贸区的建立，在继续进行制度创新的核心任务的基础上，还肩负着推动内陆地区的改革开放，紧密连接国家"一带一路"建设，结合国家经济新常态、供给侧改革、经济结构调整等策略做出探索和试验的任务。7 个自贸区将在现有自贸区的经验基础上，依据自贸区所在省份特有的优势和诉求，制定每个自贸区发展的整体方案，增加差异化任务，在更广泛的领域里探索新途径、积累新经验，掀起改革开放新高潮。

第三批 7 个自贸区中，有 5 个省份均位于内陆，与前两批自贸区构成了 6 个沿海省份、2 个中部省份、3 个西部省份的格局。在发展模式上，有了前两批自贸区成功的经验，第三批的自贸区定位也更加差异化与成熟化，并肩负着国家多个重要使命。下面将对每个自贸区进行详细介绍。

1. 中国（辽宁）自由贸易试验区

辽宁自贸区的建立是在新形势下为了扩大东北地区的对外开放，促进产业结构的转型，推动经济回升，大胆进行突破的重要决策。希望通过制度创新来摆脱目前的发展困境，重振包括辽宁在内的东北地区的经济。

（1）战略定位及发展目标。

辽宁自贸区要大力改革市场机制，在企业的经营环境上下功夫，吸引企业入驻来重新激发市场的活力。希望通过三到五年的建设，将辽宁自贸区建设成为一个拥有高端的产业、周到的服务、完善的金融体系的自由贸易试验区。努力提升其水平，政府要注意除了建立宽松的市场环境还要注意完善监管制度，健全法治体系。辽宁自贸区要引领东北地区经济发展模式的变革，发展高质量的产业，带领东北地区走出经济发展的困境。

（2）区域的划分及功能定位。

表 2-11　辽宁自贸区的区域划分及功能定位

区域	面积（平方公里）	功能定位
大连片区	59.96	利用大连港口优势，重点发展航运物流、航运服务，除此之外，金融贸易、先进装备制造业、高新技术等行业也要大力发展。推动建设东北亚的国家航运中心，推动东北亚的交流与合作

（续上表）

区域	面积（平方公里）	功能定位
沈阳片区	29.97	重点发展装备制造、汽车及零部件、航空装备等先进制造业。建设新型工业化城市示范区，提高东北地区的科技创新水平，打造具有国际竞争力的先进设备制造基地
营口片区	29.96	重点发展贸易物流、跨境电子商务、金融等现代服务业、新一代信息技术、高端装备制造等战略性新兴产业。建设成为工业基地和海运与铁路方面的重要交通枢纽

资料来源：《中国（辽宁）自由贸易试验区总体方案》。

（3）建设成果。

表 2-12 辽宁自由贸易试验区的建设成果

时间跨度	新增企业（家）	新增注册资本（亿元）	新增外资企业（家）	合同外资（亿美元）
2017 年 4 月—2017 年 12 月	24 829	3 626.1	274	33.2

资料来源：《中国（辽宁）自由贸易试验区》。

近几年东北地区的经济下行压力不断加大，辽宁地区 2016 年的 GDP 增速是 -2.5%，2017 年 GDP 的增速上升为正。辽宁自贸区建立的目标之一就是推动东北地区的经济回暖，使经济转型升级。辽宁自贸区自成立以来，在营商环境上大力进行改革，降低市场的准入门槛，吸引了大量的企业入驻，很大程度上激发了市场的活力，让更多的创业者愿意在辽宁自贸区内建立企业进行创造创新，也吸引了很多外资的入驻。具体来看，大连片区利用港口优势，重点发展航运物流，建立发达的物流体系，实现在发达的物流体系基础上发展跨境电商，围绕港口优势发展航运服务业和相关的设备修理、制造业等，并同时进行金融制度的创新使其服务于实体经济，发展航运金融，创新跨境融资服务的方式和港口的融资模式，解决企业在融资方面的问题。大连片区也采取了一系列的措施来促进贸易便利化，主要实行集中控制管理，创新监管体系，对"放管服"每个字都采取积极的措施进行改革。营口片区也依托港口的优势发展航运物流，但同时"营满欧"大桥的建立也给营口片区带来了新的发展，大力促进物流体系的建设，依照国际高标准建立东北亚区域的物流中心。并且营口片区在推进"放管服"改革上也做了很多的努力，全国首创了 64 证合一的营业执照，大大简化了企业的注册登记环节。营口片区也推动科技、金融、服务等产业多维度融合，推动科技创新紧跟时代的步伐，建设营口科技市场。从挂牌到 2018 年 7 月份，营口片区的新增企业数量已经达到了 4 473 家，包括金融类的企业 443 家，覆盖了银行、保险、融资租赁等金融机构，新增的注册资本有 1 419.48 亿元。沈阳片区也大力推进科技创新，对科技类企业实现相关的免税政策和奖励政策。同时沈阳片区也以金融行业为发展重点推进金融行业和其他行业的多维度融合。在其他的制度改革上沈阳片区也推出了很多创新政策，例如"集报集缴"通关改革。除了金融行业，沈阳片区还大力发展服务贸易业、汽车物流行业。沈阳片区自挂牌至 2018 年 6 月的一年多来，金融类企业有 288 家，包括融资租赁、商业保险、基金管理等类型。金融行业的发展生态系统已经逐步形成。沈阳片区内的重点项目已经达到 27 个，并且已经投入大量的资金推进贸易产业园区、国际物流产业园区的建设，未来将有更多的重点项目进区发展。

（4）进一步发展重点。

作为推动东北经济发展的辽宁自贸区肩负着激发市场活力、重振东北经济的重任。虽然自挂牌至 2018 年 8 月以来一年多的建设已经初见成效，但是未来也要在一些方面下更大的功夫来深入推进改革，比如营商环境还不够优化。很多创业者对于辽宁自贸区的营商环境表示担忧，三大片区已经进行相关方面的改革，但是审批流程依旧比较烦琐，耗时比较长，一些企业的需求并不能得到满足，同时还有金融的活跃度不够等问题。辽宁自贸区要进一步下放管理权限，推进制度创新，探索自贸区的建设与东北老工业基地的结合发展，以推动金融行业的活跃度来为实体经济更好的服务。

2. 中国（浙江）自由贸易试验区

浙江自贸区是在舟山市进行的布局建设，舟山市不仅是我国第一个群岛建制的地级市，同时也是一个重要的交通要道。浙江自贸区主要以大宗商品交易为主。

（1）战略定位及发展目标。

浙江自贸区根据自身的发展情况进行改革创新，扩大对外开放，在海上开放门户的建设上形成东部地区的优秀示例，合理利用资源建设、资源配置的优秀示范区，大力推进贸易自由化的发展，建设成领先地区。浙江自贸区要经过三到五年的改革探索，使贸易更加自由便利，且更大程度地满足企业的需求，吸引高端产业的集聚，并建立有效率的监管体制和法治体系，使市场主体可以更有保障地自由交流，使辐射效应更加突出。浙江自贸区要发展以油品为核心的大宗商品，并提高资源的调配利用能力，对接国际标准将自身初步建设成为自由贸易港先行区。

（2）区域的划分及功能定位。

表 2 - 13　浙江自贸区的区域划分及功能定位

区域	面积（平方公里）	功能定位
舟山离岛片区	78.98	大力发展石化产业，并且注意环境问题，发展绿色石化。黄泽山岛、双子山岛等重点发展包括油品在内的大宗商品储存、中转、贸易产业，海洋锚地重点发展保税燃料油供应服务

（续上表）

区域	面积（平方公里）	功能定位
舟山岛北部片区	15.62	围绕油品等大宗商品贸易进行发展，在保税燃料油的供应，石油石化产业的配套装备的保税物流、仓储、制造上进行探索发展
舟山岛南部片区	25.35	重点发展商品贸易，航空制造，零部件物流，研发及相关配套产业，打造舟山航空工业园区。重点发展水产品的贸易，包括海洋旅游，海水利用，航运，高科技等行业

资料来源：《中国（浙江）自由贸易试验区总体方案》。

（3）建设成果。

表 2-14　浙江自由贸易试验区的建设成果

时间跨度	新增企业（家）	新增注册资本（亿元）	新增油品企业（家）	新增油品企业注册资本（亿元）
2017 年 4 月—2017 年 11 月	3 723	1 583	724	685

资料来源：《中国（浙江）自由贸易试验区》。

舟山是我国第一个以海洋经济为主题的国家级新区，它是一个由群岛组成的市区。它的地理和资源优势也很明显。它致力于建设成为长江三角洲重要的增长极，成为浙江海洋经济发展的先行区。浙江自贸区以油品全产业链为核心，推进油品企业办事效率，建立办事"一张网"。除此之外致力于建设数字化、简单化的营商环境，减少企业的登记审批流程，尽量"一网通办"。浙江自贸区建立行政服务中心让所有的审批部门在此集中，减少了企业来回周转的过程；并且将所有需要经过审批才能市场准入的事项在一个窗口集中，所有关于投资建设的事项也在一个窗口集中，提高了办事效率，并且关于企业的注册和相关事情的变更也推出了"两个当场办结"，节省了企业在这方面需要花费的时间成本。浙江自贸区舟山片区因为地理上的优势，还是以油品产业为发展重点，仅 2018 年上半年就有 697 家油品产业入驻试验区，注册资本达到了 245 亿元，天然气的交易量达到了 86.6 万吨，保税油提供了 134 万吨的产量，比 2017 年同时期增长了 114%。在 2018 年 7 月 13 日，浙江自贸区率先在全国突破了保税燃料油混兑调和的政策。这一政策促进了油品产业的进一步发展，无论在混兑产品的使用范围方面，还是被使用的区域范围方面都有了突破性的进展，大大提高了浙江保税油在国际上的竞争力，有利于进一步创新大宗商品的加工模式。

（4）未来发展需要注意的问题。

浙江自贸区依靠地理优势，大力发展油品行业，已经取得了很大的突破，在稳扎稳打的情况下浙江自贸区下一步要注意：①油品的存储安全。浙江自贸区油品行业的大力发展既意味着无限的商机，同时也隐藏着很大的安全隐患。要时刻注意使用安全，防止出现一切可能造成危险的火种，在油品的交易、储存过程中一定严格按照最高标准，容不得半分差错。②注意园区发展的同质化。浙江自贸区应该把握自己的发展重点在于引进资本，吸引企业入驻的过程中要时刻注意企业和自身园区配不配套，不能只要是企业、只要是大额资金就引入，而不根据自身特点进行筛选。浙江自贸区在建设油品示范区的过程中要注意引入创新企业、高新企业，用优惠政策引入优质资源。

3. 中国（河南）自由贸易试验区

河南自贸区是十一个自贸区中唯一一个以交通物流为特色的自由贸易试验区，致力于打造对外开放的更广阔的交通体系。设立河南自贸区也是为了培养新的增长极，加快河南的经济发展，带动中原地区的经济发展，向东加强与长三角地区的密切联系，向西加强与成渝经济区的经济合作，向南促进和长江中游地区的交往。

（1）战略定位及发展目标。

河南自由贸易试验区致力于建设现代运输和物流体系，使河南的交通体系连接东西，贯通南北，依托完善的交通体系发展高水平的物流行业，来间接促进其他行业的发展，刺激消费。同时利用河南自贸区的交通优势来服务"一带一路"建设，成为现代的综合交通枢纽。力争经过一段时间的探索发展，创造出便利、法治和国际化的商业环境，形成与国际投资和贸易规则挂钩的规则体系，努力将河南自贸区建设成为有着发达的交通物流、高效的监管体系、便利的投资贸易的自由贸易试验区，使其辐射带动周边地区经济发展，推动建设全方位的对外开放新局面。

（2）区域的划分及功能定位。

表 2 - 15　河南自贸区的区域划分及功能定位

区域	面积（平方公里）	功能定位
郑州片区	73.17	围绕现代制造业和现代服务业的发展，包括智能终端、高端装备、汽车制造等先进制造业，跨境电子商务、现代金融服务、商业展览等现代服务业。促进物流与金融制度创新，建立多式联运的国际物流中心，并充分发挥现代综合交通枢纽作用，带动其他产业的发展，服务"一带一路"建设
开封片区	19.94	重点发展包括服务外包、文化传媒和文化金融、艺术品交易、现代物流等现代服务业，大力发展文化和旅游行业的衍生产业，打造文化交流合作的平台，并推进工业产业的发展

（续上表）

区域	面积（平方公里）	功能定位
洛阳片区	26.66	重点发展高端制造业和现代制造业，包括装备制造、机器人、新材料等高端制造业，电子商务、文化创意、文化贸易、文化展示、研发设计等现代服务业，大力发展智能装备，打造制造合作的示范区，推进华夏历史文明传承创新区的建设

资料来源：《中国（河南）自由贸易试验区总体方案》。

（3）建设成果。

表 2-16　河南自由贸易试验区的建设成果

时间跨度	新增企业数量（家）	新增注册资本（亿元）	新增外资企业（家）	新增外资（亿美元）
2017 年 4 月—2017 年 9 月	13 234	1 745.4	63	9.05

资料来源：《中国（河南）自由贸易试验区》。

河南自贸区充分利用改革红利，推进政务服务改革、金融制度改革、监管服务改革等，切实落实建设任务，就 2017 年而言河南自贸区境外投资中方协议的投资额、持牌的金融机构、新增加的企业的数量等指标均是七个自贸区的第一。具体来看，郑州片区的建设主要在转变政府职能、改善多式联运建设的营商环境等方面进行改革创新，充分利用目前发达的互联网系统，打造四大平台系统，一些事项可以在网上处理，并建立相应的监管系统，对企业的信用进行登记，极大地方便了企业、办事群众，也减轻了政府工作人员的工作量。郑州片区还推进口岸方面的建设，建立功能性的口岸，涵盖了多个产业例如汽车行业、肉类行业、物流行业等，口岸的集群效应正逐步显现。这些措施也初见成效，截至 2018 年 6 月，郑州片区新增加企业数量超过 30 000 家，注册资本超过 3 300 亿元，进出口总额 250.1 亿元，合同利用外资有 6.7 亿美元。开封片区也抓住互联网的热潮，将政务服务与互联网相结合，让有需求的企业可以不用出门就满足相应的需求。开封片区打造了"e 证通"——一个政务服务平台，并且不断丰富这个平台的功能模块，使群众实现拥有一只手机就能解决问题，这个实践获得了多项专利。除此之外开封片区还推行了多种政策来创造良好的营商环境，并且因为实行了郑汴一体化政策，和郑州片区实现了协调发展。开封片区推行的一系列政策也初见成效，截至 2018 年 6 月底，开封片区的企业数量已经是挂牌前的 18.4 倍，达到了 3 309 户，新增的注册资本有 708 亿元，仅 2018 年的税收就比同期翻了将近 3 倍，达到了 1.81 亿元。洛阳片区主要打造示范园区，建立相应的基地，在保税区内投入 20 亿元打造生产智能装备的制造业基地，发展跨境电商的综合服务平台，建立展示平台用以展示国家进出口的商品来促进交易，以保税区为中介建立商品流转的物流基地。此外洛阳片区还与乌兹别克斯坦布哈拉市签订了友好城市协议，建立了服务境内外的农业示范园区来促进双方在农业上的合作交流。在对外贸易上洛阳片区也进行规划改革，建立了河南省内第一个国际贸易的线下"单一窗口"，和河南省的"单一窗口"互通，给企业提供了更加全面的贸易服务。并且在通关时间上洛阳片区实行"一站式"的通关方式，大大缩短进出口商品通关的时间，企业出口的商品在洛阳海关通关时减少为 1.5 个小时，进口商品通关的时间大致为 22 个小时，比未进行创新改革前的时间缩短了将近百分之七十。截至 2018 年 6 月，洛阳片区的市场主体数量已经达到 10 957 家，注册资本已经达到 547.31 亿元。

（4）未来发展需要注意的问题。

河南自贸区自建立以来，各大片区都积极建立起各自的制度体系，但是由于先前的经济基础薄弱，建设过程中还是存在着一些问题：①制度红利不能持续。像开封片区虽然发展效果显著，但也因为土地面积较小，产业基础很薄弱，刚开始的制度红利可能会在一段时间内效果显著，但是红利消退后怎样保持市场活力也是需要思考的问题。虽然实行郑汴一体化发展政策，但是很多合作还是止于表面，并没有达到深入的合作交流。郑州片区和洛阳片区在怎样保持后续的市场活力，让入驻的企业真正创造绩效也是下一步需要解决的问题。②改革不够深入。河南自贸区的改革集中在企业办事便利化，缩短企业的办事时间，提高效率，但是对产业的发展改革力度不大，河南自贸区以交通为特色进行建设，要紧紧抓住发达的交通体系带来的商机，促进衍生行业的发展，大力发展电子商务、现代服务业等。

4. 中国（湖北）自由贸易试验区

建立湖北自由贸易试验区也是为了全面深化改革、扩大开放的重要举措，它的建立与中部区的崛起、长江经济带地区的经济发展是息息相关的。

（1）战略定位及发展目标。

湖北自由贸易试验区以中部为核心，向全国进行辐射，面向全世界，努力成为中部有序承接产业转型的示范区，建设战略新型产业和高技术产业的集聚地，打造全面改革开放的试验田和内陆对外开放的高地。湖北自贸区力争经过几年的探索，建立国际高标准的投资贸易准则体系，完善金融服务体系、监管体系，营造活跃的创新创业的氛围，吸引高水平的产业入驻。将湖北自贸区建设成为一个增长极，辐射带动中部地区的经济发展。

（2）区域的划分及功能定位。

表 2 – 17　湖北自贸区的区域划分及功能定位

区域	面积（平方公里）	功能定位
武汉片区	70	重点发展战略性新兴产业和高端服务业。包括新一代信息技术、生命健康、智能制造等战略性新兴产业，研发设计、金融服务、现代物流、信息服务等现代服务业
宜昌片区	27.97	重点发展高新产业和现代服务业。高新产业包括先进制造业、生物医药、电子信息和新材料等。现代服务业包括研发设计、总部经济、电子商务等
襄阳片区	21.99	重点发展高端制造业，包括高端装备制造，新能源汽车等，并大力发展互联网产业和商贸物流等产业

资料来源：《中国（湖北）自由贸易试验区总体方案》。

（3）建设成果。

表 2 – 18　湖北自由贸易试验区的建设成果

时间跨度	新增企业（家）	新增外资企业（家）	合同外资（亿美元）
2017 年 4 月—2017 年 11 月	8 105	57	28

资料来源：《中国（湖北）自由贸易试验区》。

湖北自贸区自成立至 2017 年 12 月 31 日，主要在金融创新、科技创新和制度创新上下功夫。湖北自贸区金融机构数量达 184 家，人民币的贷款总额达到 485.2 亿元，跨境人民币的结算金额为 39.2 亿元。在制度创新上三个片区报送了 200 多项成果，其中有 21 项被采纳可以在全国进行推广。科技创新上，2017 年湖北自贸区有新增加的科技企业 242 家，申请的专利有 14 118 件，被授权的专利有将近 45%，在十一个自贸区中位居前列。具体来看，武汉片区也大力发展科技创新，积极引进高科技和互联网企业入驻片区，推进国家储存器的基地建设，对营商环境的改进也逐步推进，挂牌以后企业的办事需求不断涌现，为了提高办事效率，武汉片区建立了企业可以远程登记核实的系统，并且此系统和工商部门、公安部门进行数据互通，利用大数据的优势，创新监管体系。2017 年武汉片区的进出口总额为 1 116.5 亿元，比 2016 年同时期提高了 22.1%，吸引的投资额达到了 736.6 亿元，同期增了百分之四十多，实际利用的外资有将近 20 亿美元，比同期增长超过 15%。宜昌片区进行一系列的制度改革，实施"六多合一"改革，"一办到底"的工作模式大大节约了企业的交易成本和制度性交易成本，使创业企业的注册时间缩短到 2 个工作日内，投资建设的审批时间也缩短了一半。2017 年，宜昌片区进出口总额达到了 12.7 亿元，市场主体新增 3 186 户，高科技产业附加值提高了 20%，片区正在积极与天津医药、京东创新产业园区、无动力房车等重点项目进行洽谈对接，引进高科技、现代服务产业，对创新创业进行奖励和支持，逐步实现宜昌片区的高科技发展目标。襄阳片区的发展变化也很明显，它通过对技术创新、高科技企业的引进，制度的创新正从一个传统的工业园区向有着高端技术、高端制造的新城区迈进。襄阳片区除了本来的招商吸引力，还大力推进证照改革，推行一窗综合受理，减少了审批流程，有效率地满足了企业的需求，整合了各种资源推进"放管服"的改革。截至 2018 年 4 月，襄阳片区新增的市场主体有 1 055 家，外商投资的企业有 6 家，合同外资达到 13 142 万美元。

（4）未来发展需要注意的问题。

湖北自贸区在科技创新上取得了很大的突破，专利的申请授权也有新的突破，但是湖北自贸区下一步建设需要注意：①审批的权限下放不够，即制度的改革还不够深入，"放管服"的改革还需要进一步探索，比如金融链条的审批并没有完全下放，一些审批程序还需要到省里去办，增加了成本。湖北自贸区改革还需要自上而下，打破现有机制的禁锢。②贸易体系规则需要进一步完善。湖北自贸区已经初步建立起国际贸易服务的规则，但是全面来看，还只是一个框架，没有专业化的支撑体系，口岸的通关模式、进出口产品的检测系统等还存在进一步改善的空间。

5. 中国（重庆）自由贸易试验区

重庆自贸区致力于建设陆上发达的物流体系，充分利用"一带一路"建设和长江经济带的地理优势，依托横跨东西南北的铁路线路，探索陆上交易，推动长江经济带和成渝城市群的协同发展。

（1）战略定位及发展目标。

重庆自贸区进一步加强发挥重庆战略支点和连接点的作用，扩大西部地区门户的开放力度，要努力将重庆自贸区建设为"长江经济带"的重要枢纽及"一带一路"沿线的重要城市，同时成为西部大开发的重要支点。力争经过三到五年的探索，将重庆自贸区建成对高端产业有着很大吸引力，可以辐射带动西部地区的经济发展的自由贸易试验区。除此之外，重庆自贸区还要注意金融服务方面的完善，政府也要做好监管，使自由化的贸易投资有后盾保障。推动西部地区门户城市全方位开放的新局面，带动西部大开发战略的深入实施。

（2）区域的划分及功能定位。

表 2 - 19　重庆自贸区的区域划分及功能定位

区域	面积（平方公里）	功能定位
两江片区	66.29	重点发展新兴产业如高端装备、云计算、生物医药等，现代服务业如服务贸易、电子商务、专业服务、融资租赁等，打造高端产业和高端要素集聚区，加快创新战略的实施，推动金融行业的制度创新，增强物流、技术、资本、人才等要素资源的集聚辐射能力
西永片区	22.81	由西永微电子产业园和西部物流园两部分组成，重点发展电子信息、智能装备等制造业，保税物流中转分拨等生产性服务业，优化加工贸易发展模式，打造加工贸易的转型升级示范区
果园港片区	30.88	重点发展国际中转、集拼分拨等服务业，探索先进制造业的创新发展，探索先进制造业创新发展。着力打造多式联运的物流转运中心

资料来源：《中国（重庆）自由贸易试验区》。

（3）建设成果。

表 2 - 20　重庆自由贸易试验区的建设成果

时间跨度	新增企业（家）	新增注册资本（亿元）	新增外资（亿美元）
2017 年 5 月—2018 年 6 月	16 985	1 374	22

资料来源：《中国（重庆）自由贸易试验区》。

重庆自贸区全力推进改革，对企业的需求想办法解决，在十一个自贸区中率先建立了区域识别系统，充分利用大数据的优势建立起监管系统。因为企业对飞机融资租赁业务的需求，重庆自贸区专门去天津自贸区进行学习，率先在十一个自贸区中开展飞机保税业务。积极推进任务的落地实施。具体来说，两江片区在"放"方面大刀阔斧地减少企业注册登记时的前置审批环节，从 200 多项的前置审批减少到 32 项，企业注册登记的时间缩短了 10 倍，平均 2 个工作日就可以完成。在监管方面就率先开发了区域监管平台，建立高效的监管体系。在服务方面建立具有良好体验的政府服务模式。在贸易方面，"保税 + 总部贸易及转口贸易"是两江片区多边贸易的主力军，截至 2018 年初两江片区已经有 10 家总部贸易企业，2017 年实现贸易额近 100 亿元；除此之外还有"保税 + 整车进口""保税 + 跨境电商交易""保税 + 展示交易"等联合形式推动两江片区的贸易快速发展。截至 2018 年第一季度，两江片区的市场主体新增加 4 353 家，注册资金达到 553.8 亿元，两江片区新增市场主体 4 353 户、资金总额 553.8 亿元。西永片区重视科技含量高、产业链长的产业，充分发挥自身的优势并将其融入自贸区的建设，以前在引入资本时注重项目的含金量，现在主要从产业角度进行引入，优先对有较长的产业链的产业进行引进，目前已经卓有成效，像智能终端的产业发展已经形成集群，西永片区也向全球重要的电子信息产业基地发展。并且西永片区为了促进电子信息产业的发展也推出了相应的措施，例如对经常进出口用于研发使用的产品可以申请不对产品进行强制性认证。但同时叠加远程核对销毁的监管模式，避免了不进行产品认证的风险。西永片区在金融制度上也进行深化改革，开办国际外汇主账户，将境内外企业的资金往来进行集中管理，同时为了解决出口企业融资困难的问题，西永片区也开展了相关的贸易融资。金融方面也取得了一定的成果，就2017年而言，完成的跨境金融结算达到944.89亿美元。西永片区充分利用制度红利，将国内外两个市场的资源利用起来，2017年实现的工业总产值超过1 600亿美元，比2016年增长了26%，入驻园区的项目有86个，主要是新兴产业和研发机构，为未来西永片区的发展提供了后续的动能。果园港片区主要是交通要道，承载着重庆向东向西开放的重任。目前果园港片区已经是长江内河航运中最大的一个港口，成为长江上游的航运枢纽。同时果园港片区已经建成了可以连接"渝新欧"通道的铁路联系线路，是全国最大的内河式联合运输的枢纽港口。它向东和长江流域的各省进行密切的交流与合作，已经和长江沿线的十多个口岸建起了合作关系；向西与中欧班列连接，与沿线的中亚各国建立联系，促进了贸易的发展。截至2018年7月，果园港片区已经拥有了16个5 000吨级的泊位，每年能通过3 000万吨的商品。果园港片区正在向全球物流供应链的重要节点一步步迈进。

（4）未来发展需要注意的问题。

重庆自贸区的建立对于内陆的对外开放有着重要的作用，虽然没有内陆的建设经验可以借鉴，但重庆自贸区依旧利用独特的交通优势进行建设发展。它还存在着以下问题：①虽然重庆自贸区拥有三条国际物流的大通道，像果园港片区已经建设得初有成效，但是在发展对外贸易上与国际先进港口还存着很大的距离。重庆自贸区要学习先进的国际港口的经验，首先就要逐步建立起先进的贸易规则，发展相关的衍生产业，吸引中小企业参与到重庆自贸区的建设中来。②金融行业的发展还不够深入。重庆自贸区对金融的改革创新力度不够，虽然重庆自贸区主要以物流体系的建设为主要内容，但是自贸区的建立要与金融的改革开放结合起来，让金融行业更好地服务实体经济，帮助自贸区的建设实现弯道超车，这一方面的建设可以借鉴上海自贸区金融方面的建设经验。

6. 中国（四川）自由贸易试验区

四川自由贸易试验区的主要建设任务是扩大西部城市的对外开放，建设成为内陆的经济开放高地，在内陆开放战略上发挥引领作用，使内陆和沿海地区可以协同开放，扩大企业之间的合作与交流。

（1）战略定位及发展目标。

四川自贸区的建设围绕内陆地区的经济发展、东部与西部地区的连接进行改革探索，并立志可以服务全国，面向全球发展，目标是将四川自贸区建设成为有着规范的法制环境、便利的投资贸易、高效便捷的监管、集聚的创新要素的高水平高标准的自贸区；大力进行改革，发展经济，成为开放型的经济新高地，在建设内陆开放型经济战略上走在前列，引领西部地区城市的经济开放发展；加强和东部南部沿海沿边城市的合作，打造内部地区与沿海沿边城市开放新格局，深入推进西部大开发战略。

（2）区域的划分及功能定位。

表 2-21　四川自贸区的区域划分及功能定位

区域	面积（平方公里）	功能定位
成都天府新区片区	90.32	重点发展高新技术和现代服务业，推动金融行业的开放力度，提升航空服务质量，建设国际航空枢纽，形成国际商业贸易的物流中心。以创新为主题，营造良好的市场环境，吸引高端产业的集聚
成都青白江铁路港片区	9.68	重点发展口岸服务业和现代服务业，口岸服务业要集中在商品的进出口、仓储、配送、展示等，现代服务业方面对金融服务进行探索创新，大力发展科技和信息服务等行业，加强与丝绸之路经济带的国家之间的贸易往来，建设成为西向国际贸易大通道的重要支点
川南临港片区	19.99	重点发展现代服务业、先进制造业和特色优势产业。现代服务业的发展重点在教育行业、医疗行业、航运物流行业等；先进制造业发展重点在装备制造、食品饮料等，建设综合的交通体系，成为区域性的交通枢纽，并引领南向开放，辐射带动周边地区发展

资料来源：《中国（四川）自由贸易试验区总体方案》。

（3）建设成果。

表 2-22　四川自由贸易试验区的建设成果

时间跨度	新增企业（家）	新增注册资本（亿元）	新增外资企业（家）
2017年4月—2018年3月	34 000	4 000	3 000

资料来源：《中国（四川）自由贸易试验区》。

四川自贸区被赋予的159项改革任务已经全面启动，形成的二十多项改革的创新经验已经上报国务院。四川自贸区大胆突破现有的合作机制，主动和东南沿海沿江的地区合作，打造内陆与沿边地区的共同开放局面。从各个片区具体来看，成都天府新区片区是四川自贸区的核心区域，它以技术创造为核心，将创新作为重点，打造全球顶级的科技园区合伙人计划，吸引全球的科技创新因素聚集，实现资源共建共享，园区内企业命运相互关联，打造命运共同体，协同建设科技园区。成都—以色列科技创新中心和成都—硅谷科技金融中心两个园区的侧重点不同，但都是以科技为中心，有望在未来建成并创造出更多的科技成果。截至 2018 年 6 月，成都高新片区新增的市场主体超过9 000 家，包括外商投资的企业数量超过 100 家，注册资本增加超过 700 亿元，外资的注册资本有 8 亿元左右。成都青白江铁路港片区以铁路为特色进行建设，主要围绕铁路港的优势，在班列、口岸、贸易和产业上进行改革发展，建立了铁路港的投资集团，发展优势产业，进行市场化的运作。青白江铁路港片区在"放管服"改革上也大力进行推进，大力地简化审批步骤，审批方面的盖章用一枚印章，市场准入的规则用一套清单确定，再用一个专门窗口处理相关的事项，深化了营商环境的改革。在铁路建设方面，青白江铁路港片区转变中欧班列的运输功能，向贸易通道发展；在贸易结算中，用提单质押的方式开具信用证；缩小了蓉欧快铁的监管单元，将内贸箱与外贸箱混合编制，监管单元变成了以节为单位，创新了中欧列车的集中拼装、集中运输，使舱位共享和代码共享。蓉欧快铁已经与沿线的 14 个国外地区建立起联系，建立起从成都到欧洲、成都到俄罗斯、成都到东南亚国家联盟（简称东盟，英文缩写 ASEAN）的国家物流网络。铁路线路的广泛连接进一步扩大了对外开放，促进了贸易的发展。川南临港片区积极与长三角、珠三角等城市群建立合作关系，推动协同发展。以制度创新为核心，以承东启西、协同发展作为战略目标，大力在营商环境上进行改革，也在审批制度上突破原有的框架，建立专门为行政审批办事的单一窗口，效率提高了 80%。川南临港片区是全国第一个设立"一小时办结"服务的地区，服务内容涵盖了企业注册登记、开户办理、税务办理等服务。一系列的改革也取得了不错的成果，已经有 150 项的创新成果，新增企业数量超过 4 300 家，项目的签约额达到 813 亿元，企业的注册资本有 384.16 亿元。

（4）下一步建设重点。

四川自贸区在制度创新、投资便利化、金融创新等方面结合前两批自贸区的建设经验，已经有了突出的成效。但四川自贸区因为没有港口的地理位置优势，不能开展水陆空多式联运，下一步四川自贸区应该与重庆自贸区加强合作，因为两者的铁路情况较相似，也都属于发展西部经济的重要地区，但二者要避免形成竞争关系，重复建设。其次，四川自贸区应促进更多的改革政策落地生效，填充制度框架。最后应大力发展现代服务业，推进服务贸易，为服务行业的贸易往来探索建立单一窗口。

7. 中国（陕西）自由贸易试验区

陕西自由贸易试验区是西北地区唯一的自由贸易试验区，主要目的是更好地推动西部经济发展，利用"一带一路"建设扩大西部的对外开放。

（1）战略定位及发展目标。

陕西自贸区利用"一带一路"建设实现对西部大开发的带动作用，加大西部地区城市门户的对外开放力度，争取建设成为可以自由交易、便利化贸易的自贸区，探索创新金融服务，完善监管体系和法制环境。争取将陕西自贸区建设成为西部地区改革开放的试验区，使其成为带动西部地区经济发展的新动力，"一带一路"经济合作的重要支点、人文无障碍交流的重要支撑点，吸引高端产业集聚、深入开展人文交流，带动西部地区经济发展。

（2）区域的划分及功能定位。

表 2 – 23　陕西自贸区的区域划分及功能定位

区域	面积（平方公里）	功能定位
中心片区	87.76	围绕战略性新兴产业和高新技术产业的发展，大力发展高端的制造业、航空物流业和商业贸易等，创新发展现代服务业，拓宽在教育、文化、旅游等行业的深度和广度，建设高端产业和文化交流的高地
西安国际港务区片区	26.43	重点发展国际贸易、现代物流、金融服务、旅游展览、电子商务等行业，搭建"一带一路"国际转运枢纽港新平台，建设开放型金融业创新高地，促进欧亚之间的贸易和文化交流与合作
杨凌示范区片区	5.76	主要以农业为特色，发展农业的过程中探索科技农业，创新农业的发展，发展现代农业，扩大与国际的交流与合作，建设成为"一带一路"中的农业国际合作平台

资料来源：《中国（陕西）自由贸易试验区总体方案》。

（3）建设成果。

表 2 – 24　陕西自由贸易试验区的建设成果

时间跨度	新增市场主体（家）	新增企业（家）	新增注册资本（亿元）	新增外资企业（家）	新增外资（亿美元）
2017 年 4 月—2018 年 6 月	21 248	17 258	4 267.95	223	14.18

资料来源：《中国（陕西）自由贸易试验区》。

自挂牌至 2018 年 6 月的一年多来，陕西自贸区积极推进被赋予的试点任务，全部试点任务已经全面启动，并且有一半任务已经完成。陕西自贸区积极进行差异化改革和探索创新，全面落实负面清单的管理模式。仅 2018 年上半年陕西省的出口额就同比增长了55.3%，进出口总额 1 718.7 亿元，也比同时期增长了百分之四十多。具体来说杨凌示范区片区是十一个自贸区中唯一一个以农业为特色的片区。为积极利用片区的优势，杨凌示范区片区建立杨凌国际农业科技商务平台，在俄罗斯、哈萨克斯坦、美国建立杨凌农业服务中心，为企业的投资提供相关的服务。为打造国际农业合作基地，杨凌示范区片区主动引进农业协会、商会和政府相关组织，为农业的发展提供技术支持和相关的政策保障。杨凌示范区片区还建立了相关农业培训体系，让农业专业知识普及农民和相关工作者。在农业的生产经营上，杨凌示范区片区还建立起农业发展的产业链，吸引了农业方面的企业聚集。并且在营商环境上，杨凌示范区片区在全省首先实现了权限下放，并做好委托事项的承接工作。自挂牌至 2018 年 5 月的一年多来杨凌示范区片区的市场主体数量已经新增了684 家，比以前翻了一倍多。新增企业数量也同比增加了 1.2 倍多。西安国际港务区是我国第一个国际内陆港，主要以电子商务为发展重点。因为便利的交通和内陆港的核心资源，西安国际港务区片区在海关、国检方面大力进行改革来促进对外贸易的发展，建立国际贸易的"单一窗口"，缩短通关商品的审批流程，提高进出口商品的通关效率，进行一次申报查验就放行。并且为了建设国际化的营商环境，西安国际港务区片区还设立了国际商务调解中心，建立法治化的市场环境。在电子商务的发展过程中，西安国际港务区片区充分发挥内陆港的优势，作为电子商务的示范区和发展跨境电子商务的试点，以电子商务产业为核心，重点发展线上零售和大宗商品的贸易，将文化产业、共享经济、互联网经济相互关联发展，形成一体两翼多平台的产业良性发展局面。2017 年西安国际港务区片区就实现了超过 1 000 亿元的电商交易额，电子商务产业的集聚效应已经显现。自挂牌到 2018年 2 月，西安国际港务区片区新增企业数量超过 1 660 家，注册资本新增将近 350 亿元，比同时期提高了 1.5 倍。中心片区重点发展新兴产业和高新技术产业，它是陕西自贸区发展最为成熟的片区，特别是其中的高新片区，超过 50% 的企业落地在高新片区，就企业数量而言从挂牌到 2018 年 3 月已经达到 7 609 家，新增的注册资本超过 1 445 亿元，其中外资的注册资本达到 10 086.91 万美元。另外，中心片区中的西咸新区也进行大力改革发展，试点任务积极推进实施，从挂牌到 2018 年 3 月，西咸新区也取得了一定的成果，新增的市场主体将近 2 000 户，新增的注册资本也差不多达到 1 000 亿元。

（4）下一步建设重点。

作为西北唯一的一个自贸试验区，陕西自贸区既不沿海也不靠边，但是陕西自贸区利用原有的发展优势，大力进行创新改革，推进任务落地实施。虽然地理位置在发展对外贸易、吸引外资上不占优势，但是陕西自贸区可以在不断发展中，努力提高自身实力，发展跨境电子商务，在吸引外资上进行进一步的突破。其次要进一步争取更大的改革治理权，建设高质量的内陆型贸易港。最后进一步推进贸易的便利化发展，提高对外贸易的发展水平，与沿海城市加强交流合作，带动西北经济的发展。

8. 第三批自贸区的建设小结

从上面对七个自贸区的介绍可以看出，第三批自贸区的建设更带有自身的特色，有自己的独特优势，并肩负着更加重大的建设使命。未来的发展过程中需要注意：①避免自贸区的建设出现同质化、空心化。有些园区会在定位上出现部分重合，要避免出现不良竞争、重复建设。并且七个自贸区在一些政策上都是复制前两批的经验，没有自己的独特创新，要注意根据自己的定位，进行大胆的创新，用企业的需求倒逼制度创新。同时也要避免出现园区的大量空心，要注意建设园区自己的特色，大力招商引资。②要控制房价的过快增长。在前两批的自贸区建设中，房价的增长速度都领先于经济的发展速度。而高昂的房价不利于园区的要素流动，它可能会稀释自贸区的制度红利，一些优质的企业可能因为房价的成本问题而望而却步。③要注意对工作人员的培训。各自贸区都大量缩减审批环节，建立"单一窗口"。但是因为很多环节事项在一个窗口集中，这就意味着工作人员经手的事情更加多样化，需要知道的专业化知识更多。要注意对工作人员的培训，避免出现专业化水平不够，知识不清，错误审批的情况。④注意人才的引进。自贸区的改革建设需要创新，而创新需要人才的大胆想、大胆试，所以自贸区的建设不仅需要物资支持还需要人才支持，自贸区要注意人才的储备，可以和高校建立联系，培养复合型人才。⑤填充制度框架。现在的七个自贸区因为刚建立一年，很多制度还是刚开始实施，仍然会存在很多问题，例如工作的交接、物资的不足等问题，很多的制度还只是一个大致的框架，需要进一步的专业化填充。未来需要将每个部门放入这个框架内，进行大胆创新，将每个部门连接起来协同合作，并做好对接工作。

（四）中国（海南）自由贸易试验区

除以上已经正式挂牌的十一个中国自贸区，还有已经宣布成立的海南自由贸易试验区。2018 年 4 月 13 日，党中央决定支持海南全岛建设自由贸易试验区，稳步推进海南岛的建设，在具有中国特色的自由贸易港的建设上进行探索。海南全岛面积达到 3.5 万平方公里，显然是一个"更大"的自由贸易试验区，这也是自由贸易试验区开始向更大范围内进行试点试验的起点。海南自贸区的设立有利于发挥海南的整体优势，让更大的项目落地，在一个更完整的框架内进行政策的改革创新，更有利于资源的优化配置。但是相应比较大的试验区对人力、财力的要求更高，会形成更大的供需缺口，内部区域之间也会发展不平衡，政府遇到的挑战也会更大，治理能力和治理体系也会遇到更大的挑战。海南自贸区能不能克服这些挑战也受到全国的瞩目，其他自贸区是否进行范围扩展以及"面上探索"也需要先试点再推行。2018 年 6 月 3 日，经海南省委、省政府深入调研、统筹规划，决定设立海口江东新区，将其作为建设中国（海南）自由贸易试验区的重点先行区域。

第三节　中国自由贸易试验区建设的任务与方向

一、自由贸易试验区建设的任务总结

从十一个自贸区的介绍可以看出自贸区都是以制度创新为核心，以政策可复制推广为要求，根据各自贸区的特色进行战略定位。它们被赋予的任务和建设重点主要包括以下四点：第一，转变政府职能，在行政管理体制和监管模式上进行改革。中国在市场和政府的关系上一直在进行探索，自贸区的建立是对政府的职能进行探索，为了更好地为市场服务，需要政府根据每个自贸区的特色，进行行政管理创新，为投资贸易等各行各业做好助力，建立良好的营商环境，促进其发展，并且虽然提倡简化放权，但监督体制也需要随之配套发展。第二，在投资领域进行改革，包括"引进来"和"走出去"两方面的改革。在"引进来"方面做好监督，每个自贸区利用自己的优势和特色吸引外资、人才、技术的进入并提高其利用水平。在"走出去"方面，起到中介平台的作用，建立完整的相关体系，鼓励企业"走出去"并做好出口企业的后盾。第三，加快贸易的转型升级，培育新型的贸易方式，发展高附加值的贸易方式，利用各自贸区所处地理位置优势和区内的交通资源发展相关的优势贸易，促进服务型贸易的发展，创新企业商品通关和对商品进行监管的服务模式。第四，实现金融领域的创新开放，改革创新金融制度，提高金融效率，发展金融服务，将金融的发展与实体经济更好地融合，解决企业融资困难问题，在金融服务方面增强其功能，做好金融监督。

二、自由贸易试验区建设的未来发展方向

十九大报告明确提出"赋予自由贸易试验区更大改革自主权，探索建设自由贸易港"的目标，为中国自由贸易试验区下一步的发展指明了建设方向。现在自由贸易区的建设还存在很多问题：制度改革还不够深入，一些企业进入、投资准入的规则还是在初步的探索阶段；政府、市场、企业三者的关系还需要协调；自贸区对内资吸引力更大，对外资的吸引力还不足；海关程序、贸易体系、自贸区的整体发展水平等离国际高水平、高标准的自贸区还存在差距；国民待遇还有待改善；等等。未来自由贸易试验区的建立要在改善以上问题的基础之上，继续进行改革创新，可大胆地突破经济贸易发展的政策框架，建立基于地理区位优势的自贸区的运作模式，加强自贸区的功能定位；学习国际上成熟的自贸区的先进经验，优化质检、通关等环节，使贸易的发展更加便利化；全面对外开放，自贸区内

逐步扩大行业的开放度，特别是促进新兴服务业的发展和开放，建立一个更加包容的市场环境，可以容纳不同类型的投资者，并让他们享受相对公平的待遇，使自贸区的产业发展多元化，创新发展不同的贸易模式，与世界的贸易规则接轨；加快人民币的全球化建设，自贸区的建立会推动人民币在贸易结算和投资中的运用，但要注意防范金融风险，做好监督；协调好自贸区的重要关系，防止"虹吸"效应导致区域发展失衡；自贸区的建立要自动和"一带一路"建设融合起来，两者的战略对接是我国建设对外开放横向铺开与纵向深入全新格局的重要内容。除此之外，中国关于自贸区的建设评价已经建立了相关的指标体系，中国自由贸易试验区协同创新中心制定的《自贸区卓越指数指标体系》，还有中山大学自贸区综合研究院最近每年发布基于相关指标进行的片区排行榜，中国相关自贸区可以根据指标体系进行自贸区的建设，不仅可以使自贸区在建设过程中与国际的先进标准对接，建设高水平的经营体系，到其他地区进行学习，落地实施优秀的改革经验，形成全面的开放新格局，还可以协调自贸区各方面的任务，依据指标体系进行有侧重的发展，使片区因地制宜，更好地发挥其优势。

第四节　中国自由贸易试验区建设对出口贸易的影响

中国自贸区建设对出口贸易的影响包括六方面：

第一，促进投资和贸易自由化。自由贸易试验区实行减低关税或相关优惠政策，如推出平行贸易措施，缩短海关审验的时间，构建或者完善企业对外投资、商品出口的制度体系，减少通关时间和成本等，促进了投资和贸易自由化。自贸区的建立进一步推进和深化了投资和贸易的自由化改革，提高了要素流动效率。有学者对中间品贸易自由化进行研究，发现它会影响企业的出口绩效。中间品贸易自由化会降低出口成本、提高出口利润，提高出口企业的竞争力；另一方面它也能部分解决企业的资金困难问题，缓解一般贸易企业的融资约束。所以进一步推行贸易自由化，有利于出口企业参与全球经济活动，提高与其他国家和地区经济合作的频率，企业的出口竞争力可以进一步得到提升，建设贸易强国。

第二，促进贸易便利化。自贸区实行准入前国民待遇和负面清单管理制度，优化口岸建设，建立"单一窗口"。自贸区建立的目标之一就是促进投资与贸易的便利化，探索贸易便利化的创新举措。特别是"单一窗口"的建立与完善，可以作为综合信息查询平台降低企业的行政成本，规则应用和解释的可预测性大幅度提高，商业企业与监管机构的资源配置效率更高，采用国际数据标准，降低技术性非关税壁垒，提高单据缮制与递交效率，加速清关与放行，这些效果加起来降低了交易成本从而提高了出口竞争力。总的来说贸易便利化可以降低边际成本，提升企业经商的环境，提高制度实施的效果，改善有利于出口的基础设施，提高企业的生产效率，鼓励更多的企业出口，推进现有的参与贸易合作的企业出口更多的产品，更易获得国外的市场。贸易便利化可以更好地促进贸易自由化，推动贸易自由化能够更加合理配置人、财、物等资源，是世界经济和我国经济的一个重要增长点，因此贸易便利化对缩短出口企业的成本，促进贸易的发展作用是显而易见的。

第三，促进外资投入。无论是贸易自由化还是贸易的便利化都促进了外资的进入，从各片区的建设成果来看，虽然在目前自贸区的建立对内资的吸引力大于外资，但外资的投入也比未建立自贸区之前增长很多，特别是准入前国民待遇和负面清单管理制度的实施对外资的促进作用很明显。自贸区外资的增加对于出口企业主要有两方面的作用：一方面外资的流入会增加我国自由贸易试验区的资本规模，产生资本补给效应，缓解国内的出口企业在资本方面的困难，从而可以让企业有资金来提高产品的质量和数量，在出口竞争力方面得到增强；但另一方面，外资的注入也会产生明显的竞争效应，带来激烈的竞争，让国内出口企业产生危机意识，要想在市场中生存下去就需要在质量、价格上寻求优势，同时外资的注入也带来了知识和技术溢出效应。另外国内的出口企业也可以利用跨国公司直接投资的优势，逆向研究相关的技术，效仿其研发活动使自身变得更有竞争力，也可以通过与跨国公司前后向关联提升自身的生产效率从而提高自身的竞争力，促进企业的出口，占据国外市场。在当今经济发展的新形势下，我国自贸区吸引外资政策可以从两方面进行：一是将外资形成的直接收益性质的激励变为间接性的体制上的激励；二是原来在分散的开发区政策上实施的对外资产业的导向政策，各贸区可以共同合作转移到协同的自贸区试验平台上；三是转变政府对外资监管的身份定位，将对外资的"身份"管理转为对它的状态管理。

第四，促进了金融业的发展。每个自贸区努力进行金融制度的创新，鼓励发展金融服务产业。根据各自贸区的情况创新建立相适应的本外币的账户管理体系，创新提出允许企业在自由贸易试验区的经营中开立贸易账户，为企业对外融资建立平台，鼓励企业走出去、引进来。目前为止总体来看人民币还不能进行自由的兑换，在此前提下要大胆探索便利贸易和投资的方式和专门通道。融资的约束是影响企业出口参与的重要因素，融资的困难会阻碍企业贸易方式的转型。因此国内自贸区为提高金融水平，发展金融服务行业，在政策上做出了改变并付诸行动，例如为出口企业提供更多的信贷渠道，降低借贷成本等。并且我国原本所具有的比较优势正在逐渐消失：丰富的自然资源逐渐耗竭，老龄化的加剧，劳动成本的上升，等等。因此完善金融发展的市场，大力发展金融服务行业，提高资金的运转效率，更好地为实体经济服务，将成为新时期贸易比较优势的重要来源。

第五，促进了贸易转型。自贸区建立的任务之一是推进贸易转型升级。对新型贸易的发展进行鼓励，大力支持创新发展服务型贸易，建立电子商务的合作交流平台，推动资本和技术密集型服务出口等政策来进行贸易升级和发展新型贸易方式。有学者研究，自贸区的建立促进了地区的加工贸易向一般贸易的转型。贸易方式会对中国的企业在全球价值链中的位置起决定作用，同时出口产生技术和知识的溢出效应的程度也会被贸易方式所影响。贸易方式从加工贸易转为一般贸易，会提高一国出口中国内成分所占的比例。研究发现从事一般贸易的企业更倾向于出口，并且企业生产率的提高对于一般贸易的企业也有促进作用。加工贸易在早期确实在很大程度上增加了中国的贸易总额，促进了当时的经济发展，但是中国加工贸易的附加值一直不高，在全球价值链中处于低端的位置，并且也引起了一定的环境污染问题，虽然国内的学者对于加工贸易是否可持续发展问题存在异议，但是越来越多的出口企业的对外结构开始从加工贸易向一般贸易转变。降低外资准入标准、选择性税收优惠等自贸区关于贸易发展的各种创新优惠政策的实行，推动了一般贸易和新型贸易方式的发展，也反映了自贸区的各种优惠政策在促进贸易方式转型上有显著的效果。

第六，促进了技术进步。自贸区注重新兴产业的发展，在自贸区的建设过程中越来越重视技术创新，也选择优先引进高科技企业，重视高新技术产业的发展。技术资源会让出口企业在一段时间内形成技术壁垒。一方面出口企业通过产品创新，使其具有差异化的竞争优势，提高了出口企业在国际市场上的竞争力；另一方面技术进步可以使出口企业在生产过程中形成成本竞争力。所以自贸区越来越关注对高新技术类项目的引进，实施一些专门的优惠政策来吸引科技企业的入驻。同时自由贸易试验区建设宽松的营商环境，激发了企业的创新能力，促进技术进步发展，可以使企业拥有更强的出口竞争力。

中国的自由贸易试验区也是作为试点在行政体制、经济制度等各方面进行改革尝试。就目前来看，各自由贸易试验区根据自己地区的特色进行改革创新，出台与出口有关的相关税收政策、融资策略等一系列优惠政策，对于提高企业出口竞争力，转变企业的贸易方式，营造一个有活力、创新动力十足、良性竞争的营商环境，推动贸易快速发展有着重要的作用。所以政府应该将自贸区已经试验成功的贸易政策及时在全国范围内进行复制推广。目前中国通过东部沿海的加工贸易向中西部转移，延续创造的出口优势，但是考虑到其可持续性，中西部地区要依据本地的发展情况，将成功的贸易政策在中西部进行不断渗透，同时要及时根据地区发展情况调整贸易的发展结构，促进这些地区的贸易升级；建立符合其自身的贸易体系，不断调整政策使贸易发展逐渐自由化、便利化；政府要发挥好贸易、金融等各方面的监督作用，实现将新时期改革的红利有效地扩散到全国。

第三章　"一带一路"建设

第一节　"一带一路"倡议的时代背景

一、和平与发展趋势不变

尽管如今世界更新频率巨快，但和平与发展仍然是主要方向。发达经济体和新兴经济体形成的多极化格局不可逆转，同时经济全球化的趋势促成了国与国之间更为密切的多样化联系与合作，依赖程度提高。此外，社会信息化和科技革命催生了一系列新的革命性突破，产生了互联网金融等创新型业态。这些必然导致全球合作朝着多层次的方向发展，朝着更深更广的领域深入。任何国家都无法不受其他国家的影响而独自发展。

同样，国际安全局势也呈现了多元化的趋势，面对极端宗教势力、恐怖袭击、生态环境恶化等全球性问题，任何国家都没有能力单独解决。首先，美国视中国为最大的威胁。一方面，美国的"亚太再平衡"战略目的不纯，试图阻碍中国的伟大复兴；另一方面，美国与中国周边国家联合来建立更全面的伙伴关系，利用它们对中国的疑虑来引导和支持其与中国发生争端。其次，地区热点问题层出不穷、错综复杂。例如，美国支持下的乌克兰与俄罗斯的武装冲突，导致了俄罗斯和西方国家矛盾的加剧。

二、世界经济艰难复苏

2008 年爆发的全球金融危机的严重程度为"二战"以来之最，导致全球范围内经济的长时间衰退。首先，美国经济增长率一直保持低水平，经济复苏缓慢，不如预期。2014年，美国 GDP 增速仅达 2.5%，低于世界银行的估计。直到 2017 年，其 GDP 增速也仅能维持在 2.3%。不理想的经济增速反映了其代表的发达经济体同样不理想的复苏状况。其次，世界最大的经济联盟——欧盟的复苏之路更是困难重重。经过两次触底，2014 年欧盟经济增长速度才开始转负为正，达到 0.8%，同样低于世界银行的预估。直到 2017 年，欧盟的经济增速才达到 2.5%，达到十年来的最佳水平，但仍不如预期。再次，发达经济体的另一大代表——日本，从1991年开始就一直处于经济长期停滞的状态。虽然2012年安倍上台后推出了自创的"安倍经济学"，试图促进日本经济的复苏，然而，2014年日本仍然仅有0.2%的经济增速，与前两年的1.5%相比大幅下降，说明了日本经济重振计划的失败。最后，欠发达经济体经济发展形势未达预期。金融危机之前，许多发展中国家保持两位数的经济增速。但是，在发达经济体复苏缓慢的影响下，发展中国家的增速一路下滑到2012年的5.1%。其中的代表便是金砖国家中的巴西、南非和俄罗斯。三个国家2014年的经济增速都在2%以下。

三、中国的崛起

自从1978年改革开放到如今进入新时代，中国不断取得新的成就。其中，改革和开放作为发展的内部和外部动力，为中国的崛起增添动力。

回归历史，对外开放这一基本国策为改革的开展提供了源源不断的活力和可供参考的经验，推动国民经济的快速发展。对外开放政策起步阶段是从1978年改革初期到1992年邓小平视察南方时期。此阶段仅仅是提出对外开放政策，表达中国加强国际交流的决心。此外，还设立经济特区和对外开放城市。这时的开放程度、深度与广度都有限。对外开放政策扩展阶段是从1992年到2001年中国加入世界贸易组织。在此阶段，开放力度进一步加强，沿海与内陆逐步依次开放、从南到北、从西到东依次递进，形成了宽领域、多层次、有重点、点面结合的对外开放新格局。而最重要的里程碑便是历经多年努力加入了世界贸易组织，这也是中国经济迈向世界的重要一步。从2001年到如今，中国进入了对外开放全面推进的阶段，提出了"引进来"和"走出去"相结合的战略，优化对外开放的结构，提高对外开放的质量，完善互利共赢的开放型体系。此外，中国正加快与世界通行的规则和制度接轨，踊跃面对国际竞争、参与合作，并取得了突破性的成就。据统计，从加入WTO后的2002年到提出"一带一路"倡议时的2013年，中国进出口总额由0.63万亿美元飞速增加到4.16万亿美元，狂涨7倍，足见中国对外经济体制改革的巨大成就。

虽然中国紧跟世界发展的潮流推行了一系列对外开放的政策，但是在对外开放的深度、广度与质量上还存在诸多问题。首先是中国许多对外的经济体制与机制仍然不完善、不健全，无法满足对内与对外各种发展的需求。其次是开放程度与发达国家相比还存在显著差距，例如2013年的服务贸易进出口额仅为美国的50%，整体对外开放水平还处于低于世界平均水平的阶段。最后是先前的开放格局遗留的问题。中国实行的是优先发展东部，由东部带动西部的战略，故而造成了现如今不同区域发展不平衡的问题。

综上所述，面对现如今以合作为主流的环境，各个国家和地区需要携手合作，共同面对传统与非传统的世界难题。作为发展势头最好的国家，中国在这个新的时代必须根据不断发展变化的新形势，不断变化要求的新任务，承担更大的责任，致力于促进各个国家共谋合作发展之路。为此，2013 年，中国召开党的十八届三中全会，明确了通过"一带一路"建设加快与周围国家和地区的基础设施互联、互通，确立了该倡议在中国开创全方位开放格局中的重要地位。

第二节　"一带一路"的框架与取得的成就

一、"一带一路"的内涵

"一带一路"包括"丝绸之路经济带"和"21 世纪海上丝绸之路"，属于国家级的顶层合作倡议。"一带"是"丝绸之路经济带"的简称，2013 年 9 月习近平主席于访问哈萨克斯坦时提出，覆盖区域是指在陆地上从中国内陆经过中亚通往欧洲的地区。"一路"是"21 世纪海上丝绸之路"的简称，2013 年 10 月习近平主席于访问东盟时提出，覆盖区域是指从中国沿海通向印度洋和南太平洋的地区。

"一带一路"没有明显的地理分界线，它邀请所有国家和地区积极参与。其范围可以概括为以中国为开端，贯通亚洲和欧洲大部分地区，联系亚太经济圈和欧洲经济圈。截至2017 年底，它包括了主要 71 个国家，拥有超过 44 亿人口。截至 2018 年，中国总共发布两份关于"一带一路"的政府白皮书文件：2015 年 3 月，国家发改委、外交部和商务部正式发布《推动共建丝绸之路经济带和 21 世纪海上丝绸之路的愿景与行动》；2017 年 5月，第二份政府白皮书《共建"一带一路"：理念、实践与中国的贡献》在第一届"一带一路"峰会召开前夕发布。

"一带一路"的主要共建原则包括恪守和平共处五项原则、坚持开放合作、坚持和谐包容、坚持市场运作和坚持互利共赢。主要思路是通过政治互信、经济融合和文化包容来构建利益共同体、责任共同体和命运共同体，携手打造"绿色丝绸之路""健康丝绸之路""智力丝绸之路"和"和平丝绸之路"。"一带一路"在陆地上依托国家大通道，以沿线中心城市为支撑，以重点经贸产业园为合作平台，共同打造中蒙俄、新亚欧大陆桥、中国—中亚—西亚、中国—中南半岛等经济走廊；在海洋上，以重点港口为节点，共同建设畅通、安全、高效的运输大通道，推进中巴和孟中印缅经济走廊的建设。

二、"一带一路"的合作重点

"一带一路"的合作重点方向是政策沟通、设施联通、贸易畅通、资金融通、民心相通五个指标。

第一，国家和地区间的政策沟通是根基，凝聚各国共识。主要形式包括积极进行国家高层互访；出席重大峰会，例如 G20（20 国集团）峰会、APEC 峰会等；扩大合作机制的多元化，例如上海合作组织、金砖国家组织等；签署双多边合作文件；共同商讨与确定中长期合作发展规划纲要；完善政府管理的各种机构的沟通机制。

第二，设施联通是优先部署领域，主要形式包括加强交通、能源、通讯等基础设施与项目的合作规划；优化油气、煤、电力等资源的配置，例如加紧建设中缅油气管道、中亚天然气管道、中俄天然气管道等；构建以铁路为中心的陆海空三方交通网络，例如通过中老铁路、雅万高铁、匈塞铁路、中泰铁路和中吉乌铁路的开工建设，实现提供沿线国家的全方位海上运输服务。

第三，贸易畅通是实现贸易自由化的助力，主要形式是与沿线国家签订避免国际双重征税的协定和共商共建自由贸易区，尽量降低贸易成本，规避非关税壁垒。例如，目前大力促成中日韩自贸区的谈判。

第四，资金融通是重要保障，主要形式是实现融资主体多元化和亚洲金融体系的建立。其中，中国政府一向重视对不发达国家与地区的援助，通过帮助受援国建设与完善基础设施的项目来加快推动它们的发展；允许政策性银行等金融机构，通过设立境外股权投资基金、境外人民币专项贷款等方式，来为"一带一路"的建设奠定资金基础；引导中国和其他"一带一路"沿线国家的各类投资主体发挥自身潜力、积极参与；设立亚洲基础设施投资银行（简称亚投行，英文缩写 AIIB）。

第五，民心相通是社会根基。主要形式是强化中国同各个参与国在民生、文明、旅游、医疗等更多层面的了解与合作，根据不同国家的具体国情分享针对性的经验；鼓励沿线国家建设孔子学院，了解中国传统文化，促进彼此的文明沟通；可为"一带一路"参与国的人才建设设立丝路的各项奖学金，鼓励不同领域和不同技能的优秀人才参与丝绸之路的建设。例如，2017 年中国政府试行奖学金项目——"丝绸之路"，目标是为沿线国家额外提供每年超过 3 000 个可获得奖学金的留学生名额；积极推动中方与"一带一路"参与国开展各种文化和文明的交流活动、艺术节等。

三、"一带一路"的主要特点

"一带一路"是具有多元性、开放性和包容性的区域性合作倡议。倡议传达一种认知：在现如今的全球化社会，关键是要善于发现与把握机会，实现世界和中国的机会互相融合。因此，"一带一路"以开放为导向，优先发展建设交通、通讯和电力等基础设施的互联互通，使资源要素有序且集约地流通，市场配置效率大幅提高。从而能够进行规模更大、层次更深入的合作，而非故步自封，只围绕中国自己的"小圈子"建设。

"一带一路"是各文明交流与互相借鉴的桥梁。"一带一路"途经不同文化、不同民族与不同宗教信仰的区域，在推进经贸合作的同时也注重各国"民心的相通"。通过弘扬"一带一路"的内在精神，在科教、文化、民间交往等多领域进行深入合作，超越文明冲突，加强文明对话，从而加强各国之间的理解与信任。

"一带一路"是奉守"和平合作、开放包容、互学互鉴、互利共赢"原则的切实的合作平台。首先，合作机制推动各参与国充分发挥各自的比较优势，与同伴完成更多层次的合作。所有参与国一起形成利益相关的共同体，同时兼任受益者与付出者。因此，"平等"是丝路合作机制的基础。其次，包容作为丝路建设的关键词，提高了不同文化与经济发展状态的国家之间合作的效率。另外"一带一路"建设需要国内外安稳的环境的保证。因此，"和平"是其必不可缺的影响因素。最后，"一带一路"绝不是大国之间政治的博弈策略，也不是中国政府的对外无偿援助项目。其基本原则中包括确立市场和企业主体地位的原则，而政府应放下原本建设的核心地位，重点搭建合作平台以及及时进行政策引导。

"一带一路"是对目前存在的机制的对接与互补。由于丝路沿线国家拥有的资源和优势不尽相同，因此国家间可以"取长补短"。某些国家能源禀赋富集但缺乏技术对其开发利用，某些国家人力资源丰富但无法提供充足的岗位，某些国家市场潜力巨大但产业根基不稳，某些国家亟待建设基础设施但资金不足。面对这些资源禀赋的不平等，丝路倡议发挥了提供平台的作用，让具有互补要素的国家和地区之间选择性深入合作，对接合作国家现有政策和战略，起到"1＋1＞2"的共同繁荣，而不是简单的政策替代。目前，"一带一路"已实现与众多参与国家和地区战略的双边或多边对接，例如俄罗斯欧亚经济联盟建设、印度尼西亚的"全球海洋支点"构想、哈萨克斯坦"光明之路"经济发展战略、"环孟加拉湾多领域经济技术合作倡议"有关规划、埃及苏伊士运河走廊开发计划。此外，"一带一路"也在积极谋求与三大国际组织——联合国的"可持续发展议程"、世界银行的"高效融资方案"和国际货币基金组织的"创新金融保障体系"实现契合与对接。

四、"一带一路"取得的成就

截至2018年5月，88个国家和国际组织完成了与中方关乎共建"一带一路"倡议的103份合作文件。此外，中国已与多个国家和组织的战略形成对接，包括越南的"两廊一圈"构想、柬埔寨的"四角"战略、印度尼西亚的"全球海洋支点"构想、哈萨克斯坦的"光明之路"发展战略、俄罗斯的跨欧亚大通道建设、东盟提出的互联互通总体规划、蒙古国的"草原之路"倡议、"环孟加拉湾多领域经济技术合作倡议"有关规划等。

截至2017年，丝路建设在交通运输的基础设施建设方面取得重大成果。铁路方面，中欧列车已经开通约7 000列，从中国境内35个城市经过57条运行轨道到达欧洲12个国家。航空方面，中国航空公司实现直航43个"一带一路"参与国家，且中国航空和国外航空为"一带一路"分别新增95条和18条航线。航运方面，中国与沿线的36个国家及欧盟、东盟分别签订了双边海运协定，并且与世界 31 个港口共享了物流信息。另外，中国正在极力推进跨境光缆的建设。目前，已经实现与"一带一路"沿线 12 个国家完成以 34 条跨境路缆和 4 条国际海缆为主的跨境缆线系统的建设。

截至 2018 年 7 月，为丝路建设提供资金服务的亚投行累计有 87 个成员国，内含 45 个隶属沿线国家。亚投行共投资 26 个项目，贷款总额超过了 44 亿美元，重点放在能源、交通、基础设施等领域。已设立的丝路基金共计完成 19 个项目的合作，承诺投资额为 70 亿元，占项目所需总资金约 10%。10 家中方持有的银行在 26 个丝路沿线国家共计设立 80 多家一级机构，包括 18 家子行、40 家分行和 10 家代表处。中方银行相关机构共计建设丝路有关项目超过 2 700 个，授信额度共计约 4 000 亿美元，贷款批款额约 2 000 亿美元。中国的出口信用保险公司承保了 20 多个丝路沿线国家的 67 个项目，同时海外投资保险承保"一带一路"沿线国家项目 369 个，二者共计承保的金额约为 551.3 亿美元。

截至 2017 年底，中国对 20 多个国家开展了人道主义救援，推行长期减贫与发展项目。此外，中国已经与 65 个国家和地区实现免办签证，与 10 个国家实现互免签证，并逐步向欧洲等地区扩大。另有 40 个国家和地区单方面允许落地签，16 个国家和地区单方面允许免签入境。孔子学院、丝绸之路国际电影节、丝绸之路国际文化论坛等文化交流活动开展频繁。

五、"一带一路"的建设概况

（一）"一带一路"国家对外贸易额概况

根据国家"一带一路"官方网站统计（如表 3-1），截至 2017 年底共有 71 个"一带一路"沿线国家，以约占世界人口 47.6% 的 34.4 亿人创造了约 14.5 万亿美元的经济总量，约占全世界经济总量的 18.4%。所有沿线国家的双边贸易总额为 9.3 万亿美元，约占全世界贸易总额的 27.8%。

表 3-1 2017 年"一带一路"国家 GDP、人口、贸易总额占全球比重

地区	GDP（万亿美元）	占比（%）	人口（亿）	占比（%）	贸易总额（万亿美元）	占比（%）
世界	78.8	100	72.3	100	33.5	100
沿线国家	14.5	18.4	34.4	47.6	9.3	27.8

数据来源：沿线国家数据来自"一带一路"官网，世界数据由沿线国家的占比计算得出。

　　"一带一路"发展走过了五年的历程，中国与丝路沿线国家进出口总额累计达到 5 万亿美元，中方对外直接投资超过 700 亿美元。2017 年，中国与丝路沿线国家的双边贸易总额在长达两年的下降后，终于实现增长，贸易总额为 14 403.1 亿美元，相比 2016 年增长较多，主要原因是 2016 年统计的数据只包含 64 个国家。2017 年的实际贸易增长为 13.4%。其中，中方出口至其他国家的出口额为 7 742.6 亿美元，同比涨幅为 8.5%，占比为 34.1%；自其他国家的进口额为 6 660.5 亿美元，同比涨幅为 19.8%，占比为 39.0%（如表 3－2）。

表 3－2　2012—2017 年"一带一路"国家贸易总额、出口额和进口额

（单位：亿美元）

	2012 年	2013 年	2014 年	2015 年	2016 年	2017 年
贸易总额	9 597	10 404	11 203	10 028	9 535	14 403.1
出口额	5 013	5 690	6 370	6 145	5 874	7 742.6
进口额	4 584	4 714	4 833	3 883	3 661	6 660.5

数据来源：国家统计局。

　　2017 年，中国前十大"一带一路"贸易伙伴分别是韩国、越南、马来西亚、印度、俄罗斯、泰国、新加坡、印度尼西亚、菲律宾和沙特阿拉伯，占中方与沿线国家进出口额的比例为 68.9%。其中，增幅在 35% 以上的四个沿线国家分别是卡塔尔、黑山、蒙古国和哈萨克斯坦；降幅在 15% 以上的三个沿线国家分别是塔吉克斯坦、东帝汶和埃塞俄比亚。

　　从出口的角度来看，2017 年中国前十大"一带一路"出口目的地分别是韩国、越南、印度、新加坡、俄罗斯、马来西亚、泰国、印度尼西亚、菲律宾和阿拉伯联合酋长国，占中方与沿线国家出口额的比例为 65.6%。其中，增幅 20% 以上的十五个沿线国家分别是老挝、哈萨克斯坦、乌兹别克斯坦、摩尔多瓦、斯洛文尼亚、不丹、塞尔维亚、亚美尼亚、蒙古国、阿富汗、立陶宛、波黑、格鲁吉亚、黑山和柬埔寨；增幅 10% 以上的六个沿线国家分别是塔吉克斯坦、东帝汶、埃塞俄比亚、白俄罗斯、马其顿和阿尔巴尼亚。

　　从进口的角度来看，2017 年，中国前十大"一带一路"沿线国家进口来源地分别是韩国、马来西亚、越南、泰国、俄罗斯、新加坡、沙特阿拉伯、印度尼西亚、南非和菲律宾，占中方与沿线国家进口额的比例为 75.5%。增幅一倍以上的五个沿线国家分别是东帝汶、也门、马尔代夫、埃及和黑山，增幅 55% 以上的两个沿线国家分别是巴勒斯坦和叙利亚。

表 3-3 2017年"一带一路"国家与中国贸易额前 10 位国家

（单位：亿美元）

国家	贸易总额	进口额	出口额
韩国	2 803.8	1 029.8	1 774.0
越南	1 218.8	714.1	504.7
马来西亚	962.4	420.2	542.2
印度	847.2	683.8	153.4
俄罗斯	841.9	430.2	411.7
泰国	806.0	388.1	417.9
新加坡	797.1	454.5	342.6
印度尼西亚	633.8	348.6	285.2
菲律宾	513.3	321.3	192.0
沙特阿拉伯	500.4	183.0	317.4

数据来源：国家统计局。

（二）"一带一路"国家各区域对外贸易额概况

2013—2017 年，亚洲、大洋洲一直是中国在丝路建设中最大的贸易合作区域。2017 年中国与该地区丝路国家的进出口贸易额为 8 178.6 亿美元，同比涨幅为 12.7%，进出口贸易额占比约为 56.8%。其中，出口至亚洲、大洋洲的总额为所有区域中最高的 3 900.6 亿美元，同比涨幅为 8.5%，占中方与所有丝路国家出口额的一半。出口产品中占了 38.6% 的前两大类的产品是电机电气类和机械器具类，具体分别是 1 001.9 亿美元和 503.5 亿美元，同比增长速度分别是 15.9% 和 8.1%，出口占比分别是 13% 和 9%。自亚洲、大洋洲进口的总额为所有区域中最高的 4 278.0 亿美元，同比涨幅为 16.8%，进口额占比约为 64.2%。进口额最大的产品是电机电气类，为 1 713.9 亿美元，涨幅为 17.2%，进口占比为 40.1%。

2013—2017 年，西亚一直是中国在丝路建设中第二大的贸易合作区域。2017 年中国与该地区丝路国家的进出口贸易额为 2 332.4 亿美元，同比涨幅为 14.3%，进出口贸易额占比约为 16.2%。其中，出口至西亚的总额为所有区域中次高的 1 183.8 亿美元，同比涨幅为 2.6%，出口额占比为 15.3%。自西亚进口的总额为所有区域中次高的 1 148.6 亿美元，同比涨幅为所有区域中次高的 29.4%，进口总额占比为 17.2%。

2013—2017 年，东欧一直是中国丝路建设中第三大的贸易合作区域。2017 年中国与该地区丝路国家的进出口贸易额为 1 611.6 亿美元，同比涨幅为所有区域中次高的 17.8%，进出口贸易额占比约为 11.2%。其中，出口至东欧的出口总额为 986.3 亿美元，同比涨幅为所有区域中次高的 13.7%，出口额占比约为 12.7%。自东欧进口的总额为所有区域中第三高的 625.3 亿美元，同比涨幅为 25.0%，进口总额占比约为 9.4%。

2013—2017 年，南亚一直是中国在丝路建设中第四大的贸易合作区域。2017 年中国与该地区丝路国家的进出口贸易额为 1 271.8 亿美元，增长幅度为 14.1%，进出口贸易额占比约为 8.8%。其中，出口至南亚的总额为 1 078.0 亿美元，同比涨幅为 2.6%，出口总额占比约为 13.9%。自南亚进口的总额为 193.8 亿美元，同比涨幅为所有区域中最高的 30.6%，进口额占比约为 2.9%。

2013—2017 年，非洲及拉美一直是中国在丝路建设中第五大的贸易合作区域。2017 年中国与该地区丝路国家的进出口贸易额 648.7 亿美元，同比涨幅为所有区域中最低的 5.5%，进出口贸易额占比约为 4.5%。其中，出口至非洲及拉美的总额为 379.3 亿美元，同比涨幅为所有区域中最低的 2.0%，占中方与所有丝路国家出口额约为 4.9%。自非洲及拉美进口的总额为 269.4 亿美元，同比涨幅为所有区域中最低的 10.9%，占中方与所有丝路国家出口额的 4.0%。

2013—2017 年，中亚一直是中国在丝路建设中最小的贸易合作区域。2017 年中国与该地区丝路国家的进出口贸易额 360.0 亿美元，同比涨幅为所有区域中最高的 19.8%，进出口贸易额占比约为 2.5%。其中，出口至中亚的总额为所有区域中最低的 214.7 亿美元，同比涨幅为所有区域中最高的 19.4%，出口额占比约为 2.8%。自中亚进口的总额为所有区域中最低的 145.3 亿美元，同比涨幅为 20.4%，占中方与所有丝路国家进口额的 2.2%。

表 3 – 4　2013—2017 年中国对"一带一路"沿线国家各区域出口额

（单位：亿美元）

地区	2013 年	2014 年	2015 年	2016 年	2017 年
亚洲、大洋洲	3 418.2	3 794.0	3 851.8	3 594.6	3 900.6
西亚	1 167.8	1 386.3	1 302.7	1 153.5	1 183.8
南亚	752.5	858.3	942.4	966.6	1 078.0
东欧	989.5	1 037.2	812.8	867.8	986.3
非洲及拉美	419.7	421.0	435.4	371.9	379.3
中亚	232.4	240.5	175.6	179.7	214.7

数据来源：国家统计局。

表 3 – 5　2013—2017 年中国自"一带一路"国家各区域进口额

（单位：亿美元）

地区	2013 年	2014 年	2015 年	2016 年	2017 年
亚洲、大洋洲	3 944.4	4 129.7	3 793.5	3 661.9	4 278.0
西亚	1 603.5	1 654.4	1 049.6	887.4	1 148.6
东欧	581.6	623.5	519.2	500.4	625.3
非洲及拉美	512.9	469.9	324.6	242.9	269.4
南亚	210.4	201.9	169.6	148.3	193.8
中亚	270.3	209.5	150.6	120.7	145.3

数据来源：国家统计局。

第三节　"一带一路"与东盟十国

一、中国与东盟五国的贸易现状

东盟全称东南亚国家联盟，是指由马来西亚、越南、泰国、老挝、柬埔寨、新加坡、印度尼西亚、缅甸、文莱和菲律宾组成的政府间的国家组织。2015 年，这些国家共同成立东盟共同体，国际经济实力大幅度提高，成为世界第七大共同体。十个国家共拥有约 449 万平方公里的土地和 6.34 亿人口，地处纬度较低的区域，终年炎热，雨水和光照同样充沛。因此，东盟国家农业发达，盛产水稻，其棕榈油和橡胶产业在世界有接近垄断的地位。东盟国家以外向型经济为主，并且主要依靠与美、日、欧市场的合作。同时，十国之间的经济发展程度不同，体现在人均 GDP 的差异。这些国家里有高收入国家——新加坡和文莱，具体分别是 57 722.2 美元和 28 985.8 美元；最多的是中等偏下收入国家——缅甸、柬埔寨、老挝、越南、菲律宾和印度尼西亚，具体分别是 1 228.9 美元、1 421.3 美元、2 530.8 美元、2 389.6 美元、2 991.5 美元和 3 871.6 美元；其余两国是中等偏上收入国家——泰国和马来西亚，具体分别是 6 735.9 美元和 9 898.7 美元。

（一）中国与东盟贸易的发展史

自 20 世纪 80 年代开始，中国与东盟十国开始开展贸易，但速度缓慢。多年里，中国与东盟国家合作紧密、合作方式多种多样，双边贸易量不断增加，贸易额由 1991 年的 79 亿美元增加到 2017 年的 5 148 亿美元，增长了约 64 倍。中国已成为东盟十国的第一大贸易伙伴。

由于国际形势的错综复杂和中东双方产业结构类似，所以东盟国家对中国贸易的依存度低。1996 年，双方开始进行正式对话，试图通过谋求区域的共同发展来进一步拉动经济的发展。2002 年，《全面经济合作框架协议》签订，中国和东盟十国协议共同努力，在 2010 年完成自由贸易区的建立。这份文件标志着东亚区域经济开始走向一体。2005 年，自由贸易区的《货物贸易协定》正式推行，双方的贸易额在超过 7 000 多种商品减免税收的优惠政策下飞速上升，从 2001 年的 416.15 亿美元增加到 2017 年的 1 608.38 亿美元，贸易的繁荣发展也标志着中国与东盟形成了战略合作伙伴关系。2010 年，自由贸易区按计划准时完成。贸易区拥有 13% 的世界进出口额，涵盖 19 亿人口，且 GDP 接近 6 万亿美元，因此 2012 年，中国同东盟的贸易量高达 3 931.74 亿美元。2012 年，由东盟十国发起，并邀请中国、日本、韩国、印度、澳大利亚和新西兰共同组建的区域全面经济伙伴关系（RCEP）获得原则上的通过。RCEP 旨在减少国家之间的关税壁垒，建立区域型的自由贸易市场。2013 年 10 月，李克强总理详细强调了中国与东盟的"2 +7 合作框架"的具体内涵。该框架包括推进和深化合作的两个关键点以及七个合作领域，其中首先完成的是双方友好合作条约的签订。此外，双方还建立了诸如亚欧会议、亚太经合组织等多边合作机制，二者逐渐实现对话的渠道广泛和内容深入。

表 3 - 6　2014—2017 年中国对马来西亚、新加坡、泰国、越南和印度尼西亚的贸易额

（单位：亿美元）

国家	2014 年	2015 年	2016 年	2017 年	合计
马来西亚	1 020.056	972.577 2	869.414 1	961.384 2	3 823.432
新加坡	797.399 1	795.232	705.259 2	792.689 2	3 090.58
泰国	726.211 6	754.595 5	757.274 3	801.378 1	3 039.46
越南	836.364 1	958.487 7	982.757 3	1 219.919	3 997.528
印度尼西亚	635.448 5	542.281 6	535.401 6	633.316 9	2 346.449

数据来源：国家统计局。

从 2009 年到 2017 年，中国皆为东盟整个区域最大的贸易合作伙伴。反之，东盟则从 2011 年上升成为中国第三大贸易伙伴，并保持这一位置长达 7 年。从 2017 年国家统计局公布的双方进出口总额来看，马来西亚、新加坡、泰国、越南和印度尼西亚同中国保持着积极的贸易关系，五国同中国的贸易总额高达 4 408.69 亿美元。中国是上述五国以及柬埔寨、缅甸和菲律宾的第一贸易伙伴，老挝的第二合作伙伴。

（二）中国与东盟代表国家贸易的商品结构特征

2017年，中国和东盟十个国家的双边贸易总额超过了5 000亿美元，涨幅为138%。其中，出口至东盟的总额为2 791亿美元，涨幅为9%；自东盟的进口额为2 357亿美元，涨幅为20%。

根据新加坡国际企业发展局的数据，2017年中国和新加坡的双边贸易总额为994.4亿美元，增长幅度为19.5%。其中，出口至新加坡的总额为453.7亿美元，出口产品中出口额前三大类产品是机电产品、矿产品和贱金属，具体分别是288.8亿美元、49.9亿美元和22.5亿美元，分别占对新加坡出口总额的63.7%、11.0%和5.0%。自新加坡进口的总额为540.7亿美元，进口产品中进口额前四大类产品为机电产品、化工产品、矿产品和塑料橡胶，具体分别是250.1亿美元、60.8亿美元、55.9亿美元和54.9亿美元，分别占从新加坡进口总额的46.3%、11.3%、10.3%和10.2%。

根据马来西亚统计局的数据，2017年中国同马来西亚的双边贸易总额为677.5亿美元，增长幅度为16.6%。其中，出口至马来西亚的总额为383.3亿美元，出口产品中出口额前三大类产品为机电产品、贱金属及制品和化工产品，具体分别是189.2亿美元、40.8亿美元和26.4亿美元，同比增长速度分别是17.2%、−4.4%和14.9%，其中化工产品会受到来自日本等多个国家的激烈竞争。自马来西亚进口的总额为294.2亿美元，进口产品中进口额前三大类产品为机电产品、矿产品和塑料橡胶，具体分别是130.1亿美元、59.0亿美元、32.3亿美元，分别占从马来西亚进口总额的44.2%、20.1%和11.0%，同比增长速度分别是17.5%、53.8%和41.7%。

根据印度尼西亚统计局的数据，2017年中国同印度尼西亚的双边贸易总额为585.8亿美元，增长幅度为23.1%。其中，出口至印度尼西亚的总额为357.7亿美元，出口产品中出口额前五大类产品为机电产品、贱金属及制品、化工产品、纺织品及原料、塑料橡胶，具体分别是154.4亿美元、42亿美元、38.4亿美元、33.2亿美元和16.3亿美元，同比增长速度分别是12.7%、7.2%、13.7%、15.5%和16.1%。自印度尼西亚进口的总额为228.1亿美元，进口产品中进口额前三大类产品为矿产品、动植物油脂和贱金属，具体分别是75.4亿美元、32.6亿美元和25亿美元，分别占进口总额的33.1%、14.3%和102.6%，同比增长速度分别是25.3%、19%和11%。中国对印度尼西亚贱金属的需求翻倍增长，同时在出口方面还面临美、日、韩和泰方同质品竞争的压力。

根据泰国海关的数据，2017年中国同泰国的双边贸易总额为741.4亿美元，同比涨幅为16.6%。其中，出口至泰国的出口额为447.3亿美元，出口产品中出口额前四大类产品为机电产品、贱金属、化工产品和塑料橡胶，具体分别是208.7亿美元、69.4亿美元、41.8亿美元和24.7亿美元，同比增加速度分别是4%、−1%、−4.4%、22.9%和14.6%，明显发现机电产品占据了中对泰的近一半出口额，约为46.7%；自泰国进口的总额为 294.1 亿美元，进口产品中进口额前三大类产品为塑料橡胶、机电产品和植物产品，具体分别是 86.6 亿美元、66.4 亿美元和 29.1 亿美元，分别占从泰国进口总额的 29.5%、22.6% 和 9.9%，同比增长速度分别是 37.1%、16.3% 和 8%。化工产品和木制品虽然分别只有 20.9 亿美元和 16.5 亿美元的进口量，但比起 2016 年涨幅均超过 20%。

据中国海关统计，2017 年中国同越南的双边贸易总额为 1212.7 亿美元，同比涨幅为 23.4%。贸易逆差多年来逐步缩小，中越贸易趋向均衡的方向发展。2017 年中国对越南的出口额为 709.4 亿美元，进口额为 503.3 亿美元，其中农产品、计算机、电子产品和零部件保持良好的增长势头。

二、"一带一路"与东盟

2013 年，习近平主席在拜访东亚各国的时候，发起"一带一路"倡议，提出要共同建设 21 世纪"海上丝绸之路"。从历史来看，中国与东南亚地理位置相邻，人民血脉相通，文化相近。从区位上来看，东盟的各个港口是海上丝绸之路的关键据点，可在孟中印缅经济走廊和中巴经济走廊配合和互补的条件下，实现沿线腹地的发展。其中，"一带一路"关于东盟国家的着力点就是"中国—中南半岛经济走廊"的建设。此跨国经济走廊始发中国，终到新加坡。从广西南宁和云南昆明，一路贯穿中南半岛的越南、老挝、柬埔寨、泰国、缅甸、马来西亚等国家。

三、东盟贸易的突出问题

（一）周边国家的不信任和领土纠纷

一方面，由于中国的崛起，许多东盟国家质疑"一带一路"提出的目的，认为这是中国试图进行扩张的手段，而非经济上的合作共赢。另一方面，近年来中国和邻国的领土纠纷持续不断，尤其是越南、菲律宾、马来西亚和印度尼西亚联手应对中国对南海的合理要回主权的诉求，诸如此类的争端阻碍了中方和东盟贸易的正常往来。加上美国重返亚太，印度试图扩大其对东南亚的影响，二者介入此类纠纷，使矛盾更难解决。

（二）其他问题

一是许多企业家、商会缺少对中国与东盟的合作机制的认识，不清楚自由贸易区的存在和优惠政策等基本情况；二是由于信息的不对称，双方行业尚未形成互补的体系；三是中国与东南亚国家在自然资源、生产方式和人力成本上的优势相似程度高，容易形成出口低附加值的原料，进口高附加值的科技产品的扭曲结构，获得较少的贸易价值。此外，相同生产结构的国家之间竞争，如近年来，柬埔寨、老挝、缅甸和越南因其更为低廉的劳动力成本优势，正逐渐代替中国成为生产劳动密集型产品的企业首选。

四、对中国贸易的建议

中国与东盟十国的合作关系基础良好、日益紧密，现在最重要的是企业主体需要提升合作的质量。首先，作为贸易主体，应该了解所往来国家的市场制度、法律规章与社会环境，保障自身利益，规避不必要的风险。必要时可聘请第三方的专业机构帮助企业进行分析。其次，中国企业不可抱着围观的态度，而应积极地融入当地社会，了解其所需所求，才能有针对性地采取战略，达到更好的效果。最后，要注意树立良好的中国企业形象。一方面，需要遵守当地的各种法律规定，严格纳税，保护环境。另一方面，提升企业社会责任感，积极参与、开展公益活动。上述这些措施主要是为了提高东盟国家对中国企业的认同。两个地区间文化同源，如果彼此之间促进相互理解，那么贸易往来的质量将会大大提升。

此外，中国政府面对不可避免的邻国"大国威胁论"，可以采取一些"授人以渔"的措施减少对方的误解与猜疑。例如，如今东南亚国家的人力资本低廉，一方面中方可以建立对当地劳动力进行培训的项目，增加其竞争力，另一方面也可以通过设立国内公司的生产基地等，吸收当地劳动力，并且对其进行中国文化的教育。

第四节　"一带一路"与中亚

中亚五国一般是指 1991 年苏联解体后独立的 5 个国家，包括哈萨克斯坦、土库曼斯坦、乌兹别克斯坦、塔吉克斯坦和吉尔吉斯斯坦。五个国家拥有 400.65 万平方公里的土地，极其丰富的石油、天然气、煤炭等资源。中亚国家以资源原料型经济和农业经济为主，工业化和城市化的程度比较低。尽管 2017 年哈萨克斯坦和土库曼斯坦的人均 GDP 分别达到了 8 837 美元和 5 936 美元，归属于中等收入偏上国家，但是乌兹别克斯坦、塔吉克斯坦和吉尔吉斯斯坦的人均 GDP 分别只有 940 美元、1 049 美元和 1 042 美元。进入新世纪后世界经济的快速发展催生对农业和资源的需求，中亚国家取得了 GDP 的飞速提高。但面对 2012 年后的经济增长势头的疲软，中亚五国不得不继续寻求对外经济贸易对象的多元化，减少对曾经属于苏联的国家的依赖，而中国就是它们的首选。

一、中国与中亚五国的贸易现状

20 世纪 90 年代以来，中国与中亚国家的双边贸易不断快速扩大与发展，数额由 1992

年的 46 亿美元提高到 2017 年的 360 亿美元，增加了近 70 倍。中国已成为中亚国家的重要贸易伙伴和主要的进出口市场。

（一）中国与中亚贸易的发展史

中国和中亚五国贸易往来的历史可追溯到千年之前。由于拥有亚欧板块中心位置的地理优势，中亚地区曾经作为古丝绸之路的重要枢纽，为其曾经的繁荣发挥了不可忽视的作用。自 1992 年中亚独立后，中国与中亚五国分别建交，开始了逐步推行和深化的经济合作与贸易往来。伊始贸易额仅有 280 万美元，但进入 21 世纪，随着中亚国家已经完成自身的经济重建，加上国际上能源产品价格的不断攀升，这些以原料经济为主导的国家经济加速发展，从而促进了和中国的贸易互通。2000 年，中国和中亚五国的贸易额已经飞升至 18.33 亿美元。2011 年，中国和哈萨克斯坦、乌兹别克斯坦、塔吉克斯坦、吉尔吉斯斯坦以及俄罗斯共同宣布成立上海合作组织。2012 年，由于经济危机的影响尚未完全消除，世界经济仍然处于艰难发展的时期，双方的双边贸易总额开始呈现放缓的迹象。在 2013 年达到巅峰的 502.8 亿美元后，一路下跌，直到 2017 年随着"一带一路"的区域合作发展，双方贸易总额才又重新回升至 360 亿美元。

2009 年，中国取代俄罗斯成为中亚五国最重要的贸易同盟。自 1992 年中国就是哈萨克斯坦最大的贸易对象。2016 年中国又成为吉尔吉斯斯坦、土库曼斯坦的第一大贸易伙伴；乌兹别克斯坦和塔吉克斯坦的第二大贸易对象。截至 2017 年底，中国和中亚五国的贸易进出口额飙升至 360 亿美元，比起 2000 年翻了近 20 倍。但是，相较于中国和中亚的贸易额占中亚贸易的重要地位，中亚并不是中国主要的贸易对象。

表 3-7　2012—2017 年中国对中亚各国的双边贸易额

（单位：亿美元）

国家	2012 年	2013 年	2014 年	2015 年	2016 年	2017 年
哈萨克斯坦	256.8	286.0	224.5	143.0	131.0	180.0
乌兹别克斯坦	28.8	45.5	42.8	35.0	36.1	54.5
土库曼斯坦	103.7	100.3	104.7	86.4	59.0	42.3
吉尔吉斯斯坦	51.6	51.4	53.0	43.4	56.8	13.7
塔吉克斯坦	18.6	19.6	25.2	18.5	17.6	69.5
合计	459.5	502.8	450.2	326.3	300.5	360.0

数据来源：国家统计局。

表 3 - 8　2017 年中国对中亚各国的出口额与进口额

（单位：亿美元）

	哈萨克斯坦	乌兹别克斯坦	土库曼斯坦	吉尔吉斯斯坦	塔吉克斯坦
出口额	116.5	27.6	3.7	53.6	13.2
进口额	63.5	14.7	65.8	0.9	0.5

数据来源：国家统计局。

（二）中国与中亚贸易的商品结构特征

从出口角度来看，2017 年中国对中亚五国的出口额为 214.6 亿美元，增长幅度为 19.4%。中国出口中亚的产品以物美价廉的生活用品和服饰为主，但随着中亚经济的发展，出口产品的范围扩大到高新技术产品。特别是国家间合作项目的大幅增长带来了对大型机械设备的需求。2017 年中国至中亚的出口额超过 10 亿美元的前三类产品为鞋靴，服装，锅炉、机器、机械器具及零件，具体分别是 28.1 亿美元、27.6 亿美元、23.9 亿美元。

从进口角度来看，2017 年中国自中亚五国进口额为 145.3 亿美元，增长幅度为 20.4%。中国自中亚进口多为资源以及能源型的产品，本年进口额超过 10 亿美元的三类产品依次是矿物燃料、无机化学品、铜及其制品。其中矿物燃料类产品进口额高达 83.6 亿美元，进口占比达到 59.2%。

二、"一带一路"与中亚

从 2013 年 "一带一路" 的提出到推进再到正式执行的过程中，中亚五国一直以积极的态度参与其中，纷纷制定相应的发展战略来搭上 "一带一路" 快车。2014 年 12 月，哈萨克斯坦总理马西莫夫与李克强总理共同签署共同建设 "丝绸之路经济带" 的文件，增加双方的进出口额，优化贸易结构，同时也与哈方的 2050 战略实现对接。2014 年 8 月，乌兹别克斯坦表示愿意积极参加 "丝绸之路经济带" 的建设，这不仅与乌方的 "福利与繁荣年" 规划战略实现对接，并且在未来的三年实现了乌兹别克斯坦建成第一条能源运输管线、成为第一个采用中国银联系统的国家的成就，中国也成为乌兹别克斯坦最大的投资来源国。2014 年 5 月，吉尔吉斯斯坦表示重视并且愿意加入丝路的建设，尽全力推动合作项目在地区的建设，同时中吉也在积极推进 "一带一路" 与吉方的 "国家稳定发展战略" 实现对接。2015 年 9 月，塔吉克斯坦和中国签署的《联合声明》中明确表示愿意共同推进 "丝绸之路经济带" 的发展，同时，塔方推出关于 "一带一路" 部署的战略也与自身的 "能源交通粮食" 三大战略实现对接。土库曼斯坦虽然还未与中国签订正式的 "一带一路"相关文件，但一直以来都是参与国之一。双方的主要合作方向还是偏向于天然气领域，实现通过共同建设的中亚天然气管道，向中方输送超过 2 000 亿立方米的天然气。此外，土方参与"一带一路"后实施的政策也与"强盛幸福时代"发展战略实现对接。

三、中亚贸易的突出问题

（一）运输枢纽未能发挥作用

货物从中亚往返欧洲的运输道路困难重重，许多跨境通道的关键据点由于种种原因形同虚设。例如，作为中国"丝绸之路"计划关键的陆地运输枢纽，哈萨克斯坦的霍尔果斯港口却不被该区商人接受，他们仍采用水陆方式进出口货物。原因包括货物运输的时间过长，卸货费用高昂导致的运输费用高昂，以及哈萨克斯坦国内对中国的经济扩张项目产生的自我保护性的反华情绪。

（二）安全形势的恶化

非传统的安全问题主要来自阿富汗国家中伊斯兰极端主义带来的恐怖主义，毒品走私危害加深以及由资源缺乏引发的争夺矛盾。而中亚各国也分别面临各自的安全问题，如吉尔吉斯斯坦曾经发生两次严峻的"颜色革命"，政治环境极不稳定；乌兹别克斯坦的政权交接问题带来的政局动乱；塔吉克斯坦经济的落后带来失业率高居不下，造成社会不安定和犯罪率提高。这些安全形势的恶化不利于经济的发展，例如，2010 年吉尔吉斯斯坦和乌兹别克斯坦发生惨烈的种族暴力骚乱，导致在该区一万多的中国企业员工只剩余几百人。

四、对中国贸易的建议

（一）有重点地进行产业对接

中国可以积极地同中亚各国磋商，针对不同的产业贸易在不同国家、不同阶段的不同影响因素制定具体的政策。特别是要针对"一带一路"和各国发展战略中的重点产业、产品进行有目的性的对接。首先，促进不同产业的贸易发展时须采取差异化的贸易政策，不可一概而论。通常可以从交通运输、投资合作、货物贸易、服务贸易等多个领域分别进行不同的合作。另外，贸易政策的制定要注意扬长避短，扩大本国经贸优势、增加投入，同时积极寻找补充对方国家不足的着力点，规避盲目投资。例如，可以通过同哈萨克斯坦的能源政策对接来强化彼此的能源合作，同时，也可以制定相应贸易策略补充哈方在制造业和基础设施建设方面的短板。通过彼此的互利互惠才能使得贸易合作更长久。

（二）着力解决交通运输问题

由于较远的距离和复杂的地形导致中国同中亚五国的贸易需要承担较高的运输成本，造成双方贸易效率低下。对此，一方面中国和中亚地区的各国应该共同合作部署道路、港口、航空等运输方面的规划与建设，科学地促进双边贸易的成本减少，提高贸易的便捷程度。另一方面，可以利用"一带一路"的优势，借助亚洲基础设施投资银行以及丝路基金等资金渠道来推动交通基础设施的顺利建设。

第五节 "一带一路"与西亚

一、中国与西亚五国的贸易现状

西亚位于亚洲西南部的亚、欧、非三大洲的交汇之处。整个地区共有 19 个国家，都积极参与"丝绸之路"，分别是伊朗、伊拉克、土耳其、阿拉伯联合酋长国、叙利亚、约旦、黎巴嫩、以色列、巴勒斯坦、沙特阿拉伯、也门、阿曼、卡塔尔、科威特、巴林、亚美尼亚、格鲁吉亚、阿塞拜疆、塞浦路斯。西亚国家多受伊斯兰教和阿拉伯文化的影响。该地常年高温，雨水缺少，因此水资源缺乏，成为各国争端的原因。同时，西亚是世界上最大的天然气和石油储存区，同时也是最大的生产区。此外，该地区金属矿产尤其富饶，所以西亚是典型的资源依赖经济。

西亚是亚洲富有的地区，2017 年经济总量为 3.52 万亿美元，人均 GDP 为 1.02 万美元。但是国家之间经济状况差别巨大。既有高收入国家卡塔尔、以色列、阿拉伯联合酋长国等，2017 年人均 GDP 分别高达 60 812 美元、39 974 美元、37 346 美元，也有低收入国家，例如也门 2017 年的人均 GDP 仅有 856 美元。

表 3 - 9　2017 年西亚各国的人均 GDP

（单位：美元）

国家	卡塔尔	以色列	阿拉伯联合酋长国	科威特	巴林	塞浦路斯	沙特阿拉伯
人均 GDP	60 812	39 974	37 346	27 237	25 170	24 741	20 957
国家	阿曼	黎巴嫩	土耳其	约旦	伊朗	伊拉克	格鲁吉亚
人均 GDP	17 406	11 684	10 434	5 678	5 252	4 958	4 123
国家	阿塞拜疆	亚美尼亚	巴勒斯坦	叙利亚	也门		
人均 GDP	4 098	3 690	2 945	2 192	856		

数据来源：国家统计局。

(一) 中国与西亚贸易的发展史

从 20 世纪 90 年代开始，由于原油价格的高升和中国制造业的迅猛发展，中国与西亚的相互贸易数额急速增长。特别是近年来，中国和西亚国家建立了各式各样的合作机制与模式，双方的贸易额不断增长。西亚在中国对外贸易中占有的份额与日俱增。

由于中国目前的各项经济建设催生对原油与日俱增的需求，中国和西亚国家的贸易总额快速上升，从 2001 年的 190 亿美元飞速增长至 2016 年的 2 152 亿美元。其间 2008 年难免受到金融危机的不利影响，导致 2009 年贸易量一度下滑到 1 072 亿美元，但之后就开始以 39% 和 43% 的惊人增长速度恢复，2011 年贸易额又达到 2 136 亿美元。在 2012 年世界经济疲软的条件下，2014 年双方贸易额还是攀升至巅峰的 3 190 亿美元。由此可见这些年来中国和西亚的贸易额虽有起伏，但仍保持缓慢上升。

中国主要与西亚拥有丰富石油和矿产资源、经济基础良好的国家进行大规模的合作。由于 2017 年数据不全，所以利用 2016 年数据进行分析，发现沙特阿拉伯、阿拉伯联合酋长国、伊朗、土耳其和巴基斯坦为中国在西亚最大的贸易伙伴，其进出口额分别是 422.81 亿美元、400.67 亿美元、312.46 亿美元、194.75 亿美元和 191.47 亿美元，占全部当年贸易额的 70%。2012 年到 2016 年，中国在西亚的主要贸易国比较稳定，大多是原油出口国和经济发达的国家，例如阿拉伯联合酋长国和土耳其。贸易额总计前五的国家是沙特阿拉伯、阿拉伯联合酋长国、伊朗、土耳其和伊拉克。

表 3 - 10   中国同西亚的贸易总额

(单位：亿美元)

年份	2001	2008	2009	2011	2012	2014	2016
贸易总额	190	1 387	1 072	2 136	2 308	3 190	2 152

数据来源：国家统计局。

(二) 中国与西亚代表国家贸易的商品结构特征

2017 年，中国与西亚的双边贸易总额 2 332.4 亿美元，同比涨幅为 14.3%，占中方与丝路国家进出口总额的 16.2%。其中，出口至西亚的总额 1 183.8 亿美元。出口产品中总额最高的两类产品是电机电气类和机械器具类，具体分别是 210.9 亿美元和 193.6 亿美元，同比增幅分别是 9.2% 和 4.1%，二者累计占比约为 34.2%。这两类商品最大的出口市场是阿联酋，分别出口了 68.4 亿美元电机电气类产品和 49.6 亿美元机械器具类产品。另外，中国对西亚的出口额最高的 5 个国家是阿拉伯联合酋长国、沙特阿拉伯、巴基斯坦、土耳其和伊朗，其共同点是大多有一定的经济基础，对中国的机电产品有旺盛的市场需求。中国自西亚进口的总额为 1 148.6 亿美元。进口产品中总额最高的是矿物燃料类产品，为 826.5 亿美元，同比增幅为 29.1%，占中国对西亚进口额的 72%。这类商品最大的进口来源是沙特阿拉伯，自其进口的总额为 214.4 亿美元，同比增幅为 31.2%。另外，中国与西亚的进口额最高的 5 个国家是沙特阿拉伯、伊朗、阿曼、伊拉克和阿拉伯联合酋长国，同比增幅都超过 10%。其共同点之一是拥有富饶的石矿资源，满足中国现代化发展的需求。

表 3 - 11　2014—2017 年中国对阿拉伯联合酋长国和土耳其的贸易额

（单位：亿美元）

国家	2014 年	2015 年	2016 年	2017 年	合计
阿拉伯联合酋长国	548.06	485.5	406.1	409.8	1 849.46
土耳其	230.11	215.51	194.75	263.5	903.87

数据来源：中国海关、土耳其国家统计局、中国商务部。

阿联酋是中国在西亚的第二大贸易伙伴，中国也连续多年是其第一贸易伙伴。2017 年中国同阿联酋的进出口总额为 409.8 亿美元，同比涨幅为 2.3%。其中，出口至阿联酋的总额为 287.4 亿美元，与 2016 年相比少了 4.4%。出口产品中总额前四类产品为机电、高新技术、纺织和轻工产品，明显发现机电产品占据了中国对阿联酋的近一半出口，约为 46.7%；自阿联酋进口的总额为 122.4 亿美元，进口产品中总额前四大类产品为液化石油气、原油、成品油、铝及铝制品。其中，中方对原油的需求量跌幅为 16%，表明中国减少对进口油的依赖取得初步进展。

中国是土耳其第一大进口市场，二者贸易存在不平衡。据土耳其统计局统计，2017 年中国同土耳其的进出口总额为 263.5 亿美元，比 2016 年减少了 5.1%。其中，出口至土耳其的总额为 234.1 亿美元，主要产品为占了 69% 出口额的机电产品，此外，出口额排名第二到第五的产品依次是贱金属、塑料橡胶、家具玩具、运输设备 4 大类产品，其占出口额的比重在 5% 左右；自土耳其进口的总额为 29.4 亿美元，同比增速为 26.3%，进口产品主要为占了 57% 进口额的矿产品。进口额第二大的产品是化工产品，为 3 亿美元，增长率高达 39%，其进口金额占比为 10.2%。第三大进口额产品是纺织品，为 2.2 亿美元。土耳其对中国出口的迅猛增加伴随着进口的减少，导致土方的贸易逆差进一步缩小。

二、"一带一路"与西亚

中国和西亚的互通贸易历史可追溯到秦汉时期海上和陆地丝绸之路的铺建。从那时起到清朝的千年间，西亚就一直占据不可忽视的地位。阿拉伯和中国的商人通过跨越亚、非、欧三洲进行商品贸易，促进彼此的文化交流，奠定了丝绸之路作为商贸大动脉的历史地位。多年来，中国和西亚互有贸易往来。虽然古丝绸之路已没落，但仍积累着雄厚的合作基础与丰富的经验。在此条件下，现在的西亚各国不仅是丝绸之路经济带的重要中转点，还是连接着海上丝绸之路的许多港口的所在地。"一带一路"的重要性推动西亚各国抓住机会，各个国家纷纷拟定相应的发展战略，试图更好地契合。其中，2014年，科威特和中方签订谅解备忘录，标志着首份"一带一路"文件成功签订。科方表示将寻求2012年制定的"2035愿景"战略和"一带一路"的对接以及深入合作，借助中国的市场和经验完成自身市场的转型。2015年，土耳其与中国签订了"一带一路"谅解备忘录，并提出将土方现有的连接中亚、高加索和土耳其的"中间走廊"战略与"一带一路"对接，扩大成为连接欧洲、中亚和中国的战略；2016年，沙特首次制定并通过了"2030愿景"战略，发展重点是与亚洲国家发展多样化关系，摆脱对石油经济的依赖。正好与"一带一路"倡议对接与互补。2014年，格鲁吉亚为加入"一带一路"提出了重要战略，提议每年举办"丝绸之路"论坛。2015年阿塞拜疆与中国签订了共同建设丝绸之路的谅解备忘录，并提出与之对接的"大丝绸之路"的战略，开始加大与中国的合作。

三、西亚贸易的突出问题

（一）历史遗留问题

西亚地区宗教及种族存在诸多问题，社会动荡不安。从西亚内部来看，一是西亚国家宗教信仰丰富，主要是伊斯兰教、犹太教和基督教。不同的宗教以及宗教不同派别之间在争取自身利益的时候容易发生征战，导致政权频繁更替。此外，由于这些宗教的信仰与中国的完全不同，双方对彼此的习俗不了解，不利于双方的贸易往来。二是西亚是多民族地区，主要有阿拉伯人、土耳其人、库尔德人、波斯人。民族之间经常为了领地纠纷、资源争夺等问题产生矛盾。从西亚对外来看，该地区的国家长期以来重视西方国家，接受其对自身各方面的干涉，因而缺乏独立国家的稳定性。上述问题说明了西亚目前面临严峻的短时间内无法消除的隐患，最后通常以区域武装冲突甚至战争的形式爆发出来。例如，以色列和阿拉伯的冲突最终变成对加沙地带长时间的空袭。诸如此类的争端必然耗费大量军事费用，影响本国经济的正常发展，从而不得不减少与其他国家的贸易额。因此，这些历史遗留问题成为中国与西亚国家进行更深层次交往的最大阻碍。

（二）市场不规范

中国作为世界第二大经济体，已经建立趋于完善统一的各种经济和法律制度，正在追求经济的高质量发展与经济结构优化。与之相比，尽管西亚的许多国家已经实现GDP总量的增长，但是事实上由于它们是发展出口原油和原料的资源依赖型经济，并未形成完善的市场机制，市场经济体制改革只是缓慢进行。各国市场大多缺乏保证市场经济有效运行的一系列完整制度，尚未健全法律法规。此外，许多国家甚至还在沿用口头约定等不合时宜的经贸往来处理方式，未成立严格的监管机构。因此，西亚从政府到人民普遍存在落伍的发展观念，导致中国企业缺乏对西亚的信心，不将西亚作为贸易的首选，因而影响了中国同西亚的合作。

四、对中国贸易的建议

（一）建立多样化的合作机制

中国应当在充分利用与西亚国家现有的合作机制的基础之上，不断挖掘与其他国家的合作发展潜力，全面促进与西亚地区的深入合作。首先，现在已有中国—阿拉伯国家合作论坛，涵盖了西亚大部分国家。以此为基础，中国紧急要务是尽快推进与以色列的自贸区建设的谈判进度，加快自贸区建设步伐；尽快开展与沙特的能源合作机制的建设，积极促成石化项目的合作和沙特方电力基础设施的建设；尽快与以西亚海湾六国为代表的海湾合作委员会完成自贸区建设的谈判，推动与这些出口丰富能源的国家或地区在资源、投资与科技领域的交流与合作。此外，不要满足于现有的贸易协定型的合作机制，而应利用各国的比较优势来建立更多的合作论坛或者自贸区。

（二）利用服务贸易的辐射作用

当前，虽然货物贸易是中方和西亚的主要贸易内容，但是同时也伴随着二者之间服务类型贸易的不断攀升，增长势头良好。以海湾六国为代表的整个西亚地区在经济建设上取得进展的同时，其对于工程建设方面的需求激增。而中国恰好可以提供对外工程承包方面的服务。仅2017年上半年，中国就与海湾多国签订超过100亿美元的工程承包合同。此类服务贸易的发展不仅带动本地企业走出国门，并且也促进了中国机械设备等工程必备产品的出口，拉动中国对西亚的出口贸易额。

（三）继续保持能源领域的亲密合作

在世界能源价格涨跌变化大的背景下，继续保持能源进出口领域的合作。首先，加快与能源出口国家建立能源战略联盟，不仅保证中国的供应，而且对于西亚国家的能源安全也会起到一定的保护作用。其次，双方应商讨如何全面深化能源领域的合作，在现有合作领域的基础上扩大至可再生能源领域。对此，可以考虑建立合资企业来推动和完善能源产业链的建设。此外，要重视和西亚大国——沙特阿拉伯的合作。作为中国能源最大的供应来源国，沙特阿拉伯对于中方经济的稳定建设具有一定的影响。除了能源方面的合作外，中沙两国应该提高更深层次的合作，把合作领域扩展至航天、可再生能源、交通运输、基础设施建设等。

第六节　"一带一路"与南亚

一、中国与南亚五国的贸易现状

南亚位于"五海三洲之地"，联系亚、非、欧三大洲，贯通大西洋和印度洋。整个地区占约 495 万平方公里的面积，包括八个国家，分别是印度、巴基斯坦、孟加拉国、阿富汗、斯里兰卡、马尔代夫、尼泊尔和不丹，人口数超过世界的 20%。总体上南亚各国的经济水平不高，虽然印度在 2017 年 GDP 达到 24 390.1 亿美元，位列世界第七，但由于其人口基数大，导致人均 GDP 仅有 1 842 美元，因此被列入中等偏下收入国家。此外，南亚人均 GDP 最高的是马尔代夫。在旅游业的带动下，人口较少的马尔代夫成为南亚唯一超过 10 000 美元的中等偏上收入国家。阿富汗和尼泊尔的人均 GDP 分别只有 800 美元和 618 美元，二者被列入低收入国家。其余 5 国的人均 GDP 在 4 000 美元以下，被列为中等偏下收入国家。

表 3 - 12　2017 年南亚各国人均 GDP

（单位：美元）

国家	马尔代夫	不丹	斯里兰卡	印度
人均 GDP	10 762	2 901	2 678	1 842
国家	巴基斯坦	孟加拉国	阿富汗	尼泊尔
人均 GDP	1 606	1 534	800	618

数据来源：国家统计局。

（一）中国与南亚贸易的发展史

中国和南亚的贸易互通历史悠久，可追溯到千年前汉朝张骞出使西域。其中，古丝绸之路和茶马古道就是两个地区历史、文化和贸易交流的象征。近代的南亚经济发展主要依靠区域内各国的推动，而甚少受到世界关注。在竞争优势相近、基础设施差的条件下，南亚只能依靠海上通路与亚欧大陆的各国联系。进入 21 世纪，伴随着印度的发展和阿富汗的战后重建工作，世界开始重新重视南亚的地位与作用。2005 年，中国成为南亚区域合作联盟的观察员国之一，并多次参加南盟峰会。此外，双方建立了多个不同级别的对话与交流机制，促进在多个领域进行深入的合作，包括中国—南亚合作论坛、中国—南亚商务论坛、科技伙伴计划等。随着中国的崛起，中国与南亚的贸易规模扩大、速度加快，双边的贸易额由 1998 年的 39.2 亿美元增至 2017 年的 1 267.8 亿美元，增长近 30 倍，发展势头强劲。

（二）中国与南亚代表国家贸易的商品结构特征

中国是南亚第二大贸易伙伴。2017 年中国同南亚的进出口总额为 1 271.8 亿美元，同比涨幅为 14%，贸易顺差达到 884.2 亿美元，同比飙升了 63%。其中，出口至南亚的总额为 1 078 亿美元，比 2016 年增加了 11.5%。出口额合计占了 43% 的两类产品分别是电机、电气设备类和机械器具类，分别是 280 亿美元和 183 亿美元，增幅达 23.5% 和 13.7%。自南亚进口的总额为 193.8 亿美元，同比增速为 31%。进口额占比超 10% 的四类产品分别是贵金属及其制品、铜及其制品、矿砂和棉花。此外，钢铁、铜及其制品和有机化学品涨幅最高，分别达到了 171%、107% 和 90%。

表 3 – 13　2014—2017 年中国对印度、巴基斯坦和孟加拉国的贸易额

（单位：亿美元）

国家	2014 年	2015 年	2016 年	2017 年	合计
印度	705.9	716.2	711.8	844.1	2 978
巴基斯坦	160.0	189.3	191.3	200.9	741.5
孟加拉国	125.43	147.08	151.68	160.45	584.64

数据来源：中国海关、国家统计局和中国商务部。

2017 年中国对南亚的进出口额、出口额和进口额最大的 3 个国家依次是印度、巴基斯坦和孟加拉国。3 个国家的进出口额、出口额和进口额的占比均超过 90%。此外，中国出口至南亚的总额增长速度在 10% 以上的有 4 个国家，分别是不丹、阿富汗、印度、尼泊尔。降低速度最大的 2 个国家是斯里兰卡和马尔代夫，分别是 5.2%、9.5%。中国自南亚进口的总额增幅最大的是马尔代夫，达 100% 以上。不丹、印度也有超过 30% 的增长速度。降幅最大的是阿富汗，为 24%。尼泊尔和巴基斯坦也出现了不同程度的速度减缓。

中国是印度的第一大进口市场和贸易逆差来源国。根据印度商业信息统计署与印度商务部的数据，2017 年中国同印度的进出口总额为 845.3 亿美元，同比涨幅为 21.4%，贸易顺差达到 595.7 亿美元。其中，出口至印度的总额为 720.5 亿美元，同比涨幅为 18.7%。出口额前三类产品为机电产品、化工产品和贱金属及制品，具体分别是 403.5 亿美元、104.5 亿美元和 48.5 亿美元，同比增长速度分别是 27.4%、12.2% 和 11.8%，出

口占比分别是 56.0%、14.5% 和 6.7%。另外，出口产品中运输设备降低幅度最大，约为 25%。自印度的进口额为 124.8 亿美元，同比涨幅为 39%。出口额前三类产品为矿产品、贱金属及制品和化工产品，具体分别是 32.5 亿美元、21.2 亿美元和 21.6 亿美元，同比增长速度分别是 36.7%、113.4% 和 71.7%，进口占比分别为 26.0%、17.4% 和 17.3%。

中国是巴基斯坦第一大进口来源国。两国之间的贸易具有互补性，发展潜力大。2016—2017 财年中国同巴基斯坦的进出口总额为 155.93 亿美元，比起上一财年涨幅为 26.8%，贸易顺差达到 126.67 亿美元。其中，出口至巴基斯坦的总额为 141.3 亿美元，比起上一财年涨幅高达 38.9%。出口产品近年来品种增多，主要是机械设备、钢铁、化学品、电子电器、计算机等。其中，进口额最大的是机械设备，占比将近 40%，而机电产品进口占比也逐年增加。自巴基斯坦的进口额为 14.63 亿美元，比起上一财年降幅为 31.3%。进口产品变化不大，主要还是棉制品、米、矿石等。其中棉纱进口占比超过 50%。

中国是孟加拉国第一大进口来源国和最大贸易伙伴。2017 年中国同孟加拉国的进出口总额为 160.44 亿美元。其中，出口至孟加拉国的总额为 151.7 亿美元，同比涨幅为 2.8%。出口产品近年来品种增多，主要是棉制品、机械器具、电机电气、化学纤维等。自孟加拉国的进口额为 8.74 亿美元，同比涨幅为 6.1%。随着中国经济的发展，购买力大幅提高，所以孟加拉国正在将其服装制品出口的市场从日渐萧条的欧洲、美国等地区转向中国。孟加拉国对中国出口的增长速度虽然比自中国进口的快，但贸易逆差还是在持续增高，达到 135 亿美元。

二、"一带一路"与南亚

2013 年，"一带一路"受到了大多数南亚国家的积极响应。2013 年，巴基斯坦和中国就建设中巴经济走廊达成一致，共同商定经济走廊的远景规划。在这个"一带一路"的"旗舰项目"——贯彻南北丝绸之路的经济走廊的带领下，两国共同部署并确立了"1 + 4"合作布局，促进彼此的联通建设，推动共同的繁荣。2014 年，中国和斯里兰卡启动自贸区的谈判，进一步加强亲密的合作，并在隔年达成积极共建 21 世纪海上丝绸之路的共识，这也与斯方 2009 年制定的"马欣达愿景"战略相对接。2015 年，阿富汗在安全形势严峻的情况下仍然坚持与中国建立战略伙伴关系，在充分发挥中阿经贸合作委员会机制作用的基础上，共同推进丝路的建设。同年，中国分别与尼泊尔、马来西亚和孟加拉达成共识，积极推进"一带一路"建设，在贸易往来频繁的基础上实现更多领域的合作。尼泊尔大力推进与中国合作，期望借助西藏这个平台加强与中国的贸易往来。中国和马尔代夫积极筹备自贸区的建立。而孟加拉国作为中国在南亚重要的合作伙伴之一，不仅参与孟中印缅经济走廊的建设，还是亚投行的创始国之一，中孟之间的合作随着"一带一路"倡议的提出迈向新的阶梯。虽然印度是"一带一路"沿线的重要国家，并且与中国同为制造业大国，但印方明确拒绝丝路建设的倡议。而不丹一直唯印度马首是瞻，同样没有明确表示支持"一带一路"。尽管如此，二者实际上都已经制定并实施了促进"一带一路"的政策。2015 年，中国和印度举办了中印地方合作论坛，签署了 45 项合作协议，涵盖航天航空、地震、核能利用、互联网等方面的合作，这也与印方"印度制造""数字印度"等战略对接。2017 年，中国和尼泊尔正式签订丝路的谅解备忘录。

三、南亚贸易的突出问题

"一带一路"倡议提出后的 5 年多时间内，与南亚的合作有了不错的成绩，但背靠两条经济走廊——孟中印缅经济走廊和中巴经济走廊，南亚目前整体建设情况仍然未达预期。其中，最关键的原因是印度方面的不配合。

中国和印度都是世界上重要的经济体，地理相邻，二者的关系影响着亚洲的局势。多年来，中印双方关系冷淡，直到近年来才有所好转，但是面临的问题依然存在。一方面，印度把中国看成利益冲突的假想敌。从 1962 年中印边境自卫反击战印方失败之后，印度就对中国产生敌意，并且通过国家教育的方式宣传和扩大这种敌意。之后，采用支持"藏独"势力、侵犯中国领土等策略防范中国。另一方面，印度对于中国和巴基斯坦一贯的友好相处模式产生猜疑，担心中国通过与南亚各国加强关系来干涉他国内政，减少这些国家对印度的依赖。

除了中印不稳定的关系之外，印度在亚洲地区霸权的野心也是其不配合的原因。一方面，印度发起了多项区域性合作倡议，试图维护自身在南亚的霸权地位。"季风计划"和"香料之路"就是典型的例子。前者主要是以印度为中心，促进环印度洋各个国家共同加强海上的贸易往来，后者主要是把印度视为香料来源的中心，推动亚洲、欧洲和非洲三大洲的经贸文化合作。此外，印度还曾经联合亚洲的陆地国家——不丹、孟加拉国和尼泊尔，共同建立新的经济上的一体化组织 BBIN，但因不丹的拒绝而失败。如此种种，可见印度对于控制南亚的野心。这种野心导致印方把中国的"一带一路"倡议对南亚国家带来的影响当作挑战，所以一直拒绝正式加入丝绸之路。另一方面，为了完成霸权的梦想，印度不惜接受对中国有敌意的西方国家的拉拢，试图削弱中国在亚太的影响。例如，印度充当美国"印太战略"的关键点，不断加强与美国、日本的合作，共同遏制中国发展。

印度的消极态度带来了丝路建设在南亚的停滞，其中影响最大的是孟中印缅经济走廊。走廊连接的国家中既有高度发展的中国和印度，也有贫穷的缅甸和孟加拉国。四国虽然已经于 2013 年展开会议，共同商讨该经济走廊的合作领域及机制等，走廊建设迈出了从理论到实际的重要一步，但是自从 2014 年 12 月经济走廊四国联合工作组第二次会议达成一致后，走廊的建设陷入了僵局，即使 2017 年重启合作会议，仍没有更大的进展，其中最主要的原因是印度。印方拒绝把此经济走廊列入"一带一路"体系，而是想将其当作独立的对象来合作。因此，四国的合作机制一直迟迟未能确定和实施。

四、对中国贸易的建议

（一）建立政治互信

南亚多国与中国存在领土纠纷，以印度为首的国家则是对中国极度不信任，视中国为对手。因此，中国需要采取相应措施打破不信任。首先，通过政府对话、区域经贸合作和民间组织互通往来三个层面来加深彼此的了解，增加政治互信。例如，通过投资教育、医疗等民生项目让南亚人民获利，鼓励更多人才前往中国学习与交流。其次，通过加快建设交通运输基础设施来推动中方与南亚地区的联通，为文明交流与贸易往来打下坚实基础。最后，作为伟大的"中国模式"的实践者，中方可以与南亚国家分享经济发展的经验与教训，以"授人以渔"的方式发展双边关系。

（二）因地制宜采用差异化策略

针对南亚各国与中国不同程度的关系，应采取不同的策略。其中，巴基斯坦与中国是"全天候战略合作伙伴关系"，在"一带一路"建设中与中方合作建成标志性的中巴经济走廊，大力推动巴基斯坦的经济发展。加上双方贸易极强的互补性，贸易额保持十多年的高速增长，以经济红利吸引其他观望的国家。此外，对于其他国家，例如资金严重缺乏的尼泊尔和不丹，中方可充分利用自身在基础设施建设方面的经验与优势，帮助其完善旅游设施以及水电设施的建设。

印度作为南亚大国，具有重要的战略地位，是"一带一路"在南亚实施的着力点和最大阻碍。首先，中国应当处理好与印度的关系，最大程度消除印方的不信任与敌意。在中印和巴基斯坦的多边关系里，中方应该保持中立，不轻易站队，而是促进两国的谈判。在中印与美国、日本的多边关系里，中方则要努力瓦解三方同盟，积极主动地推动中印关系的改善。另外，针对印度在面对"一带一路"倡议时的消极态度，中国可另辟蹊径，避免进行过多的宣传加重民众的不满，而是通过积极与印度开展多样化的贸易、文化、基础设施等方面的合作，等时机成熟再把这些合作并入"一带一路"合作体系。此外，中方也可以坚定地深化与亚洲其他国家的合作，例如优先重点建设中巴经济走廊，以优异的成绩吸引印方加入"一带一路"建设。

第七节 "一带一路"与中东欧

一、中国与中东欧五国的贸易现状

中东欧十六国由当年属于苏联控制范围的部分国家组成，包括波罗的海三国（立陶宛、拉脱维亚、爱沙尼亚）、波兰、捷克、斯洛伐克、匈牙利、斯洛文尼亚、克罗地亚、波黑、黑山、塞尔维亚、阿尔巴尼亚、罗马尼亚、保加利亚和马其顿。除了波黑、黑山、塞尔维亚、阿尔巴尼亚和马其顿外，其余国家都已加入欧盟。十六个国家总面积共134.3万平方公里，地处欧洲大陆的中部和东部，是中国借着丝绸之路进入欧洲的要点，地理位置绝佳。16个国家的经济发展模式和水平有差异。其中，波罗的海三国发展成熟的服务业，维谢格拉德集团（简称V4，包括匈牙利、波兰、捷克和斯洛伐克）皆为工业化程度高的国家，其余国家发展农业或其他低附加值的产业。另外，中东欧国家中，9个是高收入水平国家，剩下的7个是中等偏上收入国家。其中，人均GDP排名前三的国家依次是斯洛文尼亚、捷克和爱沙尼亚，具体分别为23 654美元、20 152美元和19 840美元；排名倒数前三的国家依次是阿尔巴尼亚、波黑和马其顿，具体分别是4 583美元、5 149美元和5 474美元。

表 3-14 2017年中东欧各国的人均GDP

（单位：美元）

国家	斯洛文尼亚	捷克	爱沙尼亚	斯洛伐克	立陶宛	拉脱维亚
人均GDP	23 654	20 152	19 840	17 664	16 730	15 547
国家	匈牙利	波兰	克罗地亚	罗马尼亚	保加利亚	黑山
人均GDP	15 531	13 823	13 138	10 757	8 064	7 649
国家	塞尔维亚	马其顿	波黑	阿尔巴尼亚		
人均GDP	5 899	5 474	5 149	4 583		

数据来源：国家统计局。

（一）中国与中东欧贸易的发展史

20世纪80年代末，中国和波兰等中东欧国家的进出口贸易频繁。但随后的苏联解体和各国经济体制的改革使得中东欧陷入经济困境，贸易额一度不断下降。21世纪之后，中东欧国家的经济重建与复苏取得初步进展，推动与包括中国在内的其他国家贸易的迅速发展。2004 年，随着欧盟扩张，那些加入欧盟的中东欧国家把贸易的重点放在合作机制更完善、政策更为优惠的欧洲，导致和中方的贸易往来增速缓慢。2008 年的金融危机给欧洲造成严重打击，一体化松散。而十六国之间经济的差距促使它们寻求欧洲市场外更深入的合作契机。此时，中国一直推行"走出去"战略发展，双方又重新确立了更多亲密的贸易关系。贸易反而逆行增长。2011 年，中国—中东欧国家经贸论坛建立。2012 年，在中国倡导下，中东欧十六国同中国建立了"16 + 1"的整体合作外交，促进二者全面战略合作关系的形成。

（二）中国与中东欧代表国家贸易的商品结构特征

据中国海关统计，2017 年中国同中东欧十六国的贸易额接近 680 亿美元，比 2016 年增长了 15.9%。其中，中国对中东欧的出口额为 494.9 亿美元，涨幅为 13.1%；进口额为 184.9 亿美元，涨幅为 24%。其中，由匈牙利、波兰、捷克和斯洛伐克组成的 V4 是中国在中东欧最大的伙伴。2017 年，V4 对中国的贸易总额占中东欧地区的比例超过 70%，约为 491.9 亿美元。16 个国家中，波兰以 212.3 亿美元的贸易额继续保持中国第一贸易对象的地位，第二到第五依次为捷克、匈牙利、斯洛伐克、罗马尼亚。此外，最小的贸易伙伴是波黑，据国家统计局的数据，2017 年中波双边贸易额仅为 1.36 亿美元。

表 3 - 15　2014—2017 年中国对捷克、斯洛伐克、波兰和匈牙利的贸易额

（单位：亿美元）

国家	2014 年	2015 年	2016 年	2017 年	合计
捷克	110	110	110	125	455
斯洛伐克	62.1	50.3	52.7	53.2	218.3
波兰	171.93	170.9	176.3	212.3	731.43
匈牙利	90.2	80.7	88.9	101.4	361.2

数据来源：中国海关。

中国是波兰贸易逆差的首要来源国和第二大进口伙伴。根据欧盟统计局的数据，2017 年贸易逆差达到 161.3 亿美元，涨幅约为 18%。中国同波兰的进出口总额约为 208 亿美元，增幅约为 19.1%。其中，出口至波兰的总额为 184.6 亿美元，主要产品为占了 69%出口额的三大类产品——机电产品、家具类制品和纺织品类，具体分别是 93.3 亿美元、19.3 亿美元和 16.3 亿美元。此外，家具类制品增长率高达 42%。自波兰进口的总额为 23.3 亿美元，同比增速为 22.7%，主要产品为占了 65%进口额的三大类产品——贱金属、机电产品和塑料橡胶，具体分别是 7.3 亿美元、6.2 亿美元和 1.8 亿美元，增长率分别为

50%、7% 和 10%。此外，光学等设备类的涨幅高达 111.0%。尽管波兰对中国的出口增长率不低，但是自中国的进口额基数大，增长率近似。因此，贸易逆差进一步扩大。

中国是捷克的第三大进口来源国。根据欧盟统计局的数据，2017 年中国同捷克的进出口总额为 143 亿美元，比 2016 年增加了 12%。其中，出口至捷克的总额为 118.9 亿美元。出口产品主要是占了 78% 出口额的机电产品，具体是 93 亿美元。第二大出口产品是贱金属及制品，为 5 亿美元，同比增加 4%。中国自捷克进口的总额为 24 亿美元，同比增速为 26%。进口产品主要是占了 53% 进口额的机电产品，具体是 13 亿美元，相较去年增长了 31%。进口额第二和第三大类的产品分别是运输设备和光学等设备，具体分别为 2.4 亿美元和 1.8 亿美元，增幅分别达 1.2% 和 13.1%。

中国是匈牙利贸易逆差的首要来源国和第二大进口对象。根据欧盟统计局的数据，2017 年贸易逆差达到 45.3 亿美元，同比增长 4.9%。中国同匈牙利的进出口总额为 80.9 亿美元，比 2016 年增加了 10%。其中，出口至匈牙利的总额为 63.1 亿美元。作为匈牙利机电产品的第二大进口国，中国出口到匈牙利的主要产品就是占了 74% 出口额的机电产品，具体是 46.9 亿美元。其中，电机产品和机械产品的出口额分别是 32.6 亿美元和 14.4 亿美元，增长率分别是 -1.5% 和 13.4%。自匈牙利进口的总额为 17.8 亿美元，同比增速为 22.7%。进口产品主要为占了 56% 进口额的机电产品，具体是 10.1 亿美元，其中电机产品和机械产品的进口额分别是 5.8 亿美元和 4.3 亿美元。进口额第二和第三大类的产品分别是光学等设备和运输设备，具体分别为 2.0 亿美元和 1.3 亿美元，增长幅度分别达 15.0% 和 43.5%，占自匈方进口总额的 11.5% 和 7.3%。伴随着出口额上升 0.1% 和进口额下降 0.3%，2017 年匈牙利对中国的贸易逆差增加了 4.9%。

根据欧盟统计局的数据，2017 年中国同斯洛伐克的双边贸易总额为 48.5 亿美元，比 2016 年增加了 3.4%。其中，出口至斯洛伐克的总额为 34.8 亿美元，涨幅仅为 0.2%。出口产品主要是占了 67% 出口额的机电产品，具体是 23.4 亿美元。第二大出口产品是光学等设备，为 3.1 亿美元，大幅下降 51%。中国自斯洛伐克进口的总额为 13.7 亿美元，同比增速为 3.4%。占了 90% 进口额的两大类产品是运输设备和机电产品，具体分别为 9.8 亿美元和 2.5 亿美元，相较去年增长了 5.4% 和 22.4%。另外，其他进口产品中跌幅最大的为塑料橡胶类，大幅下降了 33%。

二、"一带一路"与中东欧

中东欧包含的 16 个国家都是丝路的沿线国，它们积极参与丝绸之路的建设。2014 年 12 月它们提出把 "16+1" 合作同 "一带一路" 倡议结合。此外，2010 年匈牙利政府上台后提出的 "向东开放" 战略也与 "一带一路" 对接，二者构思一致。从 2015 年到 2017 年的两年时间里，中东欧十六国分别同中国签订有关 "一带一路" 的谅解备忘录，共同推进全方面、多层次的合作。例如，由中方主修波黑斯坦纳里火电站、贝尔格莱德跨多瑙河大桥、匈塞铁路、中欧快线等工程，涉及基础设施、产能、交通枢纽等多方面。2017 年，丝路计划一大显著象征是中欧列车当年总开行列数超过 3 800 列，是 2011 年建成的首列由中国通往欧洲的列车运行 6 年的总和。交通枢纽的便捷促进了双方贸易的迅速流通。此外，中方还主动倡议 100 亿美元专项贷款、"16 + 1"投资合作基金、"16 + 1"金融公司等多种融资方式解决双方的资金融通问题。

三、中东欧贸易的突出问题

（一）欧盟的猜疑和阻挠

中东欧国家在加入欧盟后发现未能获得预期的高水平发展，于是转向中国市场，引起欧盟的不满。一是中东欧国家作为整体与中国合作，会削弱欧盟的政治经济一体化与向心力，欧盟担心被分化和权力被架空。二是欧盟警惕中国的区域合作动机不纯。一些学者甚至提出中国是在趁机收买某些国家的观点，认为中国试图通过贸易合作加大对中东欧国家的影响力，进而为欧盟通过对中国不友好的法案增加阻力。三是欧盟担心中国在欧洲的影响力扩大，与欧盟——16 国原本最大的贸易对象产生利益冲突。综上所述，欧盟对中国的质疑日积月累，非短时间内可以消除，并且会采取行动阻碍中国和中东欧的交流往来。例如，2017 年，欧盟委员会对在"一带一路"中发挥直入欧洲中心作用的"匈塞铁路"进行了全方位调查。虽未对项目产生实质阻碍，但是可见欧盟的刻意针对。

（二）中东欧一体的局限性

中东欧十六国因为历史、文化和国家发展水平存在巨大的差异，所以拥有各自的政策导向和经济发展模式。这些国家因为各自的利益需求，早已经三三两两形成区域性组织，形成不同的优先考虑，例如 V4 与中国的合作倾向于吸引资金投入，实现对中国的贸易顺差，而不关注贷款援助。因此，多元化主体缺乏一致的战略需求导致难以作为统一的整体行动，只能尽量在协调的基础上推进与中国的合作，但是在未来势必会对两个地区的进一步合作产生阻碍。

四、对中国贸易的建议

（一）加强双方的文化交流与信任

目前中东欧的主要贸易伙伴还是欧盟国家，其中一大重要原因便是中东欧国家对"一带一路"倡议的误解。在西方某些势力的刻意渲染下，"一带一路"倡议被错误地当作是中国对欧盟的政治打击，严重影响了中国与中东欧国家贸易的深入往来。因此，亟须通过双方之间的一系列文明交流来增加对"一带一路"的客观了解，建立信任。主要的措施既包括通过积极开展学术往来活动加强人才的交流，也包括通过文化节、国际电影节等媒体渠道来促进彼此的文化交流，使得东欧国家了解到中国发起"一带一路"倡议的本质是为了实现与沿线区域国家的共同发展，用实际行动应对质疑，为未来两个区域更多的贸易合作注入强心剂。

（二）建立多样化的合作机制

"一带一路"在中东欧国家的施行减少了其面对美国和欧洲一系列问题时的影响，增加与以中国为首的贸易伙伴的贸易需求。首先，双方应在立足于原有"16＋1"合作机制的基础上，根据不同国家的比较优势建立不同的经贸合作平台，加紧建立合作论坛、自由贸易区等多种形式的贸易合作机制，扩宽合作模式。其次，虽然中国和中东欧国家之间的合作正处于伊始阶段，但中方可选择匈牙利、波兰等与中方关系密切的国家作为示范，深化彼此之间的贸易合作关系、扩大合作规模。在与这些国家友好合作的带动下，更有利于发展与其他观望国家的合作关系。

（三）贸易战略有重点、差异化

首先，由于中东欧国家的文化、民族、宗教与经济的发展息息相关，制定政策时要充分进行考察。其次，推动不同贸易优势的产业发展时不可采取完全一致的贸易政策，而应通过双方充分的沟通与交流发现各自的需求，从而确定贸易合作的侧重点。但是，也必须避免过于重视某个国家导致地区贸易的严重不平衡。最后，两国的贸易往来要遵循"取长补短"的原则，重点发展"一带一路"建设中的重点产业、产品。目前中国和中东欧地区的贸易以中方出口机械设备、中东欧国家出口农产品的模式为主。针对这一情况，双方应当以更长远的目光为彼此的贸易合作制定更能持久发展的战略。例如，中方可以通过出口专门的设备协助中东欧国家更好地运输农副食品出口，提高供应水平，也可以利用自身基础设施建设的优势助力中东欧国家的建设。

第八节 "一带一路"与其他重要国家或者地区

一、中蒙俄经济走廊

(一) 中国与蒙、俄的贸易现状

中国、俄罗斯和蒙古国一衣带水,三者连接着北亚和欧洲。三个国家在经济发展水平与文化等方面存在着无法忽视的差异。其中,俄罗斯和蒙古国经济结构单一,石油和天然气等自然资源丰富,不注重轻工业。前者的经济中心在重工业,主要发展军工业和原料;后者依赖技术传统的畜牧业和采矿业。2017 年,俄罗斯人均 GDP 为 1.07 万美元,被列为中等偏上收入国家;蒙古国人均 GDP 为 3 779 美元,被列为中等偏下收入国家。

中国和俄罗斯、蒙古国两国从冷战结束后就保持良好的合作关系,三方共同促成并参与区域内的多样化合作,例如上海合作组织。其中,由于经济互补性强,蒙古国和中国的贸易往来一直稳步上升,双边贸易额由 2000 年的 3.2 亿美元提高到了 2017 年的 66.8 亿美元,增长了近 20 倍。蒙古国对中国外贸强烈的依赖度曾超 60%。俄罗斯和中国的贸易情况则一直与两国变化的关系相关。苏联解体,俄罗斯成立后,中俄两国贸易往来复苏。特别是 2001 年两国共同签署了《中俄睦邻友好合作条约》。该条约为中俄的贸易提供良好的环境,被视为新的开始。此后,中俄进出口贸易额一直持续增长,中国于 2010 年一举成为俄罗斯第一大贸易伙伴。贸易额也由 2000 年的 80 亿美元提高到 2017 年的 869.6 亿美元,增长了近 10 倍。这也体现了中俄两国战略合作关系的稳定。

中国一直是蒙古国最大的贸易伙伴和出口市场。据蒙古国海关统计,2017 年中国同蒙古国的进出口总额为 67.35 亿美元,同比涨幅为 35.8%,贸易逆差为 38.79 亿美元。其中,出口至蒙古国的总额为 14.28 亿美元,同比涨幅为 34.6%。出口产品包括汽柴油、食品、机械设备。自蒙古国的进口额为 53.07 亿美元,同比涨幅为 36%。进口的产品多为原料产品和农产品,其中进口额最大的两类产品是矿产品、动物毛皮原料及其制成品。

中国连续八年都是俄罗斯最大的贸易伙伴、进口来源国以及出口市场。2017 年中国同俄罗斯的进出口总额为 869.6 亿美元,同比涨幅为 32%,对外贸易占比为 63.6%。贸易顺差达到 91.2 亿美元,降幅为 10%。其中,出口至俄罗斯的总额为 480.4 亿美元,同比涨幅为 26%。出口额前三类产品为机电产品、纺织品和贱金属及制品,具体分别是 254.5 亿美元、35.7 亿美元和 34.1 亿美元,同比增长速度分别是 26%、17% 和 33%,出口占比分别是 33%、5% 和 7%。另外,出口产品中皮制品增长速度最大,约为 45%。自俄罗斯的进口额为 389.2 亿美元，同比涨幅为 39%。进口额前三类产品为矿产品、木及制品和机电产品，具体分别是 263.9 亿美元、32.7 亿美元和 21.9 亿美元，同比增长速度分别是 41.1%、25.9%和 58.1%，进口占比分别为 70.5%、8.7%和 5.9%。另外，进口产品中贱金属及其制品增长速度最大，进口额约为 2016 年的 2 倍；纺织品及原料的降幅最大，为 22.9%。

（二）"一带一路"与中蒙俄经济走廊

2014 年，习近平主席在中国、俄罗斯、蒙古国三国元首会晤时首次提出要建设中国—俄罗斯—蒙古国经济走廊。借此"一带一路"框架下的经济走廊将与俄罗斯的"欧亚经济联盟"战略和蒙古国的"草原之路"战略相对接。2016 年，三国正式签订《建设中蒙俄经济走廊规划纲要》。纲要主要提出通过解决跨国之间的交通问题，从公路、铁路、海路和空路的相互连通，实现贸易的畅通，带动区域的协调发展，加强"一带一路"倡议的深化。近几年世界原油、原料价格大幅下降，导致以资源出口为支柱产业的俄罗斯和蒙古国深受其影响。同时，蒙古国需要外国投资来帮助其基础设施的建设和发展制造业等，从而推动经济发展和转型，俄罗斯在西方经济制裁下也需要发展新的经济增长点。而中国经济相较于俄罗斯、蒙古国两国有明显的轻工业发展优势，又愿意对他国的基础设施建设提供经验帮助。加上中方目前仍对能源和原料需求旺盛，三国的互有需求和供给，通过中蒙俄经济走廊可以得到均衡。

（三）中蒙俄经济走廊突出问题

1. 政治层面的变动

首先是俄罗斯对中国崛起的猜疑。由于俄对其远东地区即将沦为中国殖民地谣言的轻信，其采取了一些严格且烦琐的措施限制中国公民出入俄罗斯。例如，推行针对中国公民的签证制度，要求其进入远东地区需要出入境管理局的批准。其次是区域外国家的介入。蒙古国地处中、俄两国之间，其独特的地理位置促使美国与之深入交往，蒙古国也将其当作"第三邻国"。乌克兰冲突发生后，加剧了俄罗斯与美国的严重矛盾，同时也影响了中、美、俄不稳定的关系。随着中美、美俄之间战略博弈的继续加深，美国对蒙古国的影响会持续加强。大国之间利益的博弈为经济走廊的建设增添了不稳定的因素。

2. 贸易结构的过于单一

中、俄、蒙三方的贸易以资源和能源为主，比较单一。对于蒙古国来说，其出口的产品 90% 去往中国，但大多为矿产品和农产品。而两国由于经济的巨大差异和蒙方不健全的市场也只能使贸易合作局限于这种形式。俄罗斯则是不满足当下单一的贸易方式，试图加强与同样需要资源的日本和韩国的合作。而日韩两国也因为更强的技术，能够为俄方提供某些方面的优势合作。例如，日本对石油的加工深度超过 80%，远高于中国能达到的水平。贸易的不平衡和选择的多元化会影响三国的深入合作。

3. 三国各方面的巨大差异

一方面是各种法律和制度方面的差异。由于各国国情与规则制定的多样化，合作缺乏统一的标准，例如，铁路轨距方面，俄方和中方的道宽轨标准分别是 1 520 毫米和 1 435 毫米。标准的差异导致从中国途经蒙古国再到俄罗斯的列车必须要经过变装。这个问题直到2014 年才得以解决。此外，三国在关税、法律、技术标准、进出口管理等方面也存在广泛的差异。不一致的标准不仅增加各种成本，而且拉低了贸易的效率。另一方面，经济走廊缺少基础设施。铁路、油气管道的建设是实现三方合作的基础。然而由于以前的基础设施不完全，新建的大型基建项目需要较长周期以及巨大的投入，难以在短时间内建设完毕，目前已有的也超负荷运行，无法满足需求。基础设施建设面临资金、技术等挑战，将影响经济走廊的建设。

（四）对中国贸易的建议

中蒙俄经济走廊虽然总体发展潜力良好，但面临诸多问题。因此，三国应做到彼此相互信任，提高彼此的各种"互通"。一方面，要加快步伐实现运输设施的"互通"。中、蒙与俄的贸易通道路况复杂、地理距离特别远，所以加紧打通联结三国的天然气等运输管道、帮助完善蒙古国基础设施、便利化贸易通关体制势在必行。只有硬件设施到位，边境贸易方可快速发展。另一方面，要巧妙地实现民心的"互通"。由于三个国家文化相差较多，政府应当采取措施促进更多的理解与尊重，例如举办与"一带一路"相关的合作论坛、为俄罗斯与蒙古国来中国留学的优秀青年学子提供资金支持，促进国家、大学或者社会各群体的交流。

二、乌克兰与白俄罗斯

中国是乌克兰的第二大进口来源地。2017 年中国同乌克兰的进出口总额为 76.3 亿美元，同比涨幅为 17.7%，贸易顺差为 36.5 亿美元。其中，出口至乌克兰的总额为 56.4 亿美元，同比涨幅为 20.7%。出口额最大的产品是占了 46% 的机电产品，为 25.7 亿美元，涨幅为 31%。第二和第三大出口额的产品是贱金属及制品和化工产品，具体分别是 5.7 亿美元和 5 亿美元，同比增长速度分别是 20% 和 13%，出口占比分别是 10% 和 9%。另外，出口产品中运输设备增长速度最大，约为 44%；轻工业产品的降幅最大，为 11%。自乌克兰的进口额为 19.9 亿美元，同比涨幅为 9.9%。进口额前三类产品为矿产品、动植物油脂和植物产品，具体分别是 6.9 亿美元、5.1 亿美元和 4.8 亿美元，同比增长速度分别是8%、3% 和 3%，进口占比分别是 35%、26% 和 24%。另外，进口产品中动物产品增长速度最大，进口额约为 2016 年的 4.4 倍；贱金属及制品的降幅最大，为 37%。

　　自 1992 年中国和白俄罗斯建交后，两国不断推行各领域的合作，开始了贸易往来。起初几年贸易发展速度缓慢，但 2002 年后，双边贸易额进入了不断稳步增长的新时期。2013 年，两国建立了全面战略伙伴关系。中国是白俄罗斯第三大贸易伙伴。2016 年中国同白俄罗斯的进出口总额为 15.3 亿美元，同比降幅为 13%，主要原因是进口额的下降。双边贸易产品品种不断丰富，技术密集型产品和机电产品所占比重稳步提高。其中，出口至白俄罗斯的总额为 10.9 亿美元，同比涨幅达到 47%，主要产品是机械器具、电机电器、铁路设备等。自白俄罗斯的进口额为 4.4 亿美元，同比跌幅达到 58%，主要产品是化肥、塑料、车辆等。

　　白俄罗斯是最早表达愿意加入"一带一路"框架的国家之一。2010 年，中国和白俄罗斯共同签订关于中国—白俄罗斯工业园区的合作协议。2015 年，习近平主席提出重点建设中白工业园，将其放在"一带一路"框架之下，对接两国的战略。2017 年，中白工业园已经初具规模，成为"一带一路"的标志性项目。2018 年，中白共同签订了加快促进"一带一路"建设的措施清单，这也是两国进行切实合作的第一份路线图。

三、韩国

　　中国是韩国最大的贸易伙伴。2017 年中国同韩国的进出口总额为 2 399.8 亿美元，同比涨幅为 14%，贸易顺差为 442.6 亿美元。其中，出口至韩国的总额为 978.6 亿美元，同比涨幅为 13%。出口额最大的产品是占了 47% 的机电产品，为 457 亿美元，涨幅为 14.7%。第二和第三大出口额的产品是贱金属及制品和化工产品，具体分别是 129.6 亿美元和 88.6 亿美元，同比增长速度分别是 9% 和 30%，出口占比分别是 13% 和 9%。自韩国的进口额为 1 421.2 亿美元，同比涨幅为 14%。进口额前三类产品为机电产品、化工产品和光学医疗设备，具体分别是 738.4 亿美元、193.4 亿美元和 145.4 亿美元，同比增长速度分别是增长 25%、22% 和 -13%，进口占比分别是 52%、14% 和 10%。另外，进口产品中矿产品增长速度最大，为 40%；运输设备的降幅最大，为 34%。

　　韩国虽然不是丝绸之路的沿线国家，但是一直关注并表达其愿意参与"一带一路"建设的决心。首先，韩国积极参与有关丝绸之路建设的机制，例如 2015 年作为创始国成员加入亚投行。此外，韩方主动建立与丝绸之路接轨的多样化机制，例如 2017 年，中韩两国联合在韩国设立与联合国合作的"丝合组织"，旨在处理"一带一路"贸易合作的相关事宜。其次，2013 年韩国的"欧亚倡议"也与丝路的建设对接。二者以核心、理念、目的的契合为对接打下基础。2015 年，中韩两国联合签订"一带一路"合作备忘录，共同推进包括投资贸易畅通在内的"五通"。2017 年，新上任的文在寅总统制定了"新北方政策"，与"一带一路"对接。

中韩两国虽然目前贸易发展前景良好，但仍然存在诸多问题。一方面是中韩关系的不稳定性。例如，韩国对美国有严重的军事依赖，于是在 2016 年不顾中国和俄罗斯的反对，坚持部署美方萨德系统，导致中韩两国关系的严重恶化。对此，中国进行了反击，实施"禁韩令"——中国赴韩游客的增长速度一路放缓，最后变为负。直到 2017 年中韩关系缓和后才首次恢复增长。两个国家之间不稳定的关系必然会影响经济贸易的合作往来。另一方面，中国长期对韩国的贸易逆差也是严峻的问题。韩国一贯的民族主义和保护主义倾向严重，官方积极发展出口，忽视进口。中国一直在争取将生产的物美价廉的产品出口至韩国对应的市场，然而面临诸多阻碍。韩方为了狭隘地保护本国市场，采取关税、反倾销等各种贸易壁垒，或者是对中国的产品实施严格的管理许可政策。

中国和韩国应该在立足现有合作机制的基础上，进一步加深"一带一路"体系内的多层次合作，实现合作水平的进一步飞跃。首先，要突破目前贸易往来重点的传统制造业领域，开拓更宽广的合作领域，例如新兴产业。其次，双方应当加强"一带一路"框架下与其他国家或者地区的合作，发挥带头作用。例如中国早已与东盟形成共同体，而韩国也于 2017 年发起"韩国—东盟未来共同体"倡议。中韩两国通过同时在"一带一路"建设的重点区域——东盟发力，势必会推动"一带一路"更快取得更高的成就。最后，中韩两国对不同的战略对接应该专门建立特定的双边合作机制，共同分析问题，分享研究成果。

第四章　中国的对外援助

　　新中国成立后，对外援助一直是中国外交战略的重要组成部分，也是促进中国与其他发展中国家建立友好合作关系的重要渠道。对外援助通过增加出口直接促进了经济增长，将援助受援国与推进经贸往来相结合，以援助的形式促进了双方贸易的发展。这种"互惠互利、注重实效"的援助方式得到了受援国政府和当地人民的赞扬和支持。中国政府高度重视对外援助工作，在《中华人民共和国国民经济和社会发展第十三个五年规划纲要》（简称"十三五"规划）里明确提出要加大我国对外援助规模，提升援助方式，在教育、医疗卫生、人力资源、人道主义援助等领域为受援国提供更多援助。这为中国在"十三五"规划期间如何将援助和经济发展相结合指明了工作方向和重点。

　　长期以来，国内外学者主要偏向于研究西方发达国家对发展中国家的援助及其对国际贸易所产生的影响，而关于中国的对外援助给自身贸易所带来的影响的研究则相对较少。另外，国际上一些政客和媒体对于中国对外援助的动因持怀疑态度。鉴于此，本章对中国对外援助的历程及方式进行了简单梳理，阐述中国对外援助的规模、领域和地区分布，进一步探讨对外援助和我国出口的内在作用机制。同时，本章还重点介绍中非援助案例，阐述中国对非援助现状和中非贸易现状，在此基础上着重分析了中国对非援助对中国自身出口的影响，并提出了相应的政策建议。这对于中国如何更好地利用对外援助来促进双边经贸发展与合作，以及针对发达国家对中国对外援助的负面评论进行了有力辩驳，具有重要的理论和现实意义。

第一节　对外援助概述

一、对外援助含义

　　由于不同国家或国际组织在对外援助的动机、内容以及形式等方面存在多样性和差异性，有关"对外援助"的概念尚未有一个统一的定义。目前，联合国等国际组织及其成员国倾向于采用经济合作与发展组织（简称经合组织或 OECD）下属的发展援助委员会（简称 DAC）提出的官方发展援助的定义。DAC 是由西方发达国家设立制定的协调对外援助政策的机构，其成员国所提供的对外援助占全球对外援助总额的 90% 以上，因此被称为"援助国俱乐部"。DAC 提供官方发展援助的目的是帮助受援国提高其经济发展水平和福利水平。官方发展援助资金不仅包括向受援国或多边机构提供的赠款，还包括赠予成分不低于 25% 的优惠贷款。

由于援助理念、援助方式和统计口径（见表 4－1）等方面的差异，我国政府并未采纳关于 DAC 提出的对外援助定义，我国的统计口径与 DAC 的不同，也没有向 DAC 汇报援助数据。国务院分别于 2011 年和 2014 年发表了白皮书《中国的对外援助》。两份白皮书都是中国目前对外披露关于我国对外援助现状和政策的官方统计资料，均未提及我国对外援助的定义以及统计口径，但对我国对外援助政策的基本内容以及宗旨有详细的阐述。我国对外援助政策的基本内容可概括为"五个坚持"：坚持帮助受援国提高自主发展能力，坚持不附带任何政治条件，坚持平等互利、共同发展，坚持量力而行、尽力而为，坚持与时俱进、改革创新。此外，帮助受援国增强自主发展能力，切实改善当地民生，促进受援国经济和社会进步是我国对外援助的宗旨。

表 4－1   中国与 DAC 有关援助定义的差异

中国包括但是 DAC 不包括的部分	DAC 包括但是中国不包括的部分
优惠贷款的利息补贴	优惠贷款全额
军事援助	债务减免
对合资企业及合作项目的补贴贷款	政府奖学金

数据来源：作者根据相关资料整理获得。

因此，结合国内相关学者的研究以及我国对外援助的发展现状，本研究将我国的对外援助定义为：为帮助受援国增强其自主发展能力，促进互利共赢，我国向受援国以及多边机构和组织以无偿援助、无息贷款和优惠贷款等多种方式提供物资、人员、技术和设施。尽管 DAC 统计口径与中国的不一致，本研究仍然将 DAC 的相关统计指标与我国的统计指标进行对比，仅作为趋势分析。

二、对外援助历史进程

自新中国成立以来，中国除了承担自身发展建设的重任外，还通过对外援助的方式帮助其他发展中国家发展建设。对外援助是中国外交战略的重要组成部分，而中国的外交政策又与其所处的国际环境息息相关。因此，研究中国的对外援助历史进程需结合不同时期的国际环境和外交政策进行分析，以便更加全面、细致地了解中国对外援助相关措施的背景、目的和意义。中国开展对外援助工作自 1950 年开始，持续至今已有 60 余年，概括来讲，根据历史发展的不同特点可将中国对外援助分为以下五个阶段：起步、发展、高峰、改革和深化。

（一）起步阶段（1950—1963 年）

1. 对外援助背景

新中国成立后，美国主张对中国实施政治封锁、经济孤立的外交政策。中国共产党根据现实情况提出了向以苏联为首的社会主义阵营靠拢的外交策略，这也就决定了中国对外援助的对象首先是社会主义国家。此外，作为刚刚摆脱了殖民统治的国家，中国在获得民族独立后，选择支持和团结其他被压迫民族。因为作为经济落后的国家，中国对于构建公正合理的世界政治、经济秩序的诉求与其他广大发展中国家是一致的，因此帮助其他发展中国家，也等于是改善自己的外部条件。简而言之，为保卫国家安全，打开外交局面，改善自身在国际社会的处境，中国首先努力同社会主义国家建立友好关系，支持各国共产党领导的民族解放运动，以此抗击以美国为首的新、老殖民主义国家，巩固人民政权和壮大社会主义阵营。

2. 对外援助实施情况

中国对外援助是从帮助周边友好国家开始逐步扩展的，这也是为稳定周边外交环境，为国内经济建设提供外部安全的一大举措。1950 年，中国向朝鲜和越南提供以军事援助为主的对外援助，拉开了中国对外援助的序幕。随着 1955 年万隆亚非会议的召开，中国对柬埔寨、尼泊尔、也门等亚洲国家也提供了相应援助。

从万隆亚非会议闭幕到 1963 年底，与中国建立外交关系的国家增加了 20 个。这些国家除了古巴外都是亚非国家。随着中国对外关系的发展，中国对外援助的范围从周边社会主义国家逐渐扩展到了其他地区的社会主义国家和亚非国家。特别是，万隆亚非会议后中国开始向非洲国家提供援助。中国援助遭遇"苏伊士运河危机"的埃及，开启了中国援助非洲民族主义国家的篇章。几内亚、阿尔及利亚也是这一时期中国援非的重点对象。特别是在 20 世纪 50、60 年代亚非拉民族解放运动的高潮时期，中国向 21 个正在争取和维护民族独立的国家提供了援助。1963 年以后，中国重点援助对象由亚洲国家向非洲和中东国家转变。

这段时期，中国的对外援助方针政策和管理体制初步形成。援外支出总额达 48.91 亿元，占当时中国国民生产总值的 0.37%。总的来说，尽管新中国在成立之初国力薄弱，物力、财力比较匮乏，大规模援朝和援越已经让国家承受很大的财政压力，使得这一时期中国对亚非民族主义国家的援助力度相对有限，但是中国仍然克服自身经济建设困难，为支持其他发展中国家争取民族独立和其后续经济发展提供了力所能及的帮助，为中国与其他广大发展中国家建立长期友好合作关系奠定了坚实基础。

（二）发展阶段（1964—1970 年）

1. 对外援助背景

20 世纪 60 年代，中国的外交事业处于一个特殊的时期。中国和苏联在国家利益、外交战略、意识形态等方面的差异，导致苏联单方面停止了对中国的外部援助，直接导致中苏关系破裂。中国不得不因此而调整外交战略，在坚持反美外交战略的同时，又奉行反苏的外交手段。中国对外援助的另一重点地区非洲彼时轰轰烈烈地开展了民族独立运动。仅 1960 年一年非洲就有 17 个国家宣布独立，这一年也被称为"非洲独立年"。伴随着亚非民族独立运动进入高潮阶段，新独立的民族国家的斗争中心开始由争取民族独立斗争向维护民族独立和发展国内经济转变。为了缓解在外交上面临的孤立无援局面，中国将突破口放在了亚非拉新兴的民族主义国家身上，把发展同亚非拉民族主义国家的关系作为外交重点。

2. 对外援助实施情况

首先，从援助数量来看，中国援助国家的数量从 1963 年的 21 国迅速扩展到 1970 年的 32 国。其中，中国对越南、柬埔寨、老挝、巴基斯坦、阿尔巴尼亚和南部非洲国家的援助最具典型意义。其次，从援助方式来看，中国提供的援助包括经济援助和军事援助。在物资、现汇、成套项目和技术援助四种经援方式中，成套项目援助有了较大发展。这一时期中国共帮助 20 个国家建成了 313 个项目，比第一阶段增加了 116%，经济援助支出比前 14 年增加了 210%。最后，从援助规模来看，这一阶段的援外支出总额为 137.49 亿元，占 GNP 的 1.08%。中国对其他发展中国家的援助呈现范围广、数量大的特点。

在对第三世界国家进行大规模对外援助的同时，周恩来总理于 1964 年正式提出了中国对外援助的具体原则——对外援助八项原则，用于具体指导中国的对外援助工作。第一项原则概括为：中国所进行的对外援助是平等互利的，援助是援受双方相互进行的。第六项原则概括为：中国政府根据合理的价格，提供自己所能生产的质量最好的设备和物资。以上两项原则主要强调援助和经贸之间的联系。笔者认为，首先，援助并非中国单方面赠予。中国在向受援国提供对外援助时，不能单方面地强调中国的义务，而是争取使援助给援受双方都带来好处，强调互惠互利。其次，中国援助的方式是以公正合理的价格向受援国提供有品质保证的物资，这就体现了互惠互利的援助特点，既能够给受援国提供经济建设所需要的物质基础，也能为援助国的出口贸易发展提供更广大的市场空间，以此增强双方经贸联系与合作。中国对外援助的八项原则使我们对外经济援助的原则理论化、系统化、方针化。

（三）高峰阶段（1971—1978 年）

1. 对外援助背景

20 世纪 70 年代，国际形势发生显著变化，美苏争霸呈现苏攻美守局面。中苏关系继续维持紧张态势，苏联单方面在中苏边界增加大量兵力，故意挑起中苏武装冲突，威胁到中国边境国土安全。为此，在外交上，中国执行了一条"以苏划线"的政策，对外受援对象也呈现出"以苏划线"的特点。意思是，中国一方面援助受到苏联侵略的国家，另一方面还援助与苏联政见相左的民族解放组织，例如某个组织接受了苏联的援助，中国则向另一方提供援助。

2. 对外援助实施情况

我国的对外援助不仅是我国单方面义务的履行，而且还对我国外交、经济方面起到积极作用。1971 年，联合国恢复了中国在联合国及其安理会的一切合法权利。发起提案的 23 个国家中，除了南斯拉夫没有直接接受过中国的援助外，另外 22 个国家都是中国的受援国。其中阿尔巴尼亚、阿尔及利亚等国更是中国的重点援助对象。这就是我国受到广大发展中国家的回馈和帮助的典型例证。中国争取到了联合国的合法席位，国际地位大大提高，其他发展中国家向中国提出的援助需求也日益增多。在这一情况下，中国对外援助规模急剧扩大，援助范围遍及世界五大洲。

1971—1978 年，中国的受援国数量由原来的 32 个增加到了 68 个，比前一阶段增加了一倍多。受援国数量的大量增加使中国对外援助的数量和规模呈现爆发式增长。中国共向 68 个受援国提供价值为 296.6 亿元的援助，占国民总收入（简称 GNI）的 1.28%。其中仅 1971—1975 年的对外援助支出就占八年总支出的 48%，占同期国家财政支出的 5.88%，1973 年一年对外援助支出占财政支出的比例创下历史最高纪录，高达 6.92%。时至今日，中国对外援助支出占财政支出的比例始终低于 6.92%。日渐扩大的对外援助规模给经济并不发达的中国带来了沉重压力，严重影响了中国国内的经济和社会建设。中国援外规模超出了其在社会主义初级阶段的承受能力，国家对外援助已是力不从心，改革是必然趋势。中国在 1949—1978 年的对外援助工作一方面积累了丰富的经验，另一方面也收获了惨痛的教训，这一切成为中国日后调整对外援助工作的重要依据，推动着中国对外援助政策不断完善。

（四）改革阶段（1979—1994 年）

1. 对外援助背景

从国际形势来看，20 世纪 80 年代，殖民体系已经解体，几乎所有的第三世界国家都获得了独立，它们的首要任务由争取民族解放转变为发展民族经济、加快建立国际经济新秩序的进程。从国内形势来看，1978 年十一届三中全会决定停止"以阶级斗争为纲"的口号，将工作重心转移到经济建设上来，外交不再为革命服务，其主要任务是为我国的经济建设创造和平稳定的国际环境。这一时期亚非民族解放运动已经渐渐进入尾声。由此，中国开始大规模降低对外援助力度，将有限的资源集中到国内经济建设上来，并在具体援外措施上也进行了一系列改革，以提高援外工作的经济效益。

2. 对外援助实施情况

中国从自身和受援国的实际出发，在援助的规模、布局、援助结构、援助方式、援助理念和管理体制等多方面进行了改革。第一，实事求是，合理安排援外支出。从 1978 年的 17.21 亿元到 1979 年的 9.8 亿元，援外支出呈现陡然下降态势，1980 年为 7.9 亿元，支出同比下降约 20%，仅占我财政支出的 0.6%。第二，扩大受援面。中国一方面继续对友好国家的援助，但有意识地削减一些国家所占的援助份额，另一方面增加了对拉美、中东、部分非洲最不发达国家、南太平洋国家和加勒比海国家的援助，这样使得中国对外援助的布局更加合理。第三，调整援助结构，创新援助方式。中国提高了成套设备中智力、技术支援的比重，成套项目资金用在投资少、收益好、直接为受援国人民服务的中小型项目。目的是使援助更加注重经济效益，因地制宜，充分考虑受援国的管理水平。中国还采取代管经营、租赁经营和合资经营等多种形式的技术合作、管理合作，以及与联合国开发计划署合作等新的援助方式来"授人以渔"，增加了受援国自力更生的能力。第四，继承和发展援外原则。1983 年，中国领导人在访问非洲时宣布了"平等互利、讲求实效、形式多样、共同发展"的四项原则，这四项原则是我国对 1964 年提出的对外援助八项原则的继承和发展。第五，逐步改革实施经援项目的管理体制。总的来说，这一时期中国对外援助工作呈现出"合理调整、逐步改革和援经结合"的特点。维护国家政治利益在对外援助中的作用逐渐减弱，开始注重援外的经济效益。在投入较少援助款的情况下积极推动双边、多边经贸业务，促进援外与互利合作相结合，促进受援国和中国共同发展，为中国的经济建设大局服务。

（五）深化阶段（1994 年至今）

1. 对外援助背景

20 世纪末和 21 世纪初期，国际战略格局变化为"一超多强，单多边共存"。经济全球化、区域一体化和政治民主化成为时代潮流，但全球范围内仍存在着严重的发展不平衡问题，南北差距进一步拉大，富国与穷国、富人与穷人之间的财富差距拉大，大量的人口未能享受到世界经济增长成果。从经济角度看，经济发展不平衡使得世界经济缺乏增长动力。从政治和安全角度看，社会发展不平衡导致地区间、国家内部的动荡和冲突，破坏经济发展所需的和平稳定环境。进入 21 世纪后，中国在国际社会的影响力日益扩大，中国承担的国际责任也相应增加。中国日益重视对外援助对于服务本国经济发展，巩固本国"负责任大国"的国际形象的作用。

2. 对外援助实施情况

这一时期中国对外援助的特点可以概括为援外规模扩大、范围扩大、援助方式多样化、国际交流合作深化。第一，对外援助规模稳步增长。自 1995 年对外援助方式改革后，援助资金的来源除了过去的政府财政拨款外，还增加了企业和金融机构的部分资金，使对外援助的规模有了扩大。如 1995 年当年中国对外援助支出为 29 亿元人民币，而到了 2005 年则增加至 74.7 亿元人民币，10 年间对外援助规模增加了 1.6 倍。由于中国日益上升的国际地位和不断壮大的经济实力，特别是 2001 年成功加入世界贸易组织后，中国向其他发展中国家提供对外援助的规模逐年增加，且幅度越来越大。第二，援外范围进一步扩大。1994—2008 年，中国对外援助国家数量由 102 个国家增加到 160 个国家，遍布全球五大洲，特别增加了对重债穷国和最不发达国家的援助，仅对亚非拉国家的援助支出就已经超总援助金额的一半。第三，继续扩大援外技术培训规模，包括官员培训、技术培训、技术合作学历教育，支持受援国能力建设。同时增加紧急人道主义援助和免除债务等援助方式。第四，国际交流合作深化。中国积极参加联合国开发计划署、世界银行、经合组织发展援助委员会、欧盟等多边组织和机构举行的合作交流活动，深入探讨援助机制和方式。此外，在中非合作论坛、上海合作组织、中国—东盟领导人会议等区域合作机制会议上，中国多次宣布并逐步实施一揽子有针对性特点的对外援助措施。

第二节　中国对外援助的现状

一、对外援助的规模

（一）对外援助的资金结构

中国对外援助资金类型主要包括无偿援助、无息贷款和优惠贷款，也被称为"两无一优"。官方白皮书《中国的对外援助（2011）》披露了对外援助的资金总额和资金结构，1949—2009 年，中国对外提供援助累计额约为 2 563 亿元，其中无偿援助 1 062 亿元，无息贷款 765 亿元，优惠贷款 736 亿元。

无偿援助是由国家财政部负责发放，用于帮助受援国建设学校、医院、住房等关于民生福利的项目。同时，无偿援助还涉及人力资源开发与培训、技术合作项目、紧急物资救助、紧急人道主义援助等领域的项目。无息贷款也是由国家财政部负责发放，主要用于帮助受援国建设社会基础公共设施，贷款期限一般为 20 年。优惠贷款由中国政府指定的中国进出口银行提供，用于援建有经济、社会效益的大中型基础设施，以及提供基础设施所用到的成套设备、机电产品等。优惠贷款期限一般为 15—20 年，其中宽限期为 5—7 年。截至 2009 年底，共 76 个国家接受了我国的优惠贷款。61% 的优惠贷款用于受援国交通、通信、电力等基础设施建设，8.9%用于帮助受援国石油、矿产等资源能源的开发和利用。

1949—1995 年，我国对外援助类型只有无偿援助和无息贷款。伴随着对外援助改革工作的开展，1995 年，对外援助方式新增加了优惠贷款。1949—2009 年 60 年间无偿援助和无息贷款累计金额为 1 827.4 亿元。相对而言，1995—2009 年，优惠贷款累计金额仅用了 15 年时间就达到了 735.5 亿元，可见优惠贷款援助规模的速度和规模都是不可低估的。官方第二份白皮书《中国的对外援助（2014）》披露，2010—2012 年，中国对外援助总额高达 893.4 亿元。其中，无偿援助 323.2 亿元，无息贷款 72.6 亿元，优惠贷款 497.6 亿元，分别占对外援助总额的 36.2%、8.1% 和 55.7%。从援外资金结构来看，优惠贷款已占据半壁江山，优惠贷款作用得到显著加强。同期，DAC 成员国提供的官方发展援助总额为 4 317.8 亿美元，其中无偿援助为 3 830.3 亿美元，占到援助总额的 88.7%；贷款仅为 487.4 亿美元，仅占到援助总额的 11.3%。

表 4 - 2　中国和 DAC 成员国的 2010—2012 年援助资金类型比较

	无偿援助		贷款	
	额度	占比（%）	额度	占比（%）
中国（亿元）	323.2	36.2	570.2	63.8
DAC 成员国合计（亿美元）	3 830.3	88.7	487.4	11.3

数据来源：中国数据来源于中国商务部，DAC 成员国数据来源于 OECD 数据库。

（二）对外援助支出占财政支出的比重

在对外援助支出占财政支出比重方面，从 2000 年最大值 0.26% 下降至 2016 年的 0.08%，我国对外援助支出占财政支出比重总体呈下降趋势。可以推测出，我国的援外支出负担呈现逐渐下降趋势。从对外援助支出占国民总收入比重看，近年我国这一比例一直维持在 0.03%—0.05% 范围内变动，而 DAC 成员国在 2005 年连续 5 年增加至 0.33% 后，缓慢回落，自 2013 年后保持稳定，平均为 0.3%。联合国为考察、评估发达国家履行援助义务，确定了 DAC 成员国的官方发展援助金额应占国民总收入的 0.7% 这一标准。绝大多数成员国能够满足这一标准。

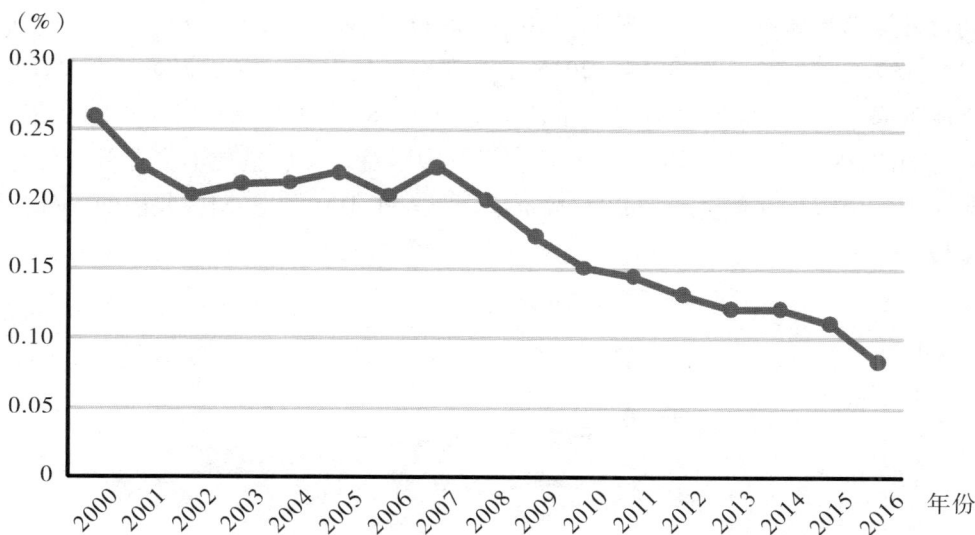

图 4－1　中国对外援助金额占财政支出比重

数据来源：中国对外援助金额占财政支出比重根据 2000—2017 年《中国财政年鉴》中每年关于对外援助的财政决算和财政支出数据计算得出。

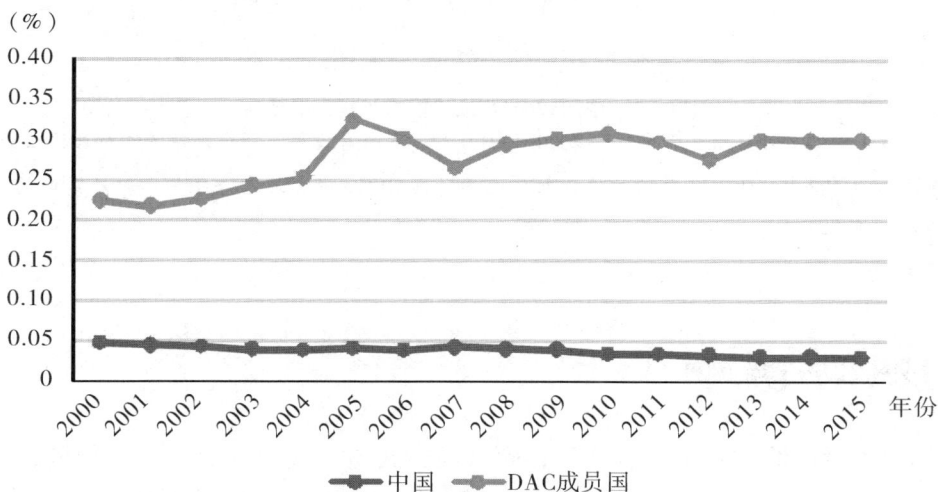

图 4－2　中国和 DAC 成员国对外援助金额占国民生产总值比重

数据来源：中国对外援助金额来源于 2000—2016 年《中国财政年鉴》，中国国民生产总值来源于国家统计局，中国对外援助金额占 GNP 比重由作者计算得出，DAC 成员国对外援助金额占 GNP 比重来源于 2001—2016 年《中国商务年鉴》。

（三）中国对外援助承诺的兑现程度

中国对外援助承诺的兑现程度较高。2000—2005 年兑现率大于 100％，也就是说这一时期对外援助决算数超过了预算数。2006—2011 年兑现率大于 90%，2012—2013 年兑现率为 85% 左右，之后的 2014、2015 年兑现率小幅上升，大于 90%，但 2016 年兑现率大幅下降，由 2015 年的 91.5% 迅速下降至 75.6%。DAC 成员国自 2000 年以来，兑现率在 80% 左右变化。从图 4-3 来看，尽管中国兑现程度呈现下降趋势，但是在大多数年份中，中国兑现程度高于 DAC 成员国。相对于 DAC 成员国，我国的对外援助兑现程度较高。

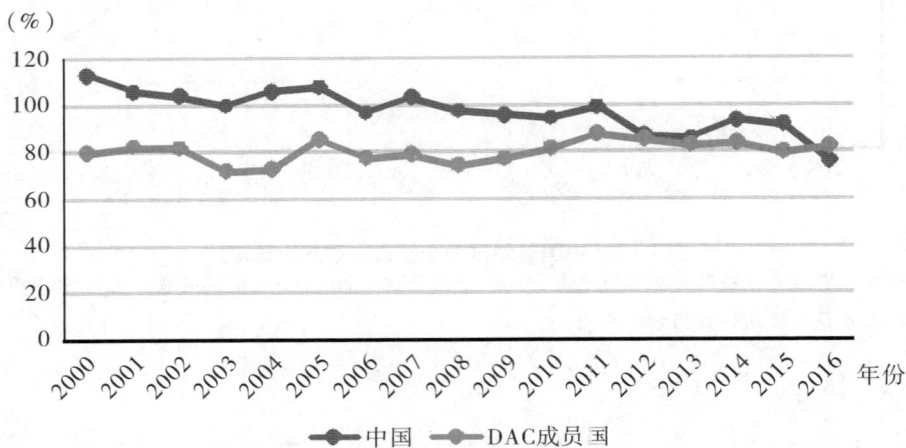

图 4-3　中国和 DAC 成员国对外援助兑现率

数据来源：中国对外援助兑现率根据 2000—2017 年《中国财政年鉴》中每年关于对外援助的财政预算、决算数据计算得出，DAC 成员国对外援助兑现率根据 OECD 数据库中每年关于对外援助的承诺数、官方援助总额计算得出。

二、对外援助的方式

中国对外援助的方式主要有八种，硬援助方式包括成套项目、一般物资、技术合作、紧急人道主义援助和债务减免；软援助方式包括人力资源开发合作、援外医疗队和援外志愿者。从时间上看，中国的对外援助最早是从向朝鲜提供一般军事物资开始，之后逐步增加成套项目、技术合作、人力资源开发合作和派遣援外医疗队。20 世纪 90 年代以来，随着国际形势的转变，中国增加了紧急人道主义援助、援外志愿者和债务减免等新的援助方式。

其中，成套项目在对外援助支出中一直占比较大，多个关于民生福利的各类成套项目，占对外援助财政支出的 40% 左右。成套项目援助是指中国帮助受援国建设生产类和民用类项目，涉及农业、卫生、文教、交通、通讯等多个领域。成套项目援助也被称为"交钥匙工程"。具体来说，中国承建企业负责项目考察、设计和后续施工的全部或部分过程，提供全部或部分设备以及原材料。此外，企业还会派遣相关技术人员组织和指导施工、安装和试生产过程，在项目竣工结算后交由受援国使用。从分类来看，成套项目援建属于硬援助，仅仅"授人以鱼"还不足以改善受援国经济发展条件，还必须"授人以渔"，增加软援助，帮助受援国人员掌握独立经营管理项目的能力。因此，中国一般在项目竣工以后会通过技术合作和人力资源培训这样的软援助方式帮助受援国提高管理能力。

为帮助受援国增强自主经济建设和民生发展能力，中国政府加大援外培训力度，提升援外培训质量效果。中国政府根据其他广大发展中国家的需要，共为 160 个国家和区域组织举办了培训班、研修班或研讨会。同时，中国政府注重结合受援国特点和需要，创新培训方式。例如，为莫桑比克和埃塞俄比亚分别"量身定做"经济特区和领导力提升部级研讨班，更加有效地与广大受援国，特别是非洲部分国家分享中国发展的成功经验，克服经济社会发展中遇到的各式各样的困难和挑战，帮助受援国加强能力建设。截至 2009 年底，中国为受援国累计开设培训班 4 000 多期，培训人员达 12 万人次，包括政府官员、管理人员、技术人员和实习生，培训内容涉及农业、医疗、教育、交通等20 多个领域。

中国对外紧急人道主义援助素以"反应迅速，执行有力"著称。中国政府于 2004 年建立人道主义紧急救灾援助应急机制，使救援行动更加快速有效。特别是在"非洲之角"粮食危机、日本大地震海啸和东南亚国家洪灾发生后，中国有关部门在最短时间内向受灾国提供了紧急人道主义物资和现汇援助。特别是对海地的援助开创了中国对未建交国紧急救援的先河。中国政府实施紧急救援速度快、质量高，有效缓解了受灾国的人道主义危机，起到了雪中送炭的作用，在受援国和国际社会上均产生良好反响，展现了负责任的大国形象。

对于受援国对华到期债务，中国政府从来不施加还款压力。在受援国遇到困难时，中国政府通过双边协商延长还款期限，甚至还免除部分受援国对华到期统一债务。为进一步减轻经济困难国家的债务负担，中国政府在 2000 年中非合作论坛第一届部长级会议、2005 年联合国发展筹资高级别会议、2006 年中非合作论坛北京峰会、2008 年联合国千年发展目标高级别会议、2009 年中非合作论坛第四届部长级会议和 2010 年联合国千年发展目标高级别会议上，先后六次宣布免除与中国有外交关系的重债穷国和最不发达国家对华到期无息贷款债务。截至 2009 年底，中国对 50 个国家免除到期债务 380 笔，达 255.8 亿元。就非洲地区而言，仅 2010—2012 年，中国就免除坦桑尼亚、喀麦隆、马里、多哥、科特迪瓦、苏丹等九个最不发达国家和重债穷国共计 16 笔对华到期无息贷款债务，金额达 14.2 亿元。最新数据是截至 2018 年 3 月，中国逐步落实中非十大合作计划，已向 20 多个非洲国家免除 2015 年底到期的无息贷款债务。

表4-3 中国对外援助方式统计

	优惠贷款项目（个）	成套项目（套）	一般物资（批）	技术合作		人力资源开发合作		紧急人道主义援助（个）	援外志愿者（名）
				新承担项目数（个）	正在进行项目数（个）	培训班（期）	培训人才（名）		
2008	35	90	136	117		347	11 090	23	47
2009	58	39	81	35	145	386	9 984	27	201
2010	44	63	109	41	106	391	10 241	16	41
2011	35	146	198	72	190	716	17 952	31	
2012	50	126	117			848	20 953	15	60

数据来源：作者根据2009—2013年《中国商务年鉴》整理。

三、对外援助的领域

按照官方统计口径，中国对外援助覆盖了工业、农业、经济基础设施、社会公共基础设施、文教、卫生等领域，但并没有对外公布对各个投向领域的援助数据，因此，我们很难获得详细的数据。但需要注意的是，中国将大部分的援助资源投向其他发展中国家所急需的基础设施建设，而在这一领域DAC成员国的投放资源并不是最多。2010—2012年三年间我国优惠贷款支出占援助总额的55.7%，并且其中61%的优惠贷款支出都用于受援国经济基础设施建设，说明中国在经济基础设施方面的支持力度是非常显著的。中国政府综合运用各种筹资渠道，特别是扩大优惠贷款为援助资金保驾护航。通常来说，基础设施建设规模都比较大，因而对资金需求大，如果仅仅依靠无偿援助和无息贷款是难以实现的，因此充分发挥优惠贷款的作用可以有效地弥补资金缺口。以非洲为例，中国历来重视利用优惠贷款对非洲的经济基础设施援建。自2000年中非合作论坛成功设立以来，非洲的基础设施被确立为中非援助的重点领域。2006年北京峰会上，中国承诺在2006、2009、2012年分别提供50亿美元、100亿美元和200亿美元。由于中国对非洲实施优惠贷款的重点领域是经济基础设施，因此贷款额的迅速提升可以反映出中国对非洲经济基础设施的授建力度之大。

西方发达国家在经济基础设施方面投入较少，DAC成员国于2008—2016年在经济基础设施和服务这一领域投放的援助比重在14%—20%范围内浮动，而在社会公共基础设施和服务领域投放的援助比重在33%—43%范围内浮动，特别是在2009、2011、2012年达到40%以上。可见，西方发达国家的援助更多集中在社会公共基础设施和服务领域，中国在此领域内的投入相对较少。

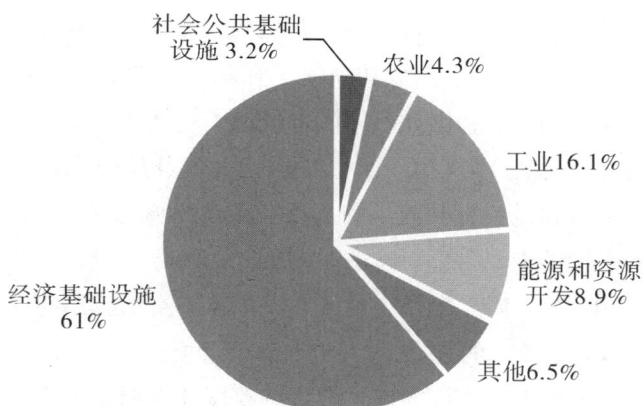

图4-4　截至 2009 年底中国优惠贷款在不同领域的项目分布

数据来源：《中国的对外援助（2014）》。

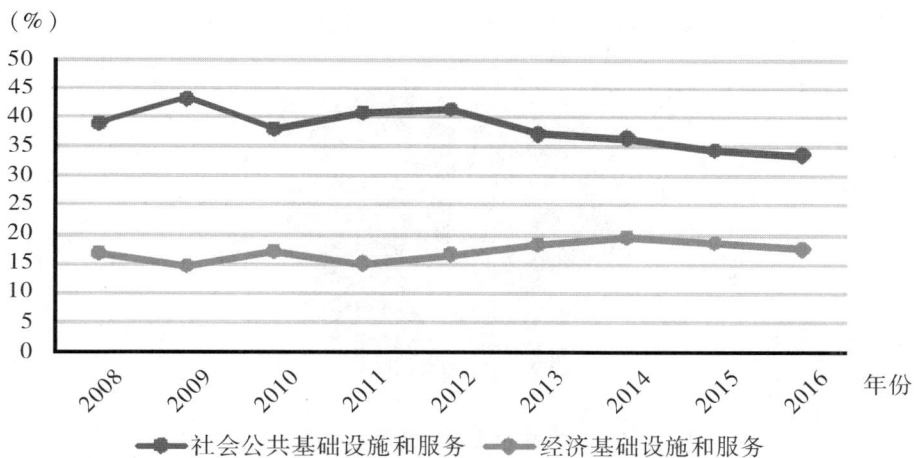

图4-5　DAC 成员国对外援助金额在不同领域的资金比重

数据来源：OECD 数据库。

四、对外援助的地区

　　各国对外援助政策目标不同，其对外援助的区域分布上也不相一致。不同时期各国的经济国力、政治环境都不相同，因此，我国在对外援助的地区分布上也存在阶段性的变化特征。

　　新中国成立初期，对外援助主要围绕政治利益展开。为打破美国经济政治封锁，中国主要支持亚、非、拉争取独立的反美的第三世界国家，其中亚洲地区特别是朝鲜和越南获得了大部分援助。20 世纪 60 年代，随着与苏联的分歧加深，中国开始争取非洲这一中间地带，逐步加大对非洲的援助力度。20 世纪 70 年代，中国在外交上执行"以苏划线"的政策，对外援助的区域也体现了"以苏划线"的特点，中国重点援助受到苏联侵略和反对的国家。与此同时，自从 1971 年中国成功恢复了在联合国的合法席位和相关权利，与中国建交的非洲国家数量急剧增加，因此，中国也增加了对这些国家的援助，争取了这些发展中国家的政治支持。20 世纪 80 年代开始，中国走改革开放的道路，在"不结盟，不划线"的政策下，中国对外援助目标从政治利益逐渐转向经济利益。互惠互利、共同发展成为这一时期中国对外援助的重要目标。这一时期援外地区分布呈现以下特点：第一，对社会主义国家的援助比例开始下降。第二，由于非洲国家丰富的资源与广阔的市场，使得非洲在中国对外援助区域分布中的地位大大上升。20 世纪 90 年代，非洲占援助总额的40%，已成为中国最大的援助地区。第三，合理调整援外布局，改变了过去对少数国家的援助在整个对外援助中的比重偏大的布局，不仅着重做好对周边友好国家和最不发达国家的援助，而且扩大了对拉丁美洲和南太平洋地区国家的援助。

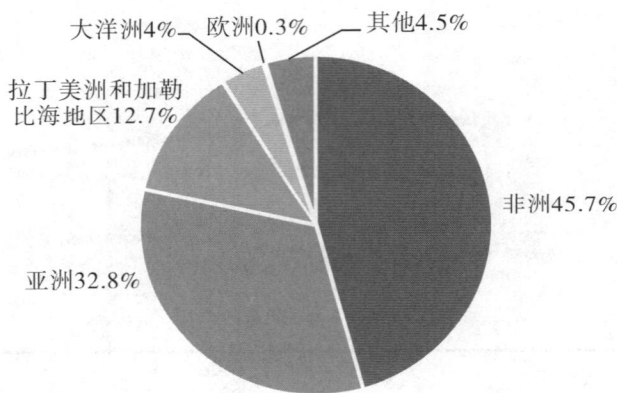

图 4 - 6　2009 年中国对外援助金额地区分布

数据来源：《中国的对外援助（2011）》。

　　目前，中国对外援助的地理分布合理均衡，遍布亚非拉、加勒比海、大洋洲和东欧等地区。中国对外援助的重点对象是低收入发展中国家，数据显示中国对最不发达国家和其他低收入国家的援助比重一直保持在 67% 左右。白皮书《中国的对外援助（2011）》仅列出了 2009 年中国对外援助金额地区分布的情况，但是没有披露具体年度和具体国家的援助情况。截至 2009 年底，中国累计向 161 个国家和 30 多个国际以及区域组织提供了援助，其中，经常性接受中国援助的国家有 123 个。2009 年，非洲占中国对外援助金额的45.7%，亚洲占 32.8%，拉丁美洲和加勒比海地区占 12.7%，其他占 4.5%，大洋洲占4%，欧洲占 0.3%。相比而言，非洲和亚洲作为拥有贫困人口数量最多的两个地区，接受了中国 80% 左右的援助，而欧洲接受的援助较少。此外，白皮书《中国的对外援助（2014）》也仅披露了 2010—2012 年对外援助金额地区分布的情况，相比于 2009 年，非洲占比由原来的45.7%快速上升至51.8%，欧洲占比由原来的0.3%大幅增加至1.7%，大洋洲由原来的4%小幅增加至4.2%，亚洲、拉丁美洲和加勒比海地区及其他地区占比呈下降趋势。

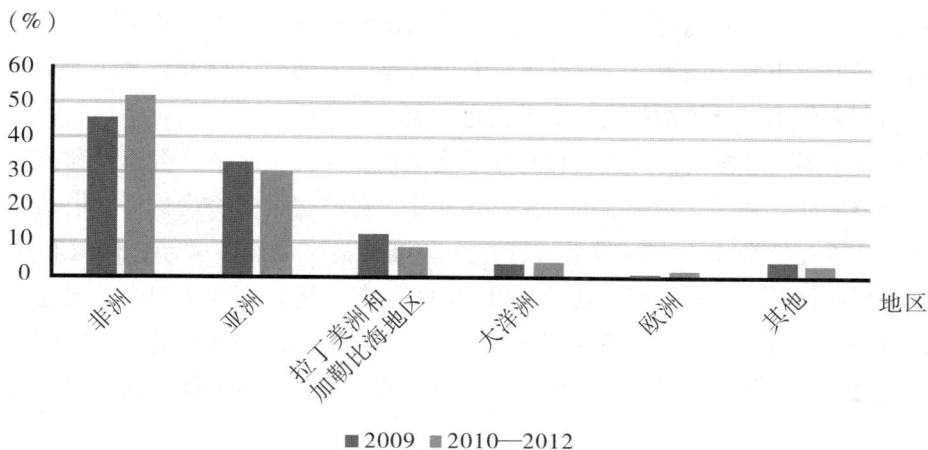

图4-7　2009年、2010—2012年中国对外援助金额地区分布

数据来源：《中国的对外援助（2011）》《中国的对外援助（2014）》。

第三节　对外援助与中国出口贸易的联系机制

从目前国内外文献看，有关对外援助与出口贸易之间关系的研究还比较少。基本上，关于援外与贸易关系的讨论以外国文献为主，而关于中国对外援助与国际贸易关系的讨论比较少见。大体上看，国外学者认为对外援助与出口贸易联系较为紧密，但其作用机制和影响结果比较复杂。这些研究既包括理论分析，也有实证研究。在实证方面，部分国外学者对于援外对援助国的出口贸易起促进作用持肯定态度。例如，Wagner（2003）研究对外援助与援助国出口贸易之间的关系，得出对外援助会促进双边贸易的增加的结论。Eisenmmann和Verdier（2007）分析了对外援助对于贸易有不同的效应，效应是通过多种渠道来影响的。Martinez-Zarzosa等（2014）以1988—2007年21个援助国对132个受援国的数据建立引力模型，结果显示对外援助促进了援助国对受援国的出口，并且该效应因时间以及援助国的不同而存在差异。Neumayer（2013）认为援助国对受援国较高的援助将会导致援助国对受援国更大的出口规模。同样，Nowak-Lehmann等（2008）也认为对外援助的资金流动可以促进援助国的出口贸易。

相对国外研究成果，国内学者对对外援助与出口贸易关系的研究非常少，即使有相关研究，也是从受援国角度出发探讨对外援助对于受援国经济贸易的影响，很少有学者从援助国本身出发，思考对外援助对于援助国经济贸易的影响，且相关研究的深度还有待深入和挖掘。黄梅波和刘爱兰（2013）认为改革开放后中国采取援助与经贸相结合的方针在加强与受援国的经贸往来方面发挥了积极作用。刘爱兰等人（2018）的最新实证检验，发现中国和欧盟国家的对非援助均推动了援助国对受援国的出口，但中国的援助对出口贸易的促进作用并没有欧盟发达国家强。上述关于对外援助与援助国出口贸易之间关系的研究为我们进一步研究中国对外援助的出口贸易促进机制提供帮助。

中国政府开展对外援助的首要目标是帮助受援国提高自主经济社会建设和自我修复能力。但同时需要注意的是，对外援助也是立足于中国经济建设的长远目标，带动中国与其他发展中国家的经贸合作，中国与受援国建立和维持良好的经贸关系，同时利用两个市场，扩大本国商品的出口，将对外援助与投资和贸易等经济合作联系起来，促进本国的经济发展，推动产业转型与升级。在如何开放对外援助对本国经济的促进作用方面，目前发展得比较成熟的是援外对于带动我国出口贸易方面的作用，其对于促进我国出口贸易的作用是显著的。

在新中国成立初期，对外援助都是无偿的。由于当时中国外贸形势处于高度国家垄断和计划经济时期，援外与贸易各自为政，相互割裂，以政治利益为主。改革开放之后，随着社会主义市场经济的建立和发展，中国的对外援助逐步开始与外贸相结合，实行援外与贸易相结合的方针，从以政治利益为主逐步转变为以经济利益为主。在经济援助方面，中国也不再像以往那样单纯地提供普遍援助，而是在提供必要的援助时，做到量力而行和互利互惠。中国政府不仅从组织机构上进行了改革，而且从援助理念、援助方式等各个方面都大有调整，这在一定程度上解决了中国在经济发展中遇到的困难和问题，有利于中国经济发展的顺利进行。

从援外形式上看，改革呈现从"无"到"有"和"两外结合"的特点。"无"指的是无偿援助，"有"指的是有偿贸易，援外形式逐步将无偿援助和有偿贸易组合起来，将援外与贸易结合起来。援助不再单方面强调援外自身的义务，而是注重双方之间的深度交融，目的是将中国的对外援助输血功能变成造血功能，一方面增强了受援国发展经济的自我建设和修复能力，另一方面又促进了中国对外贸易的发展，达到了互利合作的双赢，在经济全球化中真正达到"双赢"。如果一国只是单纯地进行对外援助，而不是与对外贸易相结合，那么这种对外援助是不会持久的。对于援助国而言，经济利益的获得是对外援助的基础，也是实施对外援助的动力。对于受援国而言，一味地接受援助国的帮助，仅仅依靠对外援助，忽略自身经济建设能力，是不会取得经济上更大更长远的发展的，也难以利用后发优势从经济上赶超先进国家。

一、对外援助对出口贸易的直接促进机制

中国的对外援助常常包括部分无偿援助、优惠贷款下的优先采购合同和成套项目援助。这三种援助方式很大程度上促进了援助国的出口贸易发展。具体而言，第一，无偿援助这一援助方式直接促进了出口贸易的增长。第二，针对部分优惠贷款包含的优先采购合同，例如在优先采购合同里明确规定受援国在工程采购环节中，需要优先从中国进口部分设备产品等，该做法实际上直接拓展了中国商品的出口途径。根据前文数据统计可知，与无偿援助不同的是，我国优惠贷款金额非常大，所支持的受援国发展项目也都是大型项目。因此相对于无偿援助，该优惠贷款对设备购买的限制所带动的出口数量和规模都是巨大的。第三，成套项目援助是我国对外援助的重要形式。针对中国实施的成套项目援助，实质上带动了中国一些主要材料、机电设备、零部件的出口，缓解了中国国内市场需求不足的局势，开拓海外市场。此外，出口的技术和设备采用的是中国的技术和质量标准，随着大量援助工程的建设，对工程的日常维护及配套原料和设备等产品需求是必不可缺的，因此这会使受援国对中国产品产生进口依赖，这种依赖在短期内是难以消除的，从而在较长时间内促进我国的出口贸易。

二、对外援助对出口贸易的间接促进机制

对外援助不仅可以通过直接机制对出口贸易产生影响，还可以通过间接机制促进出口贸易增长。间接机制主要包括品牌效应、消费增长效应、贸易条件改善和对外投资。

（一）品牌效应促进出口贸易

首先，对外援助通过实物援助、援助贷款下的优先采购合同和成套项目援助，形成品牌优势，促进中国产品出口。例如，机电设备出口，包括各种工业专用机械、办公和通信设备、汽车、其他机械和运输，以及家用电器等。其中机床、建筑机械和农业机械等机电产品具有较高的性价比、技术稳定、质量可靠，在受援国起到了展示与宣传的效应，并获得美誉度和知名度，在国际市场上赢得较强的产品竞争力。受援国通过中国的援助接触并逐渐信赖中国产品，中国的对外援助已经成为"中国制造"出口的广告宣传方式之一。出口产品的品牌效应提高了中国企业的知名度和美誉度，有效展示了企业的产品和品牌，并由此给企业带来经济利益。这为企业对外继续扩大产品出口打下了良好的用户基础。

其次，对外援助通过承包工程和劳务合作业务形式，产生品牌效应，带动了中国出口贸易增长。一批中国工程建设企业使用的材质优良，定价合理，定期交工，高品质完成了援外建设任务，得到当地政府和人民的认可，树立了企业品牌，并带动企业在当地长远的

经济发展，从而有利于扩大在受援国的承包工程和劳务合作业务。例如，中国土木工程集团有限公司通过承担备受世人瞩目的坦赞铁路得到了非洲人民的认可和赞赏。工程建设企业建设好国家交付的援外项目，就是在国际工程市场上树立最好的品牌形象，做到"建一项工程，树一块品牌，占领一方市场"。进一步而言，部分工程建设企业利用受援国所积累的品牌效应，发挥跳板优势，逐步将业务市场扩展到非受援国。例如一批工程建设企业通过承担援助性的工程承包项目进入非洲市场。这些公司在进入非洲市场后，逐渐积累国际经验，了解国际市场，很多已经转战欧美市场，成长为名副其实的国际品牌。

（二）消费增长效应促进出口贸易

对外援助帮助推进受援国的经济建设，逐步提高其国民收入水平，进而提升从援助国进口产品的消费能力。一般情况下，援助资金的大量投入能够增加受援国的投资和资本，同时通过援助国人力资源培训以及技术合作项目可以为受援国带来丰富成熟的管理经验和先进的技术设备，进而促进受援国经济增长和国民收入提高，收入的提高增加了消费部分的支出。一方面，带动受援国消费会促使受援国增加消费品进口，以及带动其经济发展中所必备的技术设备进口，这些途径均提高了援助国出口额，促进援助国经济增长。另一方面，受援国经济增长会造成贸易规模的迅速扩张，从而带动援助国的出口贸易增长。

（三）贸易条件改善促进出口贸易

我国对外援助资金的较大部分是用于援建受援国的经济基础设施。这些经济基础设施不仅对受援国的经济发展起到了巨大的推动作用，而且极大地便利了我国企业产品出口。因为出口贸易不仅需要承担生产成本，还需要承担大量的出口运输成本，以确保商品顺利出口，到达终端消费市场。特别是将出口产品运送到非洲地区将耗费大量的运输相关的贸易成本。大部分发展中国家虽然有丰富优质的自然资源，但这些资源所处的地理位置比较偏僻，再加上这些国家本身的基础设施条件恶劣，两国经贸合作很难开展。我国通过援建受援国基础设施建设项目，提升受援国的国内建设能力，同时也利于我国投资环境的改善。基础设施援助的不断完善，包括运输、仓储、装卸等环节能够直接降低我国贸易相关成本，为产品提高降价空间，从而扩大出口。此外，我国利用技术援助，帮助发展受援国电子商务，完善当地信息网络条件，优化受援国内部的贸易硬件设施建设，还为出口贸易企业提供当地市场行情变化和风险提示等贸易相关信息，鼓励更多企业更安全更快速地开展对外贸易。

（四）对外投资促进出口贸易

对外援助也带动了我国一批企业进行对外投资。一批企业通过承担援外任务，例如援建受援国的经济基础设施等项目，在受援国广交朋友，建立企业联系，熟悉当地市场和相关法规等，并凭借这些便利条件打开当地的市场，到受援国进行对外投资。随着我国经济对外开放领域不断扩宽，从宏观角度来看，对外直接投资与国际贸易相互作用和促进的机制日益深化，双边投资和贸易规模日益扩大。第一，对外直接投资可以直接带动我国中间产品的出口。无论是市场导向型的对外投资还是资源导向型的对外投资，在利用当地有利区位优势的同时，由于受到当地技术的限制以及企业对核心知识产权的保护，一般会直接从我国进口中间产品，例如零部件等，由此形成一个巨大的中间产品出口市场。第二，对外直接投资降低国内出口产品成本，增强出口贸易竞争力。当国内自然资源紧缺或价格较高时，资源导向型企业会对资源较为丰富的受援国进行采矿业等产业的投资，获得丰富的廉价资源进行生产，可以大幅降低国内产品生产成本，价格低廉的产品在国际市场上获得价格优势，从而促进出口贸易的增长。第三，企业在自身对外投资的同时也带动了相关上下游企业走出国门，从而拉动出口贸易。我国的高铁、通信、电力等领域的装备在国际市场上具有高性价比的竞争优势，对于非洲、拉丁美洲和亚洲周边国家而言，我国装备总体上较为先进，质优价廉。又由于我国具备很强的工程建设与施工能力，通过工程总承包等项目的建设，带动了我国装备上下游企业走出国门，在此过程中也会对我国出口贸易产生积极的促进作用。

综上所述，当前，我国以经贸合作为背景的对外援助和我国出口贸易之间形成了强大的互动机制。这一互动一方面依靠对外援助对出口贸易的直接促进机制，另一方面还得益于品牌效应、消费增长效应、贸易条件改善和对外投资等间接促进机制。上述对外援助的良好效果充分证明了中国对外援助，特别是经济援助，不仅有力地支持了受援国的经济建设，也使中国出口贸易增长迅速，从中获得了丰厚的经济回报，促进了中国自身的经济发展，并且，对外援助与出口贸易、对外投资协同推进，体现了互利合作比单方面援助更为重要和实效。随着中国综合国力和国际地位的进一步提高，中国对外援助在规模和数量上还会有进一步增长，让更多的发展中国家与中国一同分享中国经济发展的丰硕成果，无论是对世界还是对中国自身的对外援助都具有重要的意义。

第四节　中非案例研究：对外援助和出口贸易

当今，中国特色社会主义建设进入新时期，党的十九大明确提出将以"共商共建共享"的全球治理观，推动构建人类命运共同体，实行中国特色外交。作为全球最大的发展中国家，中国在南南合作模式下向受援国提供经济建设所需的资金支持，当前非洲已成为中国对外援助资金流入最多的地区。同时，非洲也是中国十分重要的贸易合作伙伴。根据海关数据统计，2016年，中非贸易额是1 492亿美元，占中国对外贸易额的4%，占非洲对外贸易额的18.8%，中国已连续八年成为非洲最大贸易伙伴。2015年习近平主席在中非合作论坛约翰内斯堡峰会上提出，中方将逐步落实多个贸易援助项目，用于提升非洲贸易和投资环境，实现中非贸易和投资便利化计划。2016 年习近平主席在中非合作论坛约翰内斯堡峰会宣布，向非洲国家提供 10 亿元人民币紧急粮食援助。在 2017 年举办的"一带一路"国际合作高峰论坛上，习近平主席宣布，中国将扩大对沿线国家的援助规模，以实现贸易畅通。由此可见，中国对非援助在中非贸易发展中将发挥重要作用。因此，本研究选取非洲案例，进一步探讨我国对外援助促进我国出口的机制。

一、中国对非援助规模

根据官方白皮书《中国的对外援助（2011）》提供的数据，截至 2009 年底，中国累计对外提供援助总额为 2 526.9 亿元。白皮书中没有公布对非洲援助的具体金额，只是提到 2009 年当年中国对外援助资金的地区分布中非洲占据了 45.7%。之后，《中国的对外援助（2014）》公布 2010—2012 年中国对外援助金额合计为 893.4 亿元，非洲占据 51.8%。然而，国际上认为实际援助金额高于官方披露金额。

目前在国际社会中被广泛引用的一份数据来自纽约大学瓦格纳学院，该学院对中国 2000 年以后对非洲的援助进行了统计。这份报告披露中国对非洲援助的金额远高于中国官方公布的金额。根据该报告，中国对非洲的援助在 2002 年时只有 1 000 万美元，但此后一直急剧增长至 2007 年的 179.6 亿美元。导致这一增长最重要的原因是这一时期 DAC 成员国对非洲的援助大幅减少，中国才得以大幅增加援助，为中国进入非洲提供了机会。相对于其他地区，中国对非洲的援助增长呈现稳定、迅速特点。由此可以看出，非洲在中国对外援助中的位置越来越重要。

此外，一份最新的统计数据来自美国全球发展中心，该中心发布了一份以媒体报道为基础的中国对非洲的援助报告，涉及 2000 年以后中国对非洲的援助情况。该报告的统计针对官方援助资金和其他非官方援助资金这两项之和。依据该中心的资金划分方式，2000—2011 年，中国对非洲援助的总额为 750 亿美元，与美国同期对非洲援助 900 亿美元相近，占 DAC 成员国援助金额比重的 20%。该报告还认为从 2000 年开始，中国对非洲的援助就已经和美国的水平相当，此后在 2006 年时到达最高，接近于美国对非援助的两倍，是 DAC 成员国对非洲援助总额的三分之一。

虽然外界有关中国对非洲援助的具体数额统计存在很大的差异，但我们可以发现以下特点：第一，非洲是中国对外援助领域中的重点，与国际上 DAC 成员国援助的主流趋势一致。第二，在 2000 年以后，中国和 DAC 成员国对非洲的援助有明显增加的趋势。非洲一向是全球最贫穷国家的集聚地。一直以来，国际社会包括 DAC 成员国都有长期的对非援助经验，但非洲国家的经济发展一直不见起色，因此出现了 20 世纪 90 年代"援助疲劳"现象，造成援助金额大幅下降。然而，随着中国在非洲的经济和政治活动越来越多，以及在非洲不断发现新的能源和资源储备，西方国家也开始重新关注非洲，大幅增加对非洲的援助。

表 4 - 4　外界对中国对非援助规模的统计

	中国白皮书	纽约大学瓦格纳学院	美国全球发展中心
金额	截至 2009 年底，中国累计对外提供援助金额达 2 526.9 亿元；2010—2012 年，中国对外援助金额为 893.4 亿元	2002—2007 年中国共提供对外援助 747.4 亿美元，其中对非洲的援助为 331.4 亿美元	2000—2011 年，中国对非洲援助的总额为 750 亿美元
占比	2009 年当年中国对外援助资金的地区分布中非洲占据 45.7%；2010—2012 年中国对外援助资金的地区分布中非洲占据 51.8%	2002—2007 年中国对外援助资金的地区分布中非洲占比 44.3%	

数据来源：作者根据《中国的对外援助（2011）》《中国的对外援助（2014）》以及《中国对外援助：理论与实践》整理。

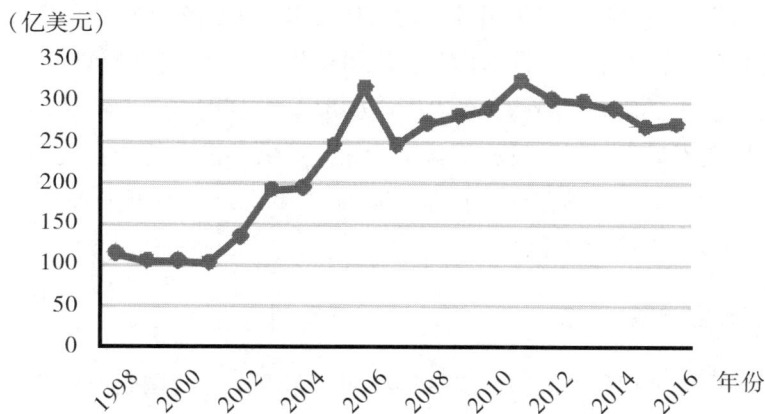

图 4 - 8　1998—2016 年 DAC 成员国对非援助金额

数据来源：OECD 数据库。

二、中国对非援助方式

改革开放后，随着社会主义市场化体制的逐步确立，1995 年中国援外工作开始了全面改革。援外利益逐步从政治利益转向经济利益。中国对无偿援助、无息贷款的援助方式进行了重大改革，除继续对部分重债穷国和最不发达国家开展无偿援助外，一般不再提供无息贷款，而是重点推行具有援助性质的政府优惠贷款和援外项目合资合作，以援助和投资相结合的方式推动出口增长。中国对非援助方式还包括了派遣援外医疗队、派遣援外志愿者和紧急人道主义援助，为实现非洲受援国经济社会发展做出了重大贡献。

（一）优惠贷款

优惠贷款是中国政府指定中国人民银行提供的具有政府援助性质的中长期低息贷款。低息是指优惠贷款合同的优惠利率与中国人民银行公开发布的基准利率之间的利息差额部分由中国政府自行补贴。按照中国对外援助的定义，只有被补贴的那部分利息才纳入援助统计口径，而不是贷款金额本身。而按照 OECD 对官方援助金额的定义，优惠贷款全额纳入统计口径，而不仅仅是利息部分。在管理上，商务部是归口管理部门，与外交部、财政部和中国人民银行等机构共同负责制订援助计划，包括援助金额、国别分布、贷款利率等内容的年度计划。年度计划上报国务院批准，商务部在计划内签署优惠贷款协议。在用途上，贷款主要用于在受援国建设有经济社会效益的生产性项目和基础设施项目。受援国根据优惠贷款条件采购中国的设备、材料、技术及服务等方面物资，而且要求合同所需的采购至少有 50% 要源于中国。由于受到贷款采购限制，中国政府提供的优惠贷款直接带动我国的成套设备和机电产品等商品向非洲出口，也为我国企业从事跨国经营开辟了新途径。

中国实行优惠贷款的目的是将中国政府的援外资金和中国金融机构的资金相结合，扩大中国对外援助规模和资金来源，同时由于金融机构作为优惠贷款的执行机构而提高了援外资金的使用效率。截至 2006 年 6 月底，中国进出口银行共为非洲 36 个国家的 259 个项目累计批准优惠贷款 832 亿，累计发放贷款 411 亿，提供了强大的资金支持。可见，优惠贷款已成为支持中非经贸合作的重要方式。到 2010 年，为非洲国家提供的贷款累计达 1 500 亿元，涉及 500 多个大型项目。

（二）援外项目合资合作

援外项目合资合作是指我国政府与受援国在协议范围内，两国企业就某一项目共同出资进行合作，两国政府给予资金和政策上的支持。之所以采用援外项目合资合作这种方式，是因为我国在援非初期无偿建设的部分项目，由于受援国经营不善，生产、管理、劳动力效率低下等原因，项目效益不佳，亏损严重，导致项目停止运营。尽管我国通过优惠贷款对这些项目进行了设备维修、提供零配件以及技术服务与培训等，但是由于我方不直接参与项目管理，生产效益并没有显著明显提高。为避免浪费援外项目所耗用的人力物力，我国决定援外项目合资合作要从建成的老项目抓起，通过合资合作的方式，将那些面临倒闭或者已经被弃用的老项目重新投入运营。经过长期的探索与实践，援外项目合资合作形成了三种基本方式：第一，对于新建项目，中国政府提供优惠贷款，由受援国政府转贷给其本国企业，成为该企业参与合资合作项目的资本投入，而中国企业另行增加投资，双方进行合作经营。第二，将中国已经援建成的项目直接转为两国企业合资或合作经营，或由中方独资、租赁经营。第三，两国企业进行合资合作经营，双方政府给予企业政策和资金上的扶持。此外，在资金来源上，援外项目合资合作的资金来源包括我国向受援国提供的优惠贷款以及援外项目合资合作基金。我国企业承担援外项目合资合作的资金自筹部分不得少于40%。

自1992年以来，我国企业在非洲多个国家积极参与了具有援助性质的合资合作项目，许多项目都取得了巨大的经济、社会效益，津巴布韦华津水泥厂、卢旺达水泥厂代管经营、马里塞古纺织厂合资经营和肯尼亚制药厂独资经营等都是我国在非洲采用援外项目合资合作方式的典型代表。

实行援非项目合资合作，不仅通过融合企业自有资金和援外贷款扩大了我国的援助规模，还在开拓非洲市场的同时通过合资企业的窗口作用带动了国内纺织、服装、成套设备和机电产品的出口，真正把援外与投资、贸易结合起来，既促进了受援国经济发展，又帮助我国企业开发利用国内外两种资源和两个市场。

（三）派遣援外医疗队

中国长期在帮助非洲国家改善医疗卫生条件方面做出巨大贡献。从1963年我国向阿尔及利亚首次派遣援外医疗队开始，至今我国对非医疗援助已有50多年的历史。我国对外医疗援助的方式多种多样，主要包括援建医院和医疗卫生中心、无偿捐赠药品、派出援外医疗队、为受援国培训医护人员等，其中以对外派遣医疗队为主要形式。非洲是中国援外医疗队派驻人数和国家最多的地区。2010—2012年，中国援建了近30所医院和30个疟疾防治中心，为非洲国家培训医护人员超过3 000名，提供价值约八亿元的医疗设备物资和抗疟药品，还在42个非洲国家和地区派驻43支医疗队，累计诊治病人557万余名。

（四）派遣援外志愿者

援外志愿者是指中国选派志愿人员到受援国，在教育和医疗卫生等领域为当地民众提供服务。目前，中国派出的志愿者主要有两类：援外青年志愿者和汉语教师志愿者。2010—2012年，中国向60多个国家派遣志愿者近7 000名。其中，中国向非洲15个国家派出4 953名，占总数的70.8%，主要从事汉语教学、英语教学、农业技术、计算机技术和医疗卫生等领域的援助。中国青年志愿者的援助服务，加深了中非相互了解，为非洲培养了大量人才，提高了非洲国家发展自身的能力，对于中非长期合作的可持续发展具有重要意义。

（五） 紧急人道主义援助

中国本着人道主义精神，向遭受政治动荡和自然灾害的部分非洲国家及时提供紧急人道主义援助，主要有紧急物资和现汇援助。例如，2011 年，中国向突尼斯和埃及提供5 000万元人民币的紧急人道主义援助，以缓解利比亚边境地区滞留难民带来的人道主义危机。2011 年，非洲之角遭遇 60 年罕见饥荒，中国帮助非洲国家应对粮食危机，向有关非洲国家提供紧急粮食救援和现汇，总额超过四亿元人民币，是新中国成立以来中国政府对外提供的最大一笔粮食援助。又如，2012 年中国政府向乍得和尼日尔等非洲萨赫勒地区国家提供了约 7 000 万元人民币的粮食援助。

三、中非贸易现状分析

（一） 中非贸易规模

中非贸易往来始于 1950 年，60 多年来，中非贸易规模不断扩大。统计数据显示，1950 年中非贸易额仅为 1 214 万美元，而到了 1960 年上升至 1.1 亿美元，中国花费十年时间实现了中非贸易额第一个亿美元的历史跨越。改革开放后，中非的贸易规模开始逐步扩大，贸易领域开始逐渐拓宽。1979 年贸易额达到 8.16 亿美元，此后一直保持稳定增长的态势。进入 20 世纪 90 年代以后，随着中国经济体制的转变和援非政策的改革，中非在经济领域的合作更加密切，中国开始实施以援助和投资带动贸易发展的战略，中非贸易额持续快速增长，1999 年达到 64.9 亿美元，是 1950 年的 535 倍。

进入 21 世纪以来，随着中非合作论坛机制的建立，中非经贸合作进入了全面稳定的发展阶段。2000 年中非贸易额为 106 亿美元，较同期增长了 63%。2006 年，中非贸易额首次突破 500 亿美元。2000—2006 年六年间，中非贸易以年均 31.8% 的速度增长，比同期中国对外贸易的增长速度高出 7.4%。2008 年，中非贸易额为 1 072 亿美元，首次突破1 000亿美元大关。之后受全球金融危机余波影响，2009 年下降至 911 亿美元，但中国在当年首次成为非洲第一大贸易伙伴国。紧接着，随着世界经济逐步回暖，中非贸易呈现良好复苏状态，2010 年起开始大幅反弹。2011 年受欧债危机不断恶化的困扰，世界经济整体呈低迷状态，然而，中非贸易却在这种不利的大背景下，达到了 1 663 亿美元的新高。可见，中非贸易已经达到了可持续高速增长的阶段。2017 年全年贸易额由 2016 年的 1 510亿美元，增长至约 1 700 亿美元，同比增长 14.1%。从图 4 - 9 我们可以看出，中国对非洲出口额和中非贸易额大体上呈现出逐年上升的趋势。

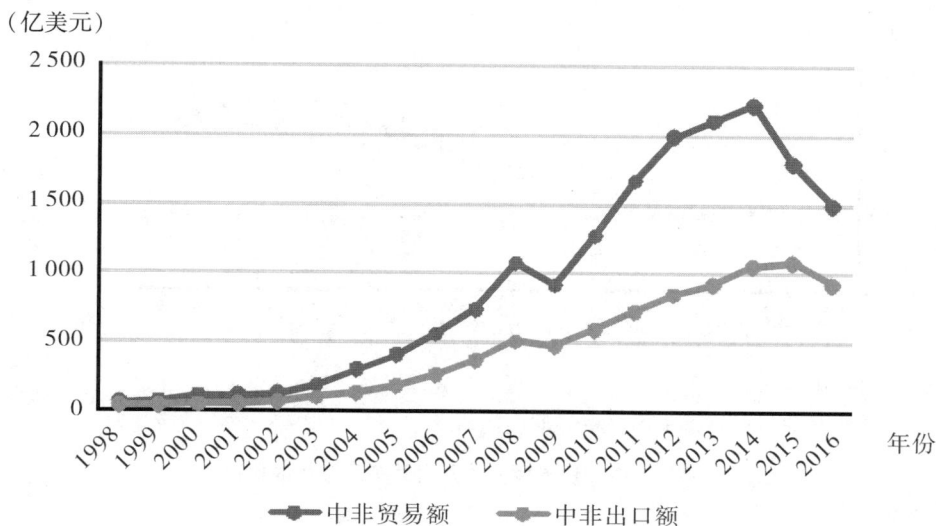

图4-9 中非贸易额和出口额

数据来源：国家统计局。

（二）中非贸易额占中国对外贸易总额的比重

1994年，中非贸易额仅占中国对外贸易总额的1.12%，在2000年首次突破2%。2000—2008年，中非贸易额占比由2.2%升至4.2%。受金融危机影响，2009年下降至4.1%，降幅较小。伴随着中国对非洲援助的不断发展以及中非合作的加深，中非贸易规模不断扩大。自2009年后，比重稳步提升，在2012年达到5.13%，并于2014年创下历史新高5.15%。到2016年的时候，中非贸易额占中国对外贸易总额的比重下降至4.04%。从图4-10中我们可以发现中非贸易额占中国对外贸易总额的比重存在以下特点：第一，尽管在过去的60年间，中非贸易规模不断翻番，但占中国对外贸易总额的比重仍然很低；第二，中非贸易额占中国对外贸易总额的比重大体上呈现出逐年上升的趋势。

从中国对非出口来看，1994年对非出口额占中国出口总额的1.45%，随着中国以援助和投资带动贸易战略的实施，这一比重在2008年达到了3.58%，比1994年增加了2.13%，实际贸易额是1994年的29.3倍。随着中非经济领域合作的不断加深，特别是中非合作论坛的成立，以及相关经贸促进政策的出台，中国对非出口快速发展了起来。2012年对非出口额占中国出口总额的比重突破4%，此后，对非出口额占中国出口总额的比重一直维持在4%以上。

（％）

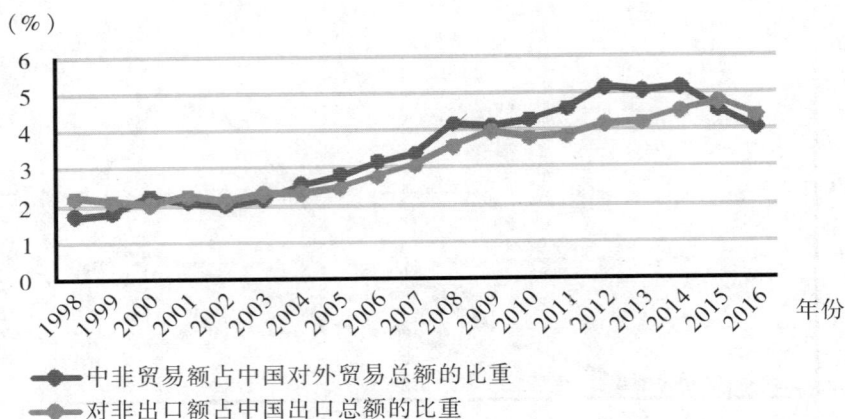

图4-10　中非贸易额占中国对外贸易总额的比重

数据来源：国家统计局。

（三）中国对非出口产品结构

（％）

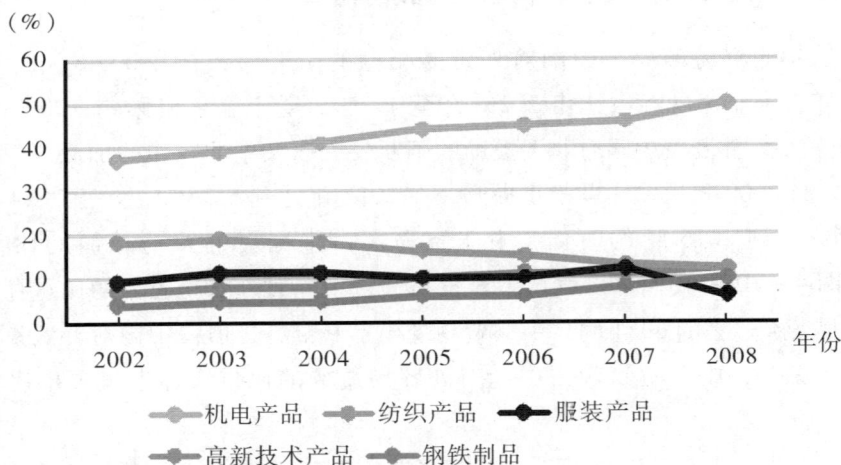

图4-11　中国对非洲主要出口商品类别统计占比

数据来源：2001—2009 年《中国商务年鉴》。

　　中非贸易不仅在"量"上有所扩大，还在"质"上不断改进。也就是说，中非贸易不仅在规模上有所增长，而且在中非贸易结构上进一步优化。新中国成立初期，中国向非洲国家出口的主要是绿茶等少数商品，而到了 20 世纪 60 年代，纺织品和服装产品的出口迅速增长，并逐步成为中国向非洲国家出口的主要商品。此外，食品和轻工业产品的出口逐步增长，五金、机械和化工产品的出口也有所增加，其中汽车、摩托车等机电产品开始进入非洲市场。改革开放后，中国对非出口继续保持以轻工业、食品、化工等产品为主。2000 年以来，中非贸易结构变化明显，机械设备、汽车、电子产品等机电产品出口显著增长，其商品质量、技术含量和附加值大幅提高。2005 年，机电产品和高新技术产品占中国对非出口的比重合计达 54％，占据我国对非出口的半壁江山。2008 年，机电产品占中国对非出口的比重首次超过一半。目前，机电产品出口独领风骚，已连续多年与中国对非出口比重超过 50％。随着非洲地区的经济发展，自身纺织、服装行业逐步壮大，逐渐对我国的纺织、服装产品进行产品替代。相关数据显示，纺织产品占中国对非出口的比重从 2003 年的 19％下降至 2008 年的 12％，服装产品占中国对非出口的比重从 2003 年的 11％下降至 2008 年的 6％。与之形成对比的是，钢铁制品占中国对非出口的比重从 2003 年的 5％上升至 2008 年的 10％。总体来看，中国对非洲出口商品结构保持稳定。自 2002 年以来，纺织和服装产品占中国对非出口的比重呈下降趋势，而机电产品、高新技术产品和钢铁制品呈上升趋势。传统产品包括纺织和服装的出口优势逐渐下降，取而代之的是机电产品、高新技术产品和钢铁制品。

四、对非援助与中国出口贸易联系机制

（一）对非援助对出口贸易的直接促进机制

随着中国对非援助和中非贸易的发展，二者的有机结合也越来越紧密。在此，我们从中国对非援助的实际情况出发，对其贸易效应进行分析。

中国对非洲的援助项目直接带动了中国对非洲的出口增长，主要的途径有三种：一是利用一般物资方式直接出口货物；二是利用中国政府的援非优惠贷款和合资合作项目基金方式下的出口货物；三是利用欧美发达国家给予部分非洲国家的优惠出口政策，带动中国原材料出口到非洲，再以非洲生产制成品的形式出口到欧美，间接增加对欧美市场的出口。

第一种援非出口的方式是一般物资援助。主要是指中国政府向受援非洲国家提供出口货物，主要包括为满足其民用以及生产生活需要的物资、技术性产品或设备，并提供与之相应的配套技术服务。一般物资援助项下的出口货物是指中国的中标企业为执行物资援助而向非洲国家出口的货物。中标企业代替政府进行对援外物资的采购和运送任务，并在执行援外任务后与政府直接办理结算手续。如 2008 年吉林省第一汽车集团进出口有限公司为几内亚和秘鲁提供红旗轿车 115 辆，出口金额约 500 万美元。又如，2012 年福建闽东亚南电机有限公司向几内亚援助大型柴油发电机组，提供发电机组 22 台，出口金额约 2 500 万人民币。在这种方式下援助的许多出口产品都是我国具有自主知识产权的高技术含量的产品，性能可靠，质优价廉，不仅得到受援国认可，也直接带动了我国相关产品对非洲的出口。

第二种援非出口的方式是援非优惠贷款和合资合作项目基金方式下的出口货物。主要是通过援非企业利用中国政府的优惠贷款和合资合作项目基金在非洲进行项目投资。项目投资主要是援非企业到非洲国家兴办合资企业或合资合作项目，从而带动国内大型成套设备和机电产品等的出口，以及利用中国政府提供的优惠贷款向非洲出口我国的成套设备和机电产品等商品。例如，2005 年中国进出口银行向苏丹电信局提供两亿美元的优惠贷款，用于购买中国通信运营商中兴通讯的设备。此优惠贷款既能够帮助苏丹改善其通信设施，又利于中兴扩大其在非洲的市场。又如 2009 年，突尼斯以优惠贷款方式向中国采购 20 辆动车组，以更换一批使用年限已在 25 年以上的旧机车。这些优惠贷款项目都促进了中国对非洲的出口。

按照中国进出口银行的规定，申请对外优惠贷款的条件之一是贷款项下的设备、材料、技术或服务等应优先考虑中国的产品和服务，原则上来自中国的部分不少于 50%。因此，中国对非洲的优惠贷款直接带动了中国国内相关物资的出口。需要注意的是，中国对非援助中的采购限制是在公平贸易的条件下进行，而且中国出口商品具有明显的价格和质量优势，对中非双方都是有利的。

另外，随着中非经贸合作的加深，中国企业利用"铺桥搭路"方式，以美国和欧盟给予非洲部分国家的出口优惠待遇为中间桥梁，先将国内商品出口到非洲受惠国，然后享受部分商品以零关税、零配额出口到欧美市场的待遇。中国企业之所以能顺利实现出口贸易的铺桥搭路，是因为欧美国家对于优惠条款涉及的大多数产品没有制定严格的原产地规则。这一做法不仅对扩大中非之间的经贸合作、深度开拓非洲市场具有重要意义，与此同时还能间接扩大对欧美市场的出口。例如，非洲部分受惠国从中国进口纺织纱线、布料等加工原材料，制成最终产品，享受免关税、免配额的优惠政策出口到欧美市场，为中国商品避开与欧美的贸易摩擦另辟蹊径，同时也促进了中国对非洲的直接出口。

（二）对非援助对出口贸易的间接促进机制

对非援助的出口贸易促进作用不仅体现在援非出口货物所带来的直接贸易效应上，更体现为援非的贸易间接效应，具体可以概括如下：

1. 知名度提高促进出口贸易增长

由于中国制造业起步较晚，因而在 20 世纪 90 年代，中国商品在非洲的知名度远不及发展成熟的欧美和日韩商品。随着一些国内名牌产品作为援非物资进入非洲国家，不仅满足了受援国发展生产、民用领域所必备的物资需求，而且许多品牌产品凭借自身过关的质量和优越的性能，得到了非洲人民的关注、肯定和支持，并在非洲当地逐步打开了市场，扩大了国内企业明星产品出口。例如，相对于发达国家，中国的电器品牌在非洲的起步较晚，当日本品牌例如松下、东芝已经享誉非洲的时候，人们对中国的品牌还不大了解。但是，随着电视机、冰箱和洗衣机等大家电作为援外物资进入非洲，中国制造在非洲的影响也逐渐扩大。又例如，中国为改善当地的公共交通系统，曾向几内亚、莫桑比克等多个非洲国家援赠过客车。在使用过程中，非洲人民发现相对于已经占据很大市场份额的日韩客车来说，中国的客车在车型、价格和舒适度上都更适合非洲的客观情况。因而，中国客车在非洲的知名度逐渐扩大，大金龙、中通等知名国内客车企业都拿到了非洲政府的采购订单，之后，中国客车的出口在经济发展条件较好的摩洛哥、南非、阿尔及利亚等国也取得了快速的增长。

2. 消费能力升级促进出口贸易增长

中国在援助非洲的过程中，发现多数非洲国家的经济基础设施落后，生产、生活水平较低，因此中国着重帮助非洲国家改善投资和贸易环境，发展当地制造业，提升非洲出口商品的附加值，提高当地劳动力技能，创造更多就业岗位。这为非洲当地带来的经济增长效应和就业效应不断地显现出来。以中国援建的赞比亚中国经贸合作区为例，截至2016年3月，经贸合作区累计投入基础设施建设1.87亿美元，已有55家企业和租户入驻，区内累计实现销售收入110.45亿美元。中国有色矿业集团有限公司（简称中国有色集团）自1998年进入赞比亚以来，不断加大在赞比亚的投资合作力度，积极推动赞比亚中国经贸合作区的发展。截至2015年底，中国有色集团在赞累计投资超过26亿美元，累计纳税3.6亿美元，为当地提供各种捐赠折合2 000万美元，同时也为当地居民提供1.5万个就业岗位。当地居民的人均收入水平有所提高，一个巨大的、购买力不断提高的消费群正在形成，进而为中国出口到非洲的商品提供更多的市场。又譬如，以移动通信产品市场为例，在中国援助下，非洲的通信基础设施条件不断改善，非洲人民收入水平逐步提高，这些都极大地促进了非洲人民对于手机和电脑等产品的需求，这为中国通信设备制造商提供了巨大的商机。数据显示，到2016年底，国产手机品牌传音手机出口量已经超过8 000万部，全部外销，其中部分出口量占据了非洲40%的市场份额。这使得传音在众多国内手机厂商脱颖而出，成为手机"出口冠军"。传音之所以能在众多知名品牌中突围而出，成为"非洲之王"的秘诀是做到产品本地化、差异化。例如自拍"美黑"、防汗防摔、四卡四待设置和音乐手机定位等多方面功能都切身地满足了非洲消费者的需求，为传音占据非洲市场打下坚实基础。

3. 产品质量提升促进出口贸易增长

中国商务部对援外物资的技术和质量要求非常高，因此，企业在申请援外资质和援外项目竞标时，会对自身生产设备和工艺水准进行改进，使产品在达到援外标准的同时，更加符合国际市场对产品的各方面要求。同时，由于对非援助物资的质量会影响我国产品在非洲当地的形象，因而政府会对生产援助物资的企业进行适当扶持，提供技术上的帮助以提高产品质量和生产效率。对于有良好发展前景的小型企业来说，它们可以抓住这个机会扩大生产，提高其国际市场地位。因此，许多企业在我国进行对外援助时都积极参加竞标，希望自己的产品能够成为援外物资。对于技术和产品质量都比较高的大企业，也可以利用这个机会扩大产品的销售市场，顺利走上全球化经营的道路。总的来说，援外产品就像一面镜子，既能反映出我国相关企业的生产能力，又能反映出其产品工艺水准和企业管理水平。部分援外企业已经充分认识到非洲市场是一个消费层次多、潜力巨大的未开发市场，并意识到援外对出口贸易的促进作用。为此，援外企业在生产援外产品的时候，严抓质量管理，将援外当作对外"窗口"，积极推动本企业产品的出口。另外，在非洲人民使用产品的过程中，援外企业会不断根据当地情况对产品进行改进。以机电产品为典型案例，由于非洲国家与我国所处地理位置不同，地处热带沿海的国家气候炎热潮湿，易于滋生霉菌，因而对产品也有不同的要求。援外企业为此改良产品，使其满足国家特别制定的热带机电产品环境适应标准，狠抓质量关，提高机电产品在不同环境下的工作适应性。又如，金城摩托根据尼日利亚道路的实际情况，增强轮胎的抗磨损性，延长轮胎使用年限，还根据当地丘陵地形较多、需要爬坡等特点，推出了动力更强、载重量更大的机型，颇受当地消费者的欢迎，为日后品牌对非洲的出口积累用户基础，提升消费者产品体验感受。

4. 基础设施改善促进出口贸易增长

中国众多资本和实力雄厚的承包工程企业，凭借成熟的技术和管理经验，与非洲国家在基础设施领域开展项目合作。经济基础设施的建成和改善，直接降低了我国贸易相关的固定和可变成本，包括运输、仓储、装卸等环节，加大我国在国际市场上的成本优势，最终增加出口。对外援助实施中，特别是在工程援助中，中国承建公司使用的原材料质量优良、定价合理，而且能定期交工，这为祖国和企业自身树立了良好的形象，从而有利于进一步扩大承建公司在受援国的承包工程和劳务合作业务。在许多国家和地区，中国的承包工程、劳务合作的总金额已经超过了中国的对外援助总额。从 20 世纪 80 年代中期起，中国企业通过经济援助项目转承包方式，开始进军非洲国际工程承包和劳务合作市场，夯实基础并逐渐站稳脚跟。2003—2014 年，中国企业在非洲新签承包劳务合同额及承包工程完成营业额持续增长。2003 年中国在非洲新签承包劳务合同额达 40 亿美元，承包工程完成营业额 26 亿美元。2008 年，中国企业在非洲新签承包劳务合同额及承包工程完成营业额再创新高，分别为 394 亿美元及 197 亿美元，分别同比增长 35.4% 和 58.9%。而 2013 年，新签承包劳务合同额 678 亿美元，承包工程完成营业额 479 亿美元。十年中两项指标均增长了 17 倍左右。这意味着中非在经济技术合作方面，规模大幅增加，合作程度不断加深。到 2014 年，中国在非洲新签承包劳务合同额 755 亿美元，承包工程完成营业额 530 亿美元，同比分别增长 11.4% 和 10.6%。这表明中国正不断扩大援非规模，认真逐步落实援非的八项重大举措，体现中国对外援助重信且守诺。目前，中国承建公司在非洲迅速开展承包工程，市场份额不断扩大，涉足房屋建筑、交通、水利、电力等领域，劳务合作则分布在建筑、水利、纺织等行业。基础设施建设是提升非洲投资和民生环境的支撑动力，对非洲实施减贫计划和长期经济发展至关重要。中国政府大力鼓励相关企业以及金融机构以各种援助方式、多项资金渠道参与非洲基础设施项目建设。目前，中国企业的业务已遍及非洲所有国家，非洲已经成为中国企业国际承包工程的第二大市场。随着承包工程的深入，在巩固传统优势的基础上我国企业也开始向规划、设计等上游领域和项目的后期管理、运营方面拓展，扩大业务范围。

表 4-5　中国企业在非洲新签承包劳务合同完成情况

（单位：亿美元）

时间	新签承包劳务合同额		承包工程完成营业额	
	合同额	同比增长（%）	完成额	同比增长（%）
2003	40		26	
2004	67	67.5	38	46.2
2005	86	28.4	61	60.5
2006	290	237.2	93	52.5
2007	291	0.3	124	33.3
2008	394	35.4	197	58.9
2009	440	11.7	281	42.6
2010			358	27.4
2011	458		361	0.8
2012	640	39.7	409	13.3
2013	678	5.9	479	17.1
2014	755	11.4	530	10.6

数据来源：作者根据 2004—2015 年《中国商务年鉴》整理，缺 2010 年新签承包劳务合同相关数据。

经济基础设施建设始终是中国对非援助的重点领域。2010—2012 年，中国仅在三年内就在非洲完成了 86 个经济基础设施项目的援建工作。2012 年，中国更是宣布同非洲部分国家建立跨国、跨区域基础设施建设合作伙伴关系，拓宽援助层次。在对非援建的经济基础设施方面，最为中国人民所熟悉的是坦赞铁路。坦赞铁路于 1968 年开始勘测，1970 年开工，1976 年建成。该铁路全长 1 860.5 公里，东起坦桑尼亚，西至赞比亚，是贯通东非和中南非的交通大干线，也是迄今中国建成的最大的援外成套项目之一。该项目是中国土木工程集团有限公司的前身铁道部援外办公室利用无息贷款代表我国组织、设计及建造的工程。项目的顺利建成极大改善了坦、赞两国的交通运输条件，为铜矿资源丰富的赞比亚提供了出海口，也成为坦、赞经济发展的命脉。而对于中国来说，该铁路的建成极大地便利我国向非洲出口产品。货车上满载的各式各样的中国商品，从纺织品到电器，给当地人带来质优价廉的物资，扩大了中国出口贸易。非洲人民更是把坦赞铁路的成功援建称为"南南合作的典范"。除了交通基础设施，在通信领域，非洲部分地区通信水平的逐步提高也部分有赖于援外工作的开展。中国通信企业在非洲参与了固定电话、移动通信、互联网等通信设施建设，扩大了电信网络的覆盖范围，降低了通信资费成本，提升了通信服务质量。通信领域的基础设施建设为满足非洲人民日益增长的手机产品和互联网服务需求提供了基础，为我国通信产品，特别是手机出口提供良好的产品使用环境。

5. 对外投资促进出口贸易增长

中国经过多年的改革开放，部分产业如纺织、家电以及服装的生产技术和管理经验已经具备较高的水准，适合非洲国家发展国内产业的需要。积极占领非洲市场是中国改革开放后国家实施对外"走出去"战略的重要目的，也是加强中非经贸深度合作、实现中国援助非洲的经济目标之一。此外，随着中国援非进一步改善当地的投资环境，将吸引更多的中国企业到当地进行投资，与当地企业进行合作和发展。在这过程中，必将带动中国相关产品的出口。以机电产品为例，我国的机电产品通过借鉴西方工业发达国家的生产技术和先进经验，以及自身长达几十年的不断探索，积累了丰富的经验，已经取得了长足的进步。目前，产品的工艺和质量符合国际标准，具有强大的生产成本优势，已经发展成为我国对非出口占比最大的商品。随着非洲国家基础设施建设的逐步推进，以及中国在非洲制造业领域投资的加速投入，将进一步拓展我国相关产品在非洲的商机。中国政府始终支持和鼓励有实力、有信誉的企业到非洲投资建厂。近年来，中国对非直接投资规模增长迅速，据国家统计局统计，截至 2016 年底，中国对非洲直接投资存量 399 亿美元，同比增长 15%，中国对非洲直接投资净额 24 亿美元，下降 20%。从图 4 - 12 可以看出，除个别年份外，中国对非直接投资存量与对非出口额大致呈向上发展的趋势。虽然这并未能直接解释中国对非投资和促进对非出口的因果关系，但我们可以认识到，确实存在促进机制使得对非投资扩大了我国产品对非洲的出口。

（亿美元）

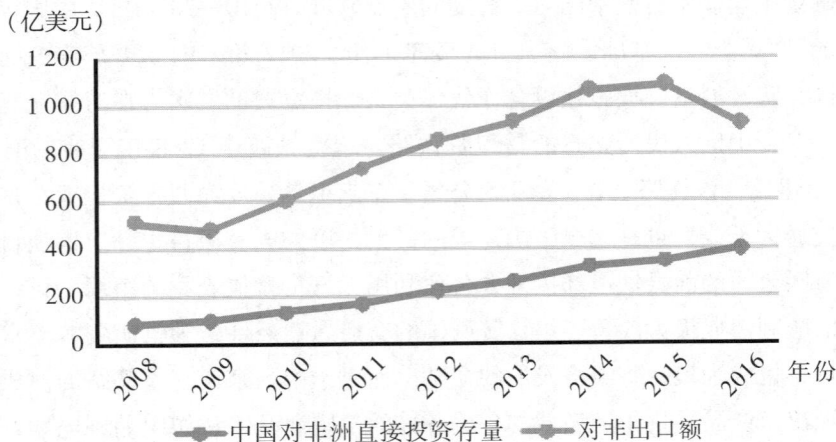

图 4 - 12   中国对非直接投资存量和出口额

数据来源：国家统计局。

综上所述，从中非贸易角度来看，首先，援助非洲可以直接促进一般物资方式以及优惠贷款和合资合作项目基金方式下的货物出口。其次，援助非洲项目通过多种渠道促进中国产品的出口，其中，知名度提高、消费能力升级、产品质量提升、基础设施改善和对外投资间接促进了中国产品的出口。

第五节　中国对外援助的政策建议

一、加强对外援助和贸易结合

近年来，西方各国纷纷调整其外贸发展战略，增加对受援国的援助，加强援外与贸易、投资相结合，促进本国企业在受援国投资和开拓市场。在这种形势下，中国要迅速拓展受援国市场，全面加强与受援国的经贸合作，带动国内产品的出口，就要充分利用一切有利因素和条件，坚持各种经济合作形式相结合，发挥援助、贸易、投资与工程承包等多种方式的综合效应，而不能仅仅依靠国内出口企业的自身努力。自 1995 年我国采取援外与经贸互利合作的援助方针以来，我国的援助工作已经取得了极大成效。2006 年中非合作论坛北京峰会上，中国宣布的"八项措施"涉及援助、贸易、投资等方面，这正是进一步加强对外援助和贸易相结合的现实体现。对外援助不仅促进了受援国经济和社会的发展，也促进了我国和受援国的经贸关系，形成了互惠互利的良好局面。因此，新的援助方式被历史实践证明是正确的，在以后的对外援助中我们应进一步加大对这种方针的贯彻和实施。

首先，积极推行援助优惠贷款。政府贴息优惠贷款发挥了金融机构在受援国援助项目中的融资效率。同时，利用援助项目合资合作方式，把援助与投资、贸易等有机结合，既有利于受援国发展经济，也有利于我国企业开拓受援国市场。具体做法是：①利用对受援国给予优惠贷款，带动中国成套设备、机电产品，特别是高科技产品的出口，并以此为突破口，逐步扩大市场占有率。②利用优惠贷款推动中国有比较优势的企业开展与受援国的经济合作，为中国企业在受援国开发创造商机。通过合作援助让西方国家了解中国援非的真正目的，从而减少对中国对外援助的疑虑和负面看法。③以援助受援国来增加中国工程承包项目中标的砝码，为中国企业开展承包工程打下基础。④对受援国的贸易和投资也要配合我国对外援助的基本考虑，要促进受援国的发展，在当地投资的中国企业应及时回馈当地社会和人民，积极履行社会责任。

其次，在提供经济技术援助时，应以互利合作为主，无偿援助的规模不应过大。从对援外教训的总结可知，过多的无偿援助很可能造成受援国对援助国的依赖，从长远看不利于受援国的自身发展能力建设。从中国的现实状况来看，近些年中国经济已经出现增长乏力现象，中国的财力还比较有限，在提供对外经济技术援助时无偿援助比重过大不利于中国的内部经济建设。中国应重点与受援国开展平等互利的经济合作，促进双方的经济技术交流，而不是单方面履行援助国的义务，要使援助双方都能从中受益，达到共同繁荣、互利共赢的目的。

二、加强对外援助的理论研究

目前，我国对外经济援助工作缺乏完整的理论指导，还未形成一套富有中国特色和适合中国国情的对外援助理论体系，也没有专门研究这方面理论和实证层面的学术机构。国家在对外援助理论与实证层面的研究薄弱，并且对西方对外援助体系了解得不够深入细致，基本上处于研究的探索阶段。

对外援助是中国对外政策的重要组成部分，也是中国实施和平发展战略的一个重要组成部分，更是实现中国经济外交利益的重大方式。因此，它应该有一个完整系统的理论做理论指导。虽然我们在1964年提出八项原则，之后在1983年提出四项原则，又在21世纪提出了合作共赢的对外援助新理念，但还是不够。同时，在对外援助的过程中，中国将面临越来越多且越来越复杂的援助问题。如何使援助更加有效、如何使经济援助与出口贸易相结合、如何实现互利互助的经济合作等，都是值得政府机构和学术界继续深入探讨的话题。因此，中国应加强对外援助理论研究，增加对外援助的民主化、科学化、理性化成分。这方面，发达国家特别是OECD的DAC成员国在官方发展援助方面的研究比较成熟，值得我们借鉴和学习。DAC成员国的对外援助不仅历史悠久，而且在政策制定、援助规模、实际操作、管理监督以及援助效果的绩效评估方面不断地调整和完善，积累了许多成功的经验。例如，在机构设置方面，美国设立专门的机构，包括美国国际开发署、技术合作署、共同安全署进行理论政策的研究，对该国对外援助工作进行指导。同时，美国技术合作署和共同安全署利用美国各大学的资源，帮助进行食品安全等援外问题的研究和规划。这些理论的研究对美国对外援助发展有重要的指导作用。

三、完善对外援助的立法工作

中国的对外援助工作虽然从新中国成立时就已展开，但相关的立法工作却相当滞后。相较而言，西方国家在对外援助立法方面做得比较全面，各国都有对外援助法规和相关法案，为援外提供法律支持。例如，美国在1961年通过了《对外援助法案》，率先将对外援助政策制度化，增加对外援助的合理性。日本则有官方发展援助大纲规范政府的对外援助活动。而中国改革开放后，尽管在援外立法方面取得了一些进展，但尚没有相应的一整套对外援助法律、法规从总体上全面指导中国的对外援助工作。现有的对外援助法律制度仍以部门规章为主体，由相关条例和文件构成。由于缺乏相关法律的强制性约束和严格规范，相关援外人员在援外决策制定和执行上有较大的随意性，难以保证援助的有效性和科学性。

中国作为发展中国家中对外援助的中坚力量，也应有自己的对外援助法律，将中国的对外援助逐步纳入法制化轨道。这部法律应从宏观上明确将中国对外经济援助列为中国国际经济贸易开发的工作内容，规定中央、地方政府各相关部门、企业及个人所享受的权利、责任和义务。这能够使国内公众理解和支持我们的对外援助政策及其对□国经济发展的作用，使对外援助工作主动服务于中国的经济发展战略，在合法范围内更有效地促进中国与受援国双方经济的发展及双边经贸活动的开展。

四、提高对外援助的透明度

由于历史原因，中国对外援助工作长期处于不公开状态，透明度较差。例如，中国每年对外援助金额的分地区统计、分国别统计、分领域统计，以及援助的法律依据、后续评估等都没有形成透明完整的定期报告。这使得国际社会，特别是部分欧美国家对中国的援外工作持怀疑态度，出现了中国新殖民主义论、掠夺资源论、漠视人权论等一系列错误的看法，这些看法也不利于国内公众对援外工作的理解和支持。事实上，在运用多项援外手段维护国家经济政治利益这个问题上，中国应当理直气壮地宣传中国对外援助的政策和取得的巨大成就。提升对外援助的透明度不仅有助于学者对对外援助的学术研究，而且有助于获得社会各界人士的广泛理解和支持，这对于做好援外的舆论工作十分有益。

要提高中国对外援助的透明度，第一，应加大对外援助的宣传力度。我国文化源远流长，包括团结、合作、包容等优秀民族精神。精神的传递和中华文化的耳濡目染可以增强外界和受援国对我国援外行为的认同和支持，进而提升国家形象和软实力。一方面，适当的媒体宣传可以让外界充分了解中国对受援国援助的理念、方式以及取得的成绩和亮点，如坦赞铁路、教育援助、农业技术援助和人道主义救援等。另一方面，中国媒体在关注中国所取得成绩的同时，也应该客观地呈现中国所遇到的困难和存在的问题，特别是在遭遇突发事件时，尽量能在第一时间全面、客观地报道新闻，主动掌握话语权，避免出现西方媒体歪曲事实、扩大恶劣影响的情况。第二，发挥非政府组织在对外援助中的作用，积极鼓励有经济实力、有社会责任的民营企业参与对外援助，吸收社会资源和力量提升援助成效。第三，加强中国对外援助网络信息平台建设。近年来，中国对外援助包括对非援助的网络信息平台建设已经有了很大进步，但还存在一些需要改进的地方。例如，官方及时汇总发布中国对外援助信息。如目前，就中国对非援助信息的发布来看，主要由中国驻非洲各国大使馆经济商务参赞处发布，信息更新速度参差不齐，发布较为零散，并且不在统一的板块中。比外，其他如外交部、商务部等部门也有相关援助新闻发布。但总的来说，中国援外信息的发布还未形成一个清晰明了的系统，这使得中国援外信息透明度降低。因此，中国官方应将可以公布的援外信息及时汇总后进行合理分类、系统公布，以增加信息透明性。

第五章　中美贸易摩擦

第一节　中美贸易摩擦的过程

2018 年 3 月 8 日，美国政府突然单方面宣布对中国出口的钢铁和铝制品征收更高的关税，中美贸易摩擦拉开了序幕。同月 22 日，美方在其官方网站上公布《对华 301 调查报告》（简称"301 调查"），调查强调中国在有关知识产权、技术转让、创新发展等活动上所采取的行动、政策和实践的行为是"不合理或歧视性的，对美国商务形成负担或限制"。基于这份对华"301 调查"，在北京时间同月 23 日凌晨，美国总统特朗普签署备忘录，指令有关部门对从中国进口的约 600 亿美元商品大规模加征关税，并限制中国企业对美投资并购。

"301 条款"为美国《1974 年贸易法》第 301 条的俗称，凭借该条款，美国贸易代表可对他国的"不合理或不公正贸易做法"发起调查，如果调查情况属实，那么美国政府有权利实施单边制裁，包括撤销贸易优惠、征收报复性关税等手段，以保护本国贸易利益和维护市场公平。本次公布的"301 调查"，是在 2017 年 8 月启动，目的是为了调查中国企业是否"涉嫌侵犯美国知识产权和强制美国企业作技术转让，以及美国企业是否被迫与中方合作伙伴分享先进技术"等有关知识产权保护和侵权的问题。

2018 年 4 月 4 日，美国贸易代表基于《对华 301 调查报告》所得的结论，宣称将于 7 月 6 日对 1 333 种、总值 500 亿美元的中国商品加征 25% 的关税。同日，中国方面提出对 106 种、估值约 500 亿美元的美国产品增收 25% 的关税，其中包括了大豆和波音飞机。4 月 5 日，特朗普要求美国贸易代表办公室（简称 USTR）考虑加征 1 000 亿美元中国商品的关税。4 月 5 日，中国向美方提出世贸组织协商请求，就美国针对进口钢铁和铝制品的 232 措施，以及对美方的"301 条款"所提出的内容进行谈判。美国"232 调查"，是指美国商务部根据 1962 年《贸易扩展法》第 232 条款，对特定产品进口是否威胁美国国家安全进行的立案调查。4 月 16 日，美国商务部产业和安全局（简称 BIS）对中兴通讯和中兴康讯公司做出严厉的仲裁——拒绝它们进入美国市场，其理由是中兴通讯并没有及时对违规出口管制的某些员工实施相应的惩戒，并且曾对美国政府提交了两份虚假陈述的函件。4 月 18 日，美国同意和中方协商贸易争端问题。

5月2日，中美开展第一次有关中美贸易摩擦的谈判，美方开出天价条件表明自己不愿意接受和谈的态度。美方具体要求主要为：①从2018年6月开始，每12个月至少减少1 000亿美元的对美贸易逆差。到2020年底，同2018年底相比，至少减少2 000亿美元的对美贸易逆差。②立即取消任何形式的针对《中国制造2025》确定的十个高新科技制造业部门的支持。③取消在华经营的外资企业的投资限制，进一步开放金融市场，包括放松外资企业占股比例上限；在2018年7月1日前需要公开发表"负面清单"，要求全面开放外国投资，不再针对某个产业部门，或者某个经济部门限制外资企业的进入。在清单公布的90天内，美国会进一步核查，中国境内是否仍然存在对美国外资不公平的投资限制行为，并进一步回馈以问题清单，中方在接到清单后，需要在双方协商的时间内采取积极的行动以消除一切不公平限制。④中国要在2019年1月1日前停止有关知识产权的政府干预，包括但不限于强制技术转让，合资企业形式要求等，不能以任何形式（显性的、隐性的）破坏知识产权的保护。⑤截至2019年1月1日前，中国需要修改《中华人民共和国技术进出口管理条例》和《中华人民共和国中外合资经营企业法实施条例》；尽管这两个条例是中美在世贸组织磋商中认定的条款，得到了当时中美两国的共同认证。但是，时过境迁，世界格局已经发生了很多变化，美方认为这些条款已经不满足当前中美关系，其新的条款规定需要根据美国要求重新修改，该条例才能进一步使用。不仅如此，中国要撤回一切向世贸组织提出的磋商请求。⑥美方认定自己的"301调查"是公平正义的，中方在日后贸易往来中，不可以采取任何形式的报复，并且要付出尽可能避免报复行为的努力。否则会受到美方的谴责和惩戒。⑦美方会对中方知识产权保护进行季度评估，如果美方认为中方无作为，美方会对中方不符合"规定"的行为采取关税惩罚，中方应该且必须同意遵守美方制定的出口管制法（这份法律严格管控了高新科技产品对华的出口）；美方要求中方立即停止对美国技术和知识产权的网络、经济间谍、仿冒和盗版活动。⑧对于中国对美技术和国家安全敏感部门投资，美方要实行对这些投资的限制，中国不能反对、挑战和报复美国的行为。⑨2020年7月1日前，中国将把非关键（non-critical）部门所有产品的关税降到不高于美国同类产品的水平。美国可能对关键部门的产品进口施加限制或者征收关税（包括《中国制造2025》相关产品），中方应该认可这种行为，不得异议。⑩中国若未能履行针对该协议的承诺，美国将会对中国进口征税，必要时候还会采取其他措施保证中美双方在公平自由的环境下进行国际贸易，中方需要保证不会对此采取任何形式的报复措施。

尽管美国提出了各种无理的要求，但中方为了和平和发展，在保证自己为中国广大人民谋福利、保证国家利益的前提下，做出了力所能及的让步：①中国将致力于降低美国出口产品的关税，包括汽车进口关税等，并允诺进口大量美国的货物和服务，以消除贸易逆差的影响。但是这样的妥协是有条件的。中国要求美国需要撤销对中国出口高新科技产品的限制，尤其是有关集成电路产品的限制；需要开放中国从美国进口IT产品的途径；恢复中国对美熟制禽肉的正常出口等。②增加双边服务贸易——双方各自成立服务贸易工作组；允许服务业在海南自贸区向外开放，包括但不限于医疗保健、养老、建筑设计、环境保护等领域；在 15 个地区开展跨境服务贸易试点，并加大对美国电影的进口额度。③重新修正中国对合资和股比的激励政策为"强制性技术转让"行为。④美国应该修改对中兴的惩罚条款，确保半导体行业在全球供应链的健康和完整。⑤美国要在实际意义上承认中国在世贸组织下的市场经济地位，不能用"替代国"标准对中国产品进行反倾销调查。⑥美国需要终止对中国知识产权问题的调查，同时要求撤销在调查下进行的任何关税计划；美国还需要承诺在未来不对中国发起任何"301 调查"。

最终的结果，我们并不得而知，但是从事后看，中国需要进行第二轮谈判，且中美贸易战最终打响，可以窥见第一轮谈判，尽管中方做出了种种让步，但最终双方并没有达成一致的共识。

于是，5 月 15 日至 19 日，刘鹤率中国代表团赴美进行第二轮谈判。美国要同中国打贸易战，其理由归纳不外乎是中美长期巨大的贸易不平衡；中国没有遵守世贸组织规则和兑现世贸组织承诺；中国通过不正当手段取得美国技术。所以谈判的内容和需要达成的协议均围绕这三点来进行。中方统一采取有效的措施以实质性减少双方贸易逆差，中方将大力购买美国的商品和服务，并有意识地增加美国农业产品和能源产品的进口。对于知识产权方面，中方同意推进包括《中华人民共和国专利法》在内的相关法律法规修订工作，不以任何不公平手段夺取知识产权。另外，双方同意鼓励双向投资，加大对外开放力度，为国内资本和外国资本创造公平竞争的经营环境，继续保持高层沟通。外国媒体透露，中国拒绝了美方要求中国减少贸易逆差 2 000 亿美元的要求，但同意增加能源和农产品金额约 700 亿美元的进口。中方否认存在知识产权盗窃问题，双方未就知识产权保护达成共识，中国拒绝美方提出的"更实质性改变"的要求。5 月 25 日，美国总统特朗普称，中兴可以在接受购买美国零部件、缴纳 13 亿美元罚款、提供更高水平的安全保障，以及进行管理层和董事会的改组后恢复业务。但是事件并未得到真正的平息，5 月 29 日，白宫发表声明称将在 6 月 15 日公布限制对华贸易的具体措施。中国商务部立即回应这一声明的不合理性——有悖于中美"休战"共识。5 月 30 日至 6 月 2 日，中美第三轮谈判关于中美贸易休战的问题。但是在谈判结束后，双方并没有发表联合声明，暗示了贸易战有很大的可能性会持续下去。

6 月 15 日，美国政府宣布，将按原计划于 7 月 6 日执行对中国进口商品加税 25%。中国商务部随后立刻宣布对美征税措施，以"同等规模、同等力度"关税反抗美国的加税行为，这标志着双方之前的一切磋商结果作废。6 月 16 日，针对美国 6 月 15 日的决定，中国国务院关税税则委员会发布公告，对原产于美国的 659 项约 500 亿美元进口商品加征 25% 的关税。对美农产品、汽车、水产品等 545 项商品，中方在 7 月 6 日后开始实施加征关税磋商，并拟对美化工品、医疗设备、能源产品等 114 项商品加征关税，具体实施时间未定。6 月 18 日，以特朗普为首的美国政府叫嚣将对 2 000 亿美元中国商品加征 10% 的关税，并恐吓将对另外 2 000 亿美元的中国商品追加额外关税，以此作为对中国反击的惩罚。6 月 19 日，中国商务部发言人强调如果美方丧失理性、出台清单，中方将不得不采取"数量型和质量型相结合"的综合措施，做出强有力的反制。中国绝不会对不公平、不公正的对待而妥协。

但是，事情并没有向着好的方向发展，2018 年 7 月 6 日，美国正式对第一批 818 个类别、市值 340 亿美元的产品，也就是第一批清单上公布的产品加征 25% 的关税，作为反击，中国也在同一天对相同规模的美国产品施以同样的制裁。

在多次磋商的过程中，中美贸易战一度出现停战的可能性，但是特朗普一意孤行，执意执行对中国 500 亿美元产品加征关税的计划，此举大大侵害了中国国际贸易过程中的合法利益，也破坏了世界贸易的公平和秩序。中方不得不采取"同等规模、同等力度"的措施反制美方的野蛮行径。事情发展到这一地步，中美贸易战已经基本不可避免。

第二节　中美贸易摩擦的背景

中美贸易战的爆发背后是中美贸易摩擦的矛盾深化的结果。要想深入分析中美贸易战，首先我们要深入了解和分析中美贸易摩擦。改革开放至 2018 年刚好四十周年，中美关系经历了破冰到合作、合作到冲突的过程，世界潮流也逐渐从贸易自由化转变成了贸易保护主义——为了打破美苏争霸的困局，中美于 1972 年正式破冰；为了应对反恐事件，"9·11"事件发生后，美国政府谋求中国合作维护世界安全格局，并且在美国的支持下，2001 年 12 月 11 日中国正式加入世贸组织。但是好景不长，2008 年美国《国防战略报告》将中国定义为"潜在竞争者"；随着中国不断崛起，美国在 2018 年《国防战略报告》中将中国定义为"战略性竞争对手"，对于中国的忌惮之心日益严重。

一、中国积极加入世界贸易组织

自改革开放以来，中国就想方设法、积极谋求加入关税及贸易总协定（世界贸易组织的前身），以实现"对外开放"、推动经济建设的目标。但是无论中方做出任何努力，依然受到了美方和其他西方列强的阻拦。究其原因，首先，中国对外向来保持"五项基本原则"，而其中最重要的一项就是"互不干涉内政"，在这个基础之下，中方强调政治问题不能与经济事项挂钩。在改革开放的指引下，中国也明确提出当前中国正处于社会主义初级阶段的国情，所有的政策和方针都要与基本国情相适应，进而提出了中国特色社会主义市场经济的概念。但是欧美却希望插手中国内政，特别是美国方面希望干预中国民主问题、台湾问题、西藏问题和新疆问题等，从而控制中国的未来发展方向和政治命脉，便于巩固自己的霸权地位。对此，双方始终未达成共识。其次，由于中国国情的影响，美方特别指出中方国企垄断问题、关税等贸易壁垒问题、知识产权问题等在当时未得到妥当解决，从而导致中国入世一拖再拖。

但是，美国在本质上是希望与中国建立贸易往来，谋求更大利益的。首先，根据贸易的比较优势理论，美国认为坚持开放和双边贸易可以获得更大的利益；其次，中国在当时拥有巨大的人力资源优势，而且由于人口基数大，还具有相当大的市场潜力；再者，中国地大物博，具有相当多的稀有资源等。因而，美国每年给予中国贸易最惠国待遇，即相当于加入世界贸易组织的待遇。但是美国每年一次的审批都是在拿捏中国，而且往往附带很多政治条件，这再次引发了中美大大小小的贸易摩擦。

二、关于中国履行世贸义务的争议

2001 年 12 月 11 日，中国正式加入世界贸易组织，成为其第 143 个成员。但是，加入世界贸易组织非但没有减少中美摩擦，相反，随着两国贸易来往不断加深和中国日渐发展，中美之间的矛盾也日益尖锐。美国一直认为中国加入世界贸易组织并没有完整履行应尽的义务，相反享受到更多世贸组织带来的便利。

美国针对中国发动了一系列的限制——首先，美国在加入世贸组织后对于其他国家的反倾销控诉普遍呈下降趋势，但是对中国的反倾销控诉不断增加，截至贸易战前为止，中国已经成为美国反倾销控诉最多的国家，而且惩罚力度也越来越大。雪上加霜的是，美国的行为亦带动欧洲其他国家的反倾销控诉，妄图通过这些贸易纷扰阻碍中国企业进军世界市场的进程。其次，美国对华出口管制越演越烈，2007 年美国商务部正式出台其酝酿已久的对华管制政策。商务部修改了《出口管理法案》，以修订和澄清美国对中国出口和再出口商品的许可要求和许可政策。对于受到这条规则管制的产品的对华贸易，以及对于总价值超过五万美元的交易都需要获得美国当局的许可证明。而这些被管制的产品大多数为高新科技产品，也是中国最迫切需要引进的产品。自此之后，直到贸易战的爆发，出口管制一直呈现出越来越严格的趋势。美国多次对中国交易提出反倾销等控诉；另外，其也多次表现出对中国的知识产权和市场体系不完善的担忧和不满。

2011 年，国务院新闻办首次针对中国对外贸易情况发布白皮书，白皮书强调了中国加入世贸组织后，其义务全部履行到位。白皮书中还强调了中国对外贸易发展对于世界的贡献。第一，中国于 2008 年金融危机中率先站出来救市，维持国内经济稳定，进而维持进出口贸易规模的稳定，甚至成为 2009 年全球主要经济体中唯一维持增长的国家，进口量增长 2.9%，而同期世界货物贸易进口量只有 12.8%。世界贸易组织在对中国进行第三次贸易政策审议时指出，中国对于全球需求的刺激，大大加快了全球经济复苏的进程，中国对世界经济复苏做出了自己应有的贡献。第二，中国在为自己国民谋福利的同时，也在提高贸易伙伴的国民福利。中国一直坚持命运共同体意识。中国积极参与全球分工，依靠自己的比较优势——劳动力成本优势、较为完整的产业链、优秀的制造力和不断提高的劳动生产力，在推动自己发展的同时，带动了其他发展中国家向前进步；也为世界市场贡献更多的商品和服务，满足了国际市场多种多样的需求。第三，中国的发展为贸易伙伴提供了广阔市场。根据白皮书的数据显示，目前中国市场已经是日本、韩国、澳大利亚、巴西、南非等国家的第一大出口市场，是欧盟的第二大出口市场，是美国和印度的第三大出口市场。中国的发展也为维持其他国家的就业提供了帮助。

另外，中国在加入世贸组织之初，于2001年12月10日颁布《中华人民共和国加入世界贸易组织议定书》，里面列举了中国在加入世贸组织后需要兑现的承诺，主要包括：调整关税，十年内要求关税总水平由加入时的15.3%降至9.8%；消除非关税壁垒；明显减少关税配额；削减补贴，特别是农业补贴；接受特殊的"保障措施"条款，同意世贸组织成员国可启动专门针对中国的保障措施。另外，因为中国不是以"市场经济国家"的地位加入世贸组织的，基于自由贸易的原则，中国需要在规定的时间内向世界开放自己的金融服务业，进一步开放其他服务业。

以关税减让为例。2015年6月18日，商务部新闻发言人沈丹阳在例行新闻发布会上介绍，"2002年1月1日开始全面下调关税，分十年逐步实施。其中，对绝大部分进口产品的降税承诺在2005年1月1日已经执行到位；到2010年1月1日，所有产品的降税承诺已经履行完毕"。在2018年3月24—26日的中国发展高层论坛年会上，商务部副部长王受文在谈及中美贸易摩擦时表示，中国贸易加权平均关税为4.4%，已接近发达国家水平。截至2018年，中国已与分布于四大洲的21个国家建立自由贸易区，包括东盟十国、智利、巴基斯坦、秘鲁、韩国、澳大利亚、格鲁吉亚等国家签署并实施自由贸易协定。关税减让进程是协定的重要组成部分，中国在关税减让方面一直在前行，所付出的远超于当年承诺的部分。

在这个世界上，没有哪个世贸组织的成员国敢夸下海口说自己完全履行了所有的义务。因为各个国家对于规则的理解存在差异，会导致义务履行与否存在争端。所以最关键的是，要尽力去履行应该履行的义务，尽力去弥补自己的过失。中国在贸易争端仲裁中，如若经历败诉，必定承担过错，迅速改正。在履行义务和遵守规则方面，中国一直在尽善尽美，而这也得到世贸组织时任总干事帕斯卡尔·拉米的赞同。在成都，他公开表示中国入世后的表现是A+（A plus），他的这些评价无疑都是建立在世贸组织对中国政策的评审基础上的。而对于弥补自己过失方面，中国对于所有被仲裁的交易、被认定的不妥都会妥善处理，绝不会一拖再拖，企图蒙混过关。

实际上直到2016年，美国政府对中国执行世贸组织承诺的评价也不全是消极的。例如，在2016年的《中国世贸组织承诺履行年度国会报告》中，USTR对于中国加入世贸组织是持积极态度的，并肯定了中国加入世贸后做出了巨大的贡献，并没有否定中国对世贸组织承诺的执行——在原报告的提法是"总体情况依然是复杂的（complex）"。但是，在2017年的报告中，USTR 却一反常态，极其不负责任地认为中国虽然执行了世贸组织承诺，但这是因为中国最初承诺的义务太简单了，所以轻松达到了标准。

然而事实上，在美国 2018 年 3 月 22 日公布的《中国贸易实践的 301 条款调查报告》中，世贸组织一词只出现过 25 次，而且有 11 次是出现在注释中。可以见得美国已经难以在实际的数据上对于中国不信守之前承诺的规则做文章，美国多次指责中国不履行世贸组织义务，本质上是美国为了阻碍中国经济顺利发展的一个借口。

不过，见微知著，美国对于中国的崛起一直心存芥蒂，因而不断加深中美两国的贸易摩擦，但美国无法抑制中国的崛起，中国也不盲从美国的决议，最终矛盾激化，演变成今日的贸易战。

三、美国制造业的空心化导致中美贸易摩擦加剧

美国的制造业在全球长期居于不可动摇的主导地位。但是，从 20 世纪 50、60 年代开始，美国或有意或无意开始了"去工业化"，这大大弱化了美国在传统一般制造业的优势，转而发展金融等服务性行业，最终形成了"金融强、实体弱"的产业格局。

之所以说美国开展"去工业化"是一种有意或者无意的行为，就要追溯到布雷顿森林体系了。美国确立了自己作为世界货币体系的地位，世界上很多贸易的结算货币一般认准美元，这就导致了世界各国都需要累积美元，向美国售出更多的货物，以满足他们的国际贸易和经济发展需要。更有甚之，美国与其他国家的贸易逆差并没有随着美元与黄金脱钩而得到解决，而是随着美国综合国力不断上升而加强。美国必须从世界其他地区购买更多的产品，而不是美国向世界其他地区销售产品，否则美元将永久性流入到世界其他地区，而这可以实现世界其他地区的中央银行建立属于自己的货币储备。在这样的历史背景下，截至 2018 年，美国只有 440 亿美元的外汇储备，相反，美国的国债却屡破新高，目前已经突破 21 万亿美元。

美国外汇的流失导致了长期的贸易逆差，而其中又以与中国之间的中美贸易逆差占了最大的比重。贸易逆差导致逆差国的供给有余而需求不足，所以制造业会因此而萎缩，造成美国制造业岗位不断外流，中国因为具有巨大的劳动力优势和其他优势，从而承接了绝大部分的制造业岗位。这使得美国大部分有名气的制造业城市或地区，例如汽车城底特律、钢铁城匹兹堡、西部矿山油井等由于劳动力流失而导致人口密度大幅度下降，当地经济也日益萧条。而同期，中国的制造业不断发展，在 2011 年已经成为制造业第一大国。美国转型金融业和服务业，导致了对虚拟经济的过度依赖，引发了影响深远的 2008 次贷危机、金融危机和经济危机。危机致使美国面临严峻挑战和困难，经济不升反降，失业率

屡破新高，影响到国内的稳定，实体制造业一蹶不振，虚拟经济难以为继，国民经济举步维艰。

美国政府充分认识到制造业复兴的重大意义。另外，在经历了各种危机事件和信贷危机后，美国国内民众关于实施"再工业化""重振制造业"的呼声日益强烈。奥巴马政府痛定思痛，深刻反思"去工业化"经济发展模式的合理性和可持续性，认为现阶段美国的经济发展模式已经无力维持其在世界的霸主地位，美国应该投入更多精力在制造业上，并因此提出再工业化、重振制造业的经济复苏战略；把大力发展国内制造业和促进出口作为实现经济复苏战略、振兴本国工业、实现经济可持续发展乃至维护国家安全的重要支撑。制造业振兴战略是奥巴马政府为应对危机而提出的，其本意是为了刺激实体经济复苏，从而推动出口规模扩大和拉动当地就业，走出经济衰退困境，调整当前阶段美国经济发展模式。然而，在特朗普上台后，这个战略被深化，推动传统制造业升级已经成为产业转型升级、经济长期增长、国际贸易占据有利地位的重中之重，是塑造"后危机时代"美国经济新的竞争优势的关键一步。

美国政府将矛头直指中国。原因在于中国正处于一个转型的关键点——既是一个制造业大国，但同时又不是一个制造业强国，美国恰好可以利用这个时机，将威胁扼杀于摇篮当中，继续维持自己的霸权地位。中国提出《中国制造2025》，想要从制造业大国转型到制造业强国，实现自己的进一步发展，为世界贡献更多的力量。这个决定对美国当局政府造成了深深的威胁感，美国不会放任自己在国际贸易中的地位被超越，为了维持霸权，美国必须要对中国进行更多的打压，所以美方主动挑起与中国的贸易战，并且贸易战的主要矛头方向直接对口《中国制造2025》。狼子野心，昭然若揭。改革开放四十年来，中美经贸关系经历了从破冰到合作再到遏制、从贸易自由化到贸易保护主义的历史性巨变：20世纪70、80年代美苏争霸，为了削弱苏联盟友势力，增加自己的合作伙伴，美国积极和中国建交；2001年"9·11"事件发生后，美国政府谋求中国合作"反恐"，在美国支持下，2001年12月11日中国正式加入世贸组织。在那一段时期里，中美关系是处于"蜜月期"。但是好景不常在，随着中国加入世贸组织，依靠出口驱动，中国经济实现了超越"东亚奇迹"般的增长。在2008年，美国《国防战略报告》首次将中国定义为"潜在竞争者"，它开始意识到中国崛起对其地位的威胁。但是，因为爆发金融危机，美国忙于应对国内经济，无力对付中国。但是随着全球经济复苏，以及中国日益崛起，美国无法再坦然对待中国崛起的事实，在2018年《国防战略报告》将中国首次定位为"战略性竞争对手"。在2018年，美国对中国进行贸易战。

第三节　中美贸易摩擦产生的直接原因

贸易摩擦早已经产生，特朗普在竞选总统时，一度以降低中美贸易顺差 1 000 亿美元为承诺，获得了很多选民的支持。目前在西方发达国家，有一种喧嚣于尘世之上的观点：他们认为贸易顺差代表中国只往国外输出，却不往国内输入，导致制造业逐渐转移到中国境内，中国的出口目的国的制造业凋零，工人失业率大幅提高。根据美国商务部的统计，美国从 1985 年开始出现六亿美元的贸易逆差，到 2017 年，贸易逆差已变为 3 752 亿美元，创历史新高，其中中美贸易逆差占据了 60% 以上的比例。

北京大学国家发展研究院副院长卢锋公开写道，在 2007 年内，美国决策层对于中国通过竞争手段造成中美之间巨额贸易逆差提出很多的抱怨和质疑，他们不但在重要的文件、报告中控诉，甚至在公开场合演讲的言语行间表达对中国竞争手段的不满。

尽管中国商务部与学者们多次表示，美方的统计有失公允。如果从全球价值链的视角来看，美方的统计高估了中国的贸易顺差，比如苹果手机，虽然大量从中国出口，但中国并没有从中赚到多少钱。然而，这依然阻止不了中美贸易顺差成为贸易摩擦的主要矛盾点，也成为中美贸易摩擦的关键议题，此前从 2005 年到 2014 年期间，美国对于中国的指责还只在汇率操纵方面。但是，2018 年中美贸易严重失衡成为特朗普挑起贸易战的直接原因，美国要求中国降低美对华贸易赤字 1 000 亿美元，进一步开放市场。但是事实上，贸易顺差的统计只包括了货物贸易部分，并没有包括如服务贸易部分。美国由于制造业萎缩，服务业发达，所以中美贸易格局目前是中国货物贸易顺差、服务贸易逆差，这说明美国通过货物贸易逆差定义中国进行不公平的国际贸易是有失偏颇的，它应该进一步考虑服务贸易差额的问题。根据中方统计，2017 年中国对美货物贸易顺差为 2 758 亿美元，占中国货物贸易顺差的 65.3%；而据美方统计，2017 年美国对华货物贸易逆差达 3 752 亿美元，占美国货物贸易逆差的 46.3%。如果结合货物贸易和服务贸易来看，中美之间的贸易不平衡并没有如美国宣传得那么严重，自然就不会诱发后续一连串的讨论问题。

西方对于中国的不满情绪已经越来越严重，早就已经超越了摩擦所涵盖的范围，随着特朗普签署备忘录，这个矛盾最终被摆上台面，成为中美两国必须处理的问题。

中美贸易失衡是多方面因素在一起的综合结果，将贸易失衡归咎于单一国家绝对不是合适的做法，下面将对此进行一一分析。

一、美国需要长期保持贸易逆差

1960 年出版的《黄金与美元危机——自由兑换的未来》中提出了一个观点：一方面，由于美元充当世界性货币，各国为发展国际贸易，须用美元作为结算与储备货币，每个国家都尽可能地储备美元，导致美元在海外不断囤积，美国发生长期贸易逆差；另一方面，美元作为国际核心货币要保持币值稳定，不能随意超发。这两方面决定了美国须是长期贸易逆差国。所以，美国贸易逆差的困境已经持续了几十年，20 世纪 80 年代最大的逆差发生在中日两国之间，而如今主要是发生在中美两国之间。

美国取消黄金与美元挂钩后，迅速找到了石油产作为替代品。世界上主要的石油产地都集中在中东地区，其中又以沙特阿拉伯为主要出口产地。石油是现代工业体系中的重要原材料，许多产品的发展都离不开石油的推动，是各个国家都需要拥有的资源。美国意识到石油的重要性，从 20 世纪 60 年代开始就积极与沙特阿拉伯建交，向他们提供军火、基础设施建设和经济等全方位的支持，唯一的条件是让以沙特阿拉伯为首的石油输出国组织（简称 OPEC），要以美元作为石油国际结算的唯一货币，这就导致了世界各国不得不大量囤积美元，为本国工业发展购买原材料。美国的经济体量决定了美国是石油消费市场的第一大客户，帮助美国巩固自己的地位，事实上也是使沙特阿拉伯用美元换取更多的资源，而反过来美国更强大，又会促使沙特阿拉伯能够更好地对世界原油产量和价格进行垄断。双方都能从这种行为中获得双赢，所以共同建立了石油美元结算体系，这也迫使世界各国对美的贸易顺差不断攀升。特别是中国，作为"东亚奇迹"，工业的超速发展更是对石油产生了大量的需求，自然也要囤积更多的美元供发展所用，于是，中美贸易顺差随着中国的发展而日渐扩大。

二、统计口径导致中美贸易顺差衡量不准确

在经济全球化背景下，中国逐渐成为世界工厂，如今虽然中国是一个贸易大国，却不是一个贸易强国，现阶段还是主要以加工贸易的方式向全球出口商品。这就导致中国获得的利益只是加工组装所获得的增加值，然而当前国际通行的贸易统计方法却将商品总价值计入加工贸易国家的出口额当中。早在 2012 年，时任世界贸易组织总干事帕斯卡尔·拉米就已经对现行的贸易统计方法表示不满，认为当前的方法并不适应生产全球化的时代需求，会直接夸大中美贸易逆差。他强调需要从全球价值链的角度出发，才能更全面、更客观地分析中美在双边贸易中的实际获益情况。

另外，转口贸易也有可能夸大中美贸易顺差。以香港的转口贸易为例，就有两方面的问题：一是对于进出口商品的数量统计可能存在偏误。比较中美两国的进出口商品数量统

计规则，中国是先确定货物运送到美国本地，再将该货物计入我国的统计口径。但是有部分货物运往香港，却未定去向，中国会将这些货物统计归入到香港的进出口贸易额当中。然而美国不管最终产品的流向，它只在乎这部分货物的产地是哪个国家，只要之前的产品生产地是中国，那么这些产品就被认定归属中国。即使中国的产品发生了转运，都不会影响美国将这批产品纳入到数量统计当中去。二是进出口计价的问题，中国对于出口商品的计价是以商品的离岸价作为统计标准的。但美国是以商品的到岸价为标准的，中间虽然会有一个运输费价格的差异，也可能存在由于转口在不同国家而出现价格增值，但是美国将这部分增值统统归纳到中国的进口商品核算当中，这就平白无故提高了中国对美的贸易顺差额。

在经济全球化的背景下，以贸易总值为基础的贸易差额核算，忽略了真实利益分配的过程；在全球价值链的理论指导下，部分学者提出以出口增加值口径，对贸易差额核算进行修正（Johnson，2014；Johnson & Noguera，2017；Koopman et al.，2008、2014；王岚、盛斌，2014）。另外也有学者采用其他视角修正了对中美贸易顺差的估计。除此之外，中美贸易顺差统计的是货物贸易顺差，而忽视了中美服务贸易顺差。但是正如前文所分析的美国制造业空心化，导致美国现阶段的产业结构以金融业和服务业为主。不考虑服务贸易进出口总额下的贸易差额，这无疑会高估中美之间的贸易顺差。黎峰（2015）也表明中美双边出口中均包含着大量的对方国内增加值，与增加值贸易差额比较，传统统计口径的中美贸易差额明显被错估，其中，中国对美货物出口的贸易顺差被显著高估，而服务出口的贸易顺差被明显低估。

三、美国限制中国从美进口

虽然美国的出口限制并不仅仅针对中国而实行，但是它对中国所采取的出口限制比对其他任何国家来得更强、范围更广，它几乎限制了美国所有高新科技产品对中国的出口。例如，2007 年美国商务部产业和安全局通过了《2007 年出口管制法案》，法案修改了1979 年的《出口管理法案》的规定，对高新科技产品及其所属产业的出口实行更严密了的管制。该机构耗费巨资制定了一套严密完整的高新科技产品和技术的出口管制规定（Export Administration Regulations，简称 EAR）。EAR 将所有涉及美国原产地和美国知识产权的技术和产品都纳入了其管制范围。该法案规定高新科技产品经销商需要对出口产品、目的地、客户和产品的最终用途进行明确的解释和限定。在确定自己符合条件后，需要向BIS 申请出口许可证，一般证明的办理时间需要等待 3—6 个月。另外，对于违反 EAR 规定的出口商家，民事处罚的罚金最高可达单个案件上百万美金，严重者须接受刑事处罚，其中包括监禁并列入出口黑名单中，其管理之严格可谓史上罕见。

然而对于中国来说，最需要进口的产品恰恰是高新科技产品，而美国最具出口比较优势的两个产业部门则是农业部门和高新科技部门。美国限制了高新科技产品的进出口后，中国的进口需求大大下降，也间接性导致了中美贸易顺差的扩大。

四、中国是一个采取出口导向战略的国家

首先，20世纪中期以来，亚洲国家通过实施出口导向战略，推动了经济的高速发展。在这个过程中，率先发动出口导向战略的是日本，其在"二战"后不久就开始了自身的经济腾飞过程；其次，在20世纪60年代，亚洲四小龙即中国香港、中国台湾、韩国和新加坡，依靠出口导向战略，一样开始了快速的经济增长。最后，20世纪70、80年代开始，经济迅速增长又一次发生在中国、马来西亚、泰国、印度尼西亚等采用出口导向战略的国家。

所谓出口导向战略，顾名思义就是以出口为导向，也称"出口主导"，是发展中国家普遍选择的一种对外经济战略。它强调了一个国家的工业化进程和经济发展主要依赖于产品的生产和出口，进而改善出口商品的结构，以制成品的出口替代初级产品。这是一种工业化战略，由于与外贸结合在一起，所以一般与出口鼓励政策相结合。其出口鼓励政策包括汇率管控（Cline，2010）、补贴部分企业（Aghion et al.，2015）等手段。通过这些手段，中国出口扩张进程不断加速，出口总额在1980—2014年的35年间平均增长率达到13%；其中1998—2007年的平均增长率更是高达21.5%；中国出口占全球总出口份额也由1980年的1.7%上升到2012年的11.2%。

但是，在中国扩张的过程中，中美之间的贸易往来也同时在加强。因为美国作为全球最大的经济体，它背后所带来的市场潜力是巨大的，中国作为最大的发展中国家，可以为这个巨大的市场提供充足的消费品。中国的出口市场非常依赖于欧美等发达国家，因为中国体量太大，要消化一个体量这么大的国家所生产和出口的产品，只有那些拥有了全球大部分经济资源的发达国家才能够实现。所以，尽管中国向多个国家输出产品，并与多个国家保持贸易顺差，但是对欧美等发达国家的贸易顺差占比无疑是最大的。其中，据国家统计局数据统计，2017年中美贸易顺差为2758亿美元，占中国货物贸易顺差的65.3%，超过2015年20百分点。

五、小结

从上文的分析来看，中美贸易顺差并不是由中国造成的，而是中美双方都需要对此负责任，且我们无法定量哪方需要承担更多的责任。从历史发展和经济发展的规律来看，贸易顺差似乎是不可避免的，甚至对于双方而言是通往更高阶段发展的必经之路。所以，我们可得出以下几点结论：其一，中美贸易顺差并不是中美贸易冲突爆发的根本原因，这只

是美国的一个幌子。中美之间的贸易战，根本没法解决美国贸易失衡的问题，因为这是一种治标不治本的做法，进而也无助于促进美国就业和提高美国工人收入。其二，美国与中国的冲突升级，不能排除特朗普追求个人政治利益的可能，美国的竞选机制确定了特朗普需要用实际性行动转移国内矛盾，并且要为未来的中期选举造势和拉票。其三，美国最终的目标更加是因为要对中国崛起进行遏制，在下文我们会进行详细的分析。作为被迫迎战、以战止战、坚守原则和低息的中国，应该保持与其他国家友好往来，保持对外开放的国策不动摇，这样既表现了中国的风度，也表现了一个负责任的大国应有的作为。

第四节　中美贸易摩擦产生的根本原因

美国向中国发起贸易战是一种极端的经济竞争手段，是美国为了防止中国以产业政策扶持的形式崛起而单方面、主动挑起的。

一、产业政策的有效性

产业政策是政府调节资源配置、推动产业发展的重要手段（张新民等，2017）。但是，产业政策的运用一直以来受到多方学者的争论。在中国，最有名的莫过于"张林之争"，张指张维迎教授，他承继"米塞斯—哈耶克范式"的分析思维，鲜明地反对产业政策的运用，在2016年11月由北京大学国家发展研究院举行的"产业政策学术辩论会"中，他就表示政府干预并不是解决"市场失灵"的借口，企业家比政府对市场的信息反映要更加敏感而有效；林则指林毅夫教授，与张维迎教授不同，他主张以"新古典经济学"的角度看待产业政策，他认为产业政策虽然不一定成功，但是成功的国家必然采用产业政策来进行扶持。"张林之争"在中国只是无数学者对于产业政策的争论的缩影。

从文献来看，支持产业政策的学者主要有如下三方面的原因：①市场失灵会导致效率的损失，这部分损失可以由产业政策得以解决（Rodrik，1996；Wallsten，2000）。以对企业研发补贴为例，企业可能不愿意对研发进行投入，因为技术与知识具有公共物品的特质，研究所带来的效应并不能只有企业独享，往往会存在搭便车的行为；因此要激励企业投入到研发过程中，就有必要制定纠正这种外部性的公共政策，其中政府给予企业研发活动的补贴和税收优惠是最为普遍的手段（Tassey，2004）。②产业政策往往是以要素投入和资源调配为管控手段，通过产业政策的实施，如果产业内或者企业内的资源得到优化配置，那么政府可以利用产业政策促进企业创新，从而推动国家工业化发展（Lin & Chang，2009；黎文靖、郑曼妮，2016）。③政策性干预能够增强行业溢出效应，有利于社会经济增长（Murphy et al.，1989；Kline & Moretti，2013）。

反对的学者则主要基于如下原因：①产业政策存在政府失灵（Greenwald，2006）；政府并不一定能够出台和实施对产业发展有积极作用的政策，产业的成功发展也并不一定源于政府的积极干预与调控（韩永辉等，2017）。市场做不到的事情，并不意味着政府就可以做到。政府干预有可能同时造成市场失灵和政府失灵共存的局面。政府对企业研究的补贴甚至可能会挤出企业的研发投入。以光伏行业为例，首先由于研发成本过大，而且具有极高的知识外溢成本，一般企业并不愿意主动投入来推动该行业发展，但是政府投入大量的补贴来强制性推动该行业的发展。这样一来产生了大量新进入企业，这些企业的过度挤入导致了产能过剩，并且原有的在位企业也由于政府的补贴而产生依赖，这就是政府带来的"失灵"现象。另外，一旦政府补贴撤离，这些不成熟的企业也会跟着退潮，因为他们在这种粗暴的产业政策下，并没有形成相应的自生能力。市场失灵一直存在于市场上，并没有得到解决，只是由于政府的干预而隐藏起来。②产业政策存在直接干预、限制竞争和选择性扶持的问题，会扭曲市场对资源的配置（江飞涛、李晓萍，2010；耿强、胡睿昕，2013）。Blonigen 和 Wilson（2005）指出，如果产业政策对上游产业进行保护和补贴，会增加下游企业的成本、降低其竞争力，造成市场的扭曲。③产业政策会诱发寻租、贪污、腐败等现象的出现（张曙光，2013）。在中国，政治关联是一个很热门的话题，政治关联越强，意味着能从政府手中获取更多的资源和关系。产业政策的实施，往往伴随着丰富的资源和充裕的要素，所以企业会想方设法追求政治关联，从而寻租、贪腐等问题层出不穷。

尽管存在种种争议，但无可否认的是，中国的发展过程一直伴随着产业政策的实施。与其他绝大多数经历快速经济增长的亚洲经济体一样，中国也采取出口导向战略带动本国经贸发展。但是中国的发展状况远优于其他亚洲经济体。中国作为一个发展中国家，其贸易发展的速度和深度已经远超于一个发展中国家应有的水平。例如，Hausman 和 Rodrik（2003）发现中国的增长并不是自然遵循比较优势发展所致，而是依赖于政府的扶持，发掘了产业发展的潜力。另外，Rodrik（2006）发现，中国生产的产品过于高级，远超其所处发展阶段应有的水平；中国出口商品的篮子应该是对应于更高生产效率的国家的；他指出这种错配极有可能是因为政府通过相关资源引入到自己偏好的产业所导致。

在中国，产业政策的实施具有自上而下的特点。最高的莫过于"五年计划"（从十一五时期开始改为"五年规划"）。从新中国成立伊始，为了推动经济复苏和工业发展，中国从苏联学习经验，实施计划经济。在 1953 年，中国政府颁布了第一个"五年计划"（简称"一五"计划）。这是中国第一次以计划的手段指导经济运行，而且取得了相当不俗的成绩。"一五"计划超额完成了规定的任务，实现了国民经济的快速增长，并为我国的工业化奠定了初步基础。从此之后，"五年计划"指导经济发展成了惯例，是推动中国经济增长不可忽视的一个重要因素。在全国性"五年计划"颁布后，其他各级政府也会顺应全国性方向的指引，结合本地产业结构的特点提出各省市的"五年计划"。其他配套的政策也顺应这些，延伸提出。

由于"五年计划"涵盖了各种不同的政策扶持手段，包括但不限于直接干预、税收优惠、各式补贴、工业园区、出口加工贸易区、高新研发区、人才引进计划等。这些手段都可以对出口构成激励，因为这些手段都可以降低贸易成本，改变产业的要素禀赋和比较优势结构，从而刺激出口的发展进程。中国经济增长和出口扩张，背后的驱动力绝不限于自由市场机制的作用，政府所采用的产业政策也扮演了举足轻重的角色。

二、美国忌惮中国以产业政策的形式崛起

美国的经济制度是一种自由经济制度。所谓的自由经济制度，即政府是市场的守夜人，负责维持秩序；市场才是决定企业生产内容、生产数量、生产技术的话事人；政府是不参与其中的。在过去的几百年内，欧美发达经济体都是在这种模式下成长起来的。他们是提倡自由贸易主义的。美国认为自由的市场是推动经济可持续快速增长的唯一途径。它鼓励世界各国走向开放贸易，也同时鼓励经济全球化。这是美国一直以来的意识形态中不可或缺的一块。

美国曾经一度认为，随着把中国纳入世贸组织，中国经济日益市场化和高速增长，中国会变得越来越接近、尊重和认可美国的意识形态。但是中国加入世贸组织后，其市场经济模式却是政府主导下的市场经济制度，与美国所设想的背道而行。如果中国在依赖产业政策发展的情况下，反超美国经济，其背后最直接的含义就是：政府扶持要比自由市场机制的作用更有效，这必定极不利于美国意识形态的推广。美国要维持霸权主义，不仅需要保持在经济上的领先，还要将自己的意识形态推广到其他国家中去，在文化上也要占据高地。中国没有接受美国意识形态，反而对美国的意识形态构成了威胁和冲击，这引起其高度警觉和反思，并开始影响到美国对华政策的诸多方面。

在美国企业看来，与中国企业的竞争是不公平的，因为中国企业不仅自身在努力，背后还倚靠着中国政府，中国的政企界限并不明显。在与中国企业竞争的过程中，政府通过产业政策、财政补贴、准入限制、廉价信贷，乃至直接订单等手段支持中国的企业，美国的企业在资源方面很难与中国企业抗衡。

以太阳能板行业举例，早期美国、欧洲各国和中国都开始发展太阳能板行业，作为一个新兴行业，大家一开始都处于同一个起跑线上竞争。但与中国不同的是，欧美的企业进入该新兴行业，企业家要拿自己的钱去投资，自己承担研发的大部分风险。而中国的企业背后有产业政策的指导，可以获取大量的政府补贴、信贷优惠等。虽然如上文所言，这样的做法也会导致产能过剩，但是为了转嫁产能过剩的问题，政府就会鼓励这部分过剩的产能出口。由于欧美占据了全球经济的大部分，所以出口的目的地又以欧美为主，廉价产品进入到欧美市场后，就会使欧美的在位企业被迫退出市场。中国的太阳能板可能从某种意

义上并没有取得成功，但是它的出口挤兑了欧美的企业，导致欧美的太阳能板行业也发展失利。这就可能产生一种情况，如果中国的产业政策没搞对，那么会连带欧美自身的企业受牵连；如果中国的产业政策搞对了，那么欧美自身的企业又会拼不过中国的企业。

中国在经济体量这么大的情况下，采取政府主导的市场经济规则，给欧美企业带来了巨大的压力，他们纷纷认为这是一种不公平的竞争。所以美国必须要发动贸易战，希望通过这种手段逼迫中国政府放弃这种模式，回归到自由市场经济建立的规则上来。

特别是，中国在新时代之际提出了"十三五"规划，并为了进一步强调工业发展的方向和目标，重点发布了《中国制造2025》。由于长期饱受美国限制对华高新科技产品出口的痛苦，《中国制造2025》将发展的重心关注在五个大方向：工业技术研究（包括新一代信息技术、增材制造、新材料、生物医药等领域），智能制造（包括开展新一代信息技术与制造装备融合的集成创新和工程应用，如机器人制造），工业强基（强调航天装备、通信装备、发电与输变电设备、工程机械、轨道交通装备、家用电器等产业急需的核心基础零部件/元器件和关键基础材料的先进制造工艺得到推广应用），绿色制造（开展重大节能环保、资源综合利用、再制造、低碳技术产业化示范），高端装备制造（组织实施大型飞机、航空发动机及燃气轮机、民用航天、智能绿色列车、节能与新能源汽车、海洋工程装备及高技术船舶、智能电网成套装备、高档数控机床、核电装备、高端诊疗设备等一批创新和产业化专项、重大工程）。

美国在贸易战中对中国征税的领域，可以归纳为九大部分——高性能医疗器械、生物医药、新材料、农机装备、工业机器人、新一代信息技术、新能源汽车、航空相关和高铁设备。对比《中国制造2025》的发展方向，不难看出贸易战的行业征税领域与中国未来重心发展方向的重合度。媒体甚至直言，美国的贸易战就是针对着《中国制造2025》来进行的。中国已经成为美国在未来霸权主义的头号敌人。

对于这些行业，美国一直走在世界领先的地位，并且希望在未来的发展阶段中依然能保持领先的地位。美国一直牢牢把握当今时代的互联网进程，信息产业已经是当今最热门的、最核心的产业；举凡金融、制造、生活、学习等，都不能够脱离信息产业带来的影响。表面看来，中国的信息产业也在迅猛发展，但事实上中国的互联网命脉一直掌握在美国手中。网络根服务器主要用来管理互联网的主目录，全世界只有13台（这13台根域名服务器名字分别为"A"至"M"），1台为主根服务器在美国。其余12台均为辅根服务器，其中9台在美国，欧洲2台，分别位于英国和瑞典，亚洲1台位于日本。如果美国切断这个网络根服务器对中国的服务，那么中国的互联网就会迅速瘫痪，所带来的经济损失不计其数。所以2017年，中国正式推出"雪球计划"，包括《中国制造2025》，都是希望脱离受制于人的局面，快速追赶和挑战美国在高新科技产业的比较优势。美国非常担心中国未来能做到这一点。在过去的几十年中，美国无数次在中国的手上吃亏，以为不可能的事情，统统都发生了。另外，《中国制造2025》直接与"十三五"规划挂钩，意味着中国将全力支持制造业按照规划的方向发展，集中一切力量办大事。在中国从贸易大国转型到贸易强国的关键时刻，美国决不会容许自己坐以待毙。

第五节　中美贸易摩擦给中国带来的冲击

中美贸易摩擦所涉及的行业严格来说主要集中在高新技术行业，占中国出口比重不够10%，但由于各种历史性的原因和经济发展轨迹的影响，中国在中美贸易摩擦中的冲击会远远超过10%覆盖面所带来的影响。

一、中国对美国制造业及其核心技术的依赖十分严重

在过去的几十年间，中国的技术在飞速发展，这个是不争的事实。但是技术发展并不全面，也不够健康。具体表现为产业链难以发挥协同作用，中国企业的核心零部件依赖于进口。

以中兴遭受制裁为例，禁运事件给中国国民敲响了警钟，我们这才发现我国在技术腾飞的背后，还面临很多悬而未决的问题。中国在电脑、手机上经常推陈出新，如国产的华为、OPPO 等，大众都可以看到它们的成长，但是中国的芯片却严重依赖于进口，特别是从美国进口。为什么呢？第一，美国掌握着世界上最先进的科技，可以说人们想要的美国都有，美国没有的，去别的地方也找不到。中国的科技力还不够强，同样质量的芯片，美国的成本可以更低，或者说同样价格的芯片，美国制造的质量远超过中国制造的质量。然而，由于体量和发展方向的原因，中国芯片需求量占全球50%（有些应用的芯片，占70%—80%）以上；同时国产品牌芯片只能满足约8%的国内需求。也就是说，不是国内企业不想脱离对美国制造业的依赖，而是中国的制造业水平长期处于全球生产链的中低端位置，无力供应生产和发展所需，逼着中国企业依附美国的芯片。据《人民日报》报道，2016 年中国进口芯片金额高达 2 300 亿美元，花费几乎是排在第二名的原油进口金额的两倍。另外，调研公司 International Business Strategies Inc. 对中国的芯片市场进行了调查，调查涵盖了中国使用了的总计 1 900 亿美元的芯片，其中有近90%是进口或在华外企生产的。中国的手机和电脑的出口市场广阔，但多数是依靠这些"外来"芯片在中国组装，中国从中获取的利润相当有限。统计结果显示，中国排名前十的芯片供应商其所有制性质均为外资企业。从数据层面可以明确看到，中国芯片的"命脉"完全被外资企业掌控、被美国掌控。《中国制造2025》本身就规划不惜一切代价实现在高新科技产业的独立自主。现在受到贸易战的冲击，对于未来中国是否受制于人的境况带来巨大的阴霾。

芯片是个例，但是见微知著，中国其他的行业面临同样的问题。即使是在高铁行业，

中国也面临着关键零部件进口的问题，这甚至会影响到中国未来"一带一路"建设的推行，进而对中国未来的发展构成阻碍。

二、中国对美国农产品的依赖十分严重

中国是个人口大国，虽然地大物博，耕地面积巨大，但是农业现代化进程落后，缺乏大规模农业耕种的技术和经验，所以很多情况下，农产品无法实现自给自足，还需要依赖进口。

以大豆为例，大豆是中国粮食的重要组成部分，但是种植大豆伴随的是极高的土地利用率，平均生产一吨大豆就需要八亩土地。去年我国自产大豆 1 400 万吨，而总进口量却有 9 554 万吨，说明当前我国国内大豆的产出远远不足以满足国民需要。但是如果将 9 554 万吨的进口转为国内自产替代，那么我们可能还需要提供 7.6 亿亩土地来进行耕种，这几乎是不可能的。首先，中国的农业耕地红线是 18 亿亩，如果三分之一都用于种植大豆，那么对其他农作物的耕种会造成更大的不足；其次，中国现在的农业还没有真正实现现代化，靠落后的耕种模式和农业技术根本无法去满足这么大的国内需求。有人问，那我们能不能不购买大豆，或者以其他途径进口大豆？这也是不现实的。2017 年 10 月 18 日，习近平主席在十九大报告中强调，中国特色社会主义进入新时代，我国社会主要矛盾已经转化为人民日益增长的美好生活需要和不平衡不充分的发展之间的矛盾。我国人民对于高质量生活的向往之情和需求之心越来越强。植物蛋白是健康生活的重要一环，不能强制性要求人民放弃食用；大豆也是食用油的主要原材料，广东有句老话——"没油炒菜不会青"，可见食用油是重要的必需品。而且这些大豆作物价格不高，经过加工后的残渣还可以用于喂养家畜，保障畜牧业的发展。如果不进口，供给不足，就会导致大豆及其附属品的价格都要上涨，生活成本的上涨必将会引来更多的矛盾。转变进口的国家也是不科学的，因为很多粮食公司都由美国公司控制。

当然，我国从美国进口的农产品并不仅限于大豆，其他种类的农产品也面临着相同的困境。面对今日中国的发展状况，我们不能放弃工业化进程而回头大力推进农业发展，相反我们需要加快工业发展，拉动农业现代化进程。现阶段，在中美贸易战中，中国为了反击美国，拟对美国进口的农业产品加征关税，而美国又限制对中国的高新科技产品的出口。贸易战对于双方而言都是伤敌一千，自损八百的做法。对我国遭受的危害不容忽视，其不仅阻碍了我国农业现代化的进程，也会提高我国国民的生活成本，激化内部矛盾。

三、中国有可能受到发达国家的集体围剿

2018 年 7 月 25 日，欧盟委员会主席容克访问美国，与特朗普总统会谈，并发表联合

声明："双方承诺将迈入贸易关系的新阶段，努力朝'零关税'的方向而努力。"而在此前不久的 7 月 16 日，容克代表欧盟和日本首相安倍晋三在东京签署了一系列的自由贸易协定，承诺取消99%的关税，创造一个可能是全球最大的自由贸易区。目前欧盟和日本之间的商品和服务贸易总额约为 860 亿欧元。此项欧日经济合作协议是欧盟有史以来签署的最大贸易协议，将覆盖六亿人口，范围涵盖全球 GDP 三分之一的地区。协议生效以后，欧洲可以给日本消费者提供更加便宜的葡萄酒和猪肉，而日本也将以更低的价格为欧盟供给进口机械部件、茶叶和鱼类产品。

在中美进行贸易战的同时，美欧日却联手建交，这无疑释放了一个信号：发达国家同意内部达成妥协，他们明白在当前一致对外，维护现有的利益体系和国际秩序是最重要的事。中国想要靠自己的努力推翻现有的国际秩序，获得国际话语权，这其实是动摇了发达国家共同的利益。这个世界归根到底是一个零和博弈。资源有限，有国家变得相对富裕，自然就有其他的国家变得相对贫穷；有国家顺应时代崛起，就有国家会被压迫退后。每个国家的利益和瓜分的蛋糕都来之不易，谁都不愿意中国加入到这个分蛋糕的行列分享他们的成果。所以，在他们各种谴责中国"不正当竞争"的背后，其实是对中国的恐惧和不安，也是对中国崛起的不甘。

在可见的将来，中国所面对的敌人绝不只美国一个，虽然中国对它们不构成直接的威胁和打击，但若能减少一个强劲的竞争对手，对那些发达国家而言，也足够它们参与到美国的阵营中，打压中国发展。中国的未来必须要展示更多的实力和潜力，世界上没有永恒的敌人，只有永恒的利益；中国要展现更大的优势，才能团结自己的盟友。在经济全球化、命运共同体的格局下，被孤立于国际贸易之外绝对不是一个理想的发展路径。

第六节　美国与其他国家的贸易战对中国的意义

一、美日贸易战对中国的启示

日本在"二战"后不久，主力经营经济，在 20 世纪 60 年代就成为世界第二大经济体，一度喊出超越美国的口号。美国因此与日本开展了贸易战，最终的结局以日本房地产价格泡沫破灭为结局收场。在这轮没有硝烟的战役中，美国成功抑制了日本崛起的势头。而且，更恶劣的是，在贸易战的过程中，日本消耗过多，"僵尸企业"应运而生，失业率大幅度提升、国内通胀严重等情况导致日本一蹶不振，其他竞争国纷纷后来居上，导致日本经济每况愈下。

在中美贸易战未爆发之前，就有很多言论表示对中国经济的担忧，担心中国会重蹈日本覆辙。首先，中日都是以出口带动本国工业化的发展。中国自加入世贸组织后，出口占全球份额快速攀升，在2009年已经超过美国成为第一大出口国；2016年中国占世界的总出口份额已经为13.1%。日本在其经济巅峰的时候，出口份额也曾一度超越10%。而且由于出口主导的战略原因，中日的制造业是依赖于出口规模扩张的，但是世界的博弈是一场零和博弈，本国的制造业份额扩大，就会缩小某些国家的制造业份额，这会导致本国和他国的贸易争端和摩擦越来越多——中国可能会和日本一样招致别的国家的妒忌和打压。其次，房地产价格过高，这导致更多的资源配置到了房地产市场当中，引致国民产业结构的扭曲，产业结构的扭曲又会阻碍产业的转型升级，导致经济越来越脆弱，受到外来冲击很容易发生颠覆性破灭。据广发证券统计，中国的房地产占GDP比重已经高达14%，而经历了多次房地产危机的美国占比不过在6%左右。日本受房地产拖累而被美国乘虚而入，当时的比重约10%。中国的房地产雪球已经越滚越大，恐怕会成为压倒骆驼的稻草。再次，中日经济还有一个高度相似的地方，即面临制造业转型的关键时期。随着经济的发展，所有的国家都想在全球价值链中提升自己的地位，减少低附加值的加工贸易，增加高附加值、高质量的一般贸易。如果中国处理不当，就会导致原有的加工贸易流向其他发展中国家，加上受到发达国家的阻碍，无法实现自身的转型升级，两头不讨好。从现阶段美国对中国发动贸易战来看，之前的担忧不无道理，中国现阶段绝对不能出现颠覆性错误，否则元气大伤，中华民族伟大复兴的愿望将很难实现。

但是日本在美日贸易战中的失败并不是基于以上原因，而是因为日本的政策和策略处理不当所致。在美国施压下，日本通过以下策略试图化解与美国的贸易冲突：

第一，日方控制美方征税行业的产品出口数量，服从美方提出的出口限制协议，以此缓和与美国之间的矛盾。在当时，日本轻工业十分发达，日本纺织品占领了大部分的世界市场份额，其常年增加对美国出口，早就引起了美国纺织品行业的不满，所以在美日贸易战伊始，美国就要求日本在这方面的贸易顺差要有所作为。除此之外，由于日本的历史遗留问题，它不得不依附于美国，在政治、经济上都没有完全的自主权利，这导致它在贸易谈判中处于相对弱势的地位，所以日本妥协并签订了大量出口限制协议，大大限制了当时日本出口纺织品的数量，阻碍了日本自己的工业化发展进程。美国为了扼杀日本反超的可能，变本加厉促使日本与美国分别在钢铁、汽车、机床、半导体等众多行业签订了资源出口限制协议。这样妥协式的限制出口导致了两个结果，其一是出口增速明显放缓，出口规模的扩大受到限制。其二是出口导向对本国工业化进程的推动力下降，从依靠出口增长转型到依靠国外投资增长。

第二，签订"广场协议"促进日元升值，并实施宽松的财政政策和货币政策以扩大内需。这导致了日本很多企业竞争力大幅度下降，由于日元大量升值，也导致日元在世界经济的结算地位更加低下。同期还滋生了很多"僵尸企业"，如果企业生存能力下降，将会导致员工大量失业，日本政府被逼无奈，需要保留这些企业以维持社会的稳定。由于货币政策和财政政策的不恰当采用，使当时的日本在金融自由化改革之路上举步维艰，而且也埋下很多经济祸根和隐患。日本本意是希望通过刺激本国需求的提高从而降低对外部需求的依赖，最终却因为本国企业的滑铁卢式失败，反而加深了对外部需求的依赖。另外，过度宽松的宏观政策，尤其是货币金融政策，使通货膨胀越来越严重，国民被逼将资金投入楼市和股市，叠加境外热钱流入，最终形成巨大的资产泡沫。同时，过度宽松的财政政策、货币政策，减少了日后刺激经济的政策空间。

第三，支持日本对外直接投资，推动产业转型和升级。这种政策的实施本应该徐徐图之，因为产业结构的升级并不是一朝一夕能够实现的问题，但是由于国内外双重压力的施加，导致日本在产业转型升级过程中操之过急，把原有的产业过快转移到东南亚、南美等较落后地区，而新兴的产业还没有形成足够的自生能力，须依赖政府的资助在市场上经营。最终导致日本国内产业空心化。日本非但没有从一个制造业大国转型为制造业强国，还退化到产业空心化的阶段，这为后来其贸易战失败后一蹶不振埋下伏笔。

所以，中国在硬件条件与日本高度相似的情况下，要想避免重蹈日本覆辙，最关键的是政策和策略的制定和应用。其一，要做到防止本国货币的过度升值。这点估计也是中国一直以来不肯完全放开汇率管制的主要理由。其二，要阻止依赖房地产创收的经济增长模式。中国设立雄安新区，探究经济发展新动力，并将此视为重中之重的事业，可见国家对于雄安新区未来的发展，对于中国找寻新的经济增长驱动力还是相当期待的。其三，要做好打持久战的准备，充分发挥中国市场潜力巨大的因素，尊重新常态的发展规律，把依靠投资拉动、资源拉动转移到创新拉动当中。其四，要利用地缘优势，化解地缘政治冲突，并且积极与世界上对中友好的国家建交，加快建设命运共同体的进程。

二、美德贸易战对中国的启示

在美德贸易战爆发的时候，德国经济面临着财政危机和产业结构落后两大问题。在签署"广场协议"后，德国同样面对马克大幅升值，也面临着比日本更复杂的现实问题。然而德国却凭借着一系列有效措施成功度过了贸易战危机，并且妥善处理了政府债务和产业结构落后等问题，使德国能在激烈的国际竞争中占据有利地位，其进出口贸易始终保持着高速增长。

第一，德国实施双向自由贸易开放政策，出口的产品结构和地区结构较为均衡，有效避免了贸易摩擦。所谓双向自由贸易开放政策，是不对进出口贸易进行任何限制，在这样的政策指导下，不会造成某种商品出口额或者进口额过大，也不会依赖某个出口或进口市场。所以美国对于德国的贸易制裁只能产生部分影响，对德国的贸易结构影响有限。

第二，采用稳健的货币政策、适度的财政政策解决马克升值对出口的消极影响。稳健的货币政策给了国内企业更多缓冲的时间，也给了国内产业结构调整更多自由的空间。所以这个政策的使用不仅解决了通胀问题，而且解决了产业结构升级的问题。适度的财政政策又不失时机地扶持新兴产业发展，积极推动企业转向创新驱动，通过供给侧结构改革淘汰落后的产能。

第三，不故步自封，加大对外开放的力度。德国为了避免与美国的贸易冲突，持续推进区域经济一体化，扩大自由贸易区范围。这样可以使德国在汇率、关税和需求市场方面都得到保证，可以借助关税同盟的力量更好地抵御外来的冲击，所以美国对德国的关税限制和进口限制并没有对德国产生不可逆转的伤害。最终，美国无法阻止德国成为制造强国和贸易强国。

所以，从德国对抗贸易战的经验，我们不难发现对政策的正确利用的确能够帮助企业度过危机，而且还能为国内制造业和对外国际贸易提供强有力的驱动力，化危为机，实现产业的转型升级。其一，如果我国能合理推进产业的结构性改革，那么也可以帮助我国产能过剩行业去产能、去库存，降低政府负担，为后续的改革节省资源和空间；同时，能够刺激内需为未来更健康的产业结构和经济增长模式奠定基础。其二，坚持稳健的货币政策和适度的财政政策，加强完善金融市场的自由化。因为激励政策无法避免产生资产价格泡沫和其他隐性不良问题，所以要稳定、谨慎地实施这些政策，避免形成的泡沫过大，无法处理。同时要把控好外汇市场，避免人民币升值带来更多的贸易压力。其三，继续加强对外开放力度，营造多元化的贸易环境。鸡蛋不能全放在一个篮子里面，要化解摩擦风险，就要降低对对方的依赖程度，否则很容易在摩擦中陷入被动地位。一个健康的外贸市场，既不应该依赖于某种产品，也不应该依赖于某个国家。

第七节　如何应对中美贸易摩擦

自改革开放以来，中国依靠制造业的发展，成为一个贸易大国。2017年中国进出口总额为41 045.04亿美元，同比增长11.4%；进口额为18 409.82亿美元，同比增长15.9%；出口额为22 635.22亿美元，同比增长7.9%。无论在进出口总额还是出口额方面，都位居世界第一。但是我国出口产品主要是以量取胜，而不是以质取胜；出口产品所带的附加值较低，高附加值产品依赖于进口（裴长洪、刘洪愧，2017）。中国的贸易现状大而不强，产业发展将成为贸易升级的关键因素。基于这种背景，发达国家竞相推出工业促进计划，吸引产业资本回流，推动国际贸易升级，占据有利地位。美国、欧洲、日本等大规模减税；法国和德国纷纷推出工业4.0计划；中国在这个关键的时刻明确《中国制造2025》，明确了我国未来十年的产业发展方向，以顺应时代的需求，谋求自身的发展。但是某些国家还会采取更极端的经济竞争手段，将本国的发展建立在抑制别国发展之上，罔顾国际贸易的公平和公正，企图逆全球化的发展趋势。一个国家、一个民族要想在激烈的国际竞争中站稳脚跟，就要坚守"打铁还需自身硬"的信念，不能满足于贸易大国的称号，要着力于将国家建设成贸易强国。而这个目标的实现，主要要依靠产业政策对贸易规模、产业质量的影响作用。

一、产业政策的作用

（一）产业政策与贸易规模

贸易规模是评估一个国家贸易进程的重要指标，在过去，有许多学者表示了对研究中国贸易规模迅速扩张的兴趣。原因之一是中国的表现远超预期，遥遥领先同期的，甚至起跑更早的东亚发展中国家。Rodrik（2006）指出中国的出口贸易具有特殊性和复杂性；中国的出口量已经超过了比其人均收入三倍还高的国家的出口量；这种情形通常不应该被期待发生在一个具有大量廉价劳动力优势、相对贫穷、生产效率较低的国家身上。中国的出口额已经超过了世界上绝大部分发达国家的出口额，这绝不是归因于要素禀赋就能够回答的现象。另一个原因则是因为中国的出口规模太大，而且拥有巨大的劳动力比较优势，所以可以对世界市场产生巨大的影响。中国的出口规模已经连续几年排名世界第一，在造成贸易顺差的同时，也满足了世界各国人民的需求。中国承包了世界大部分的加工贸易，成为全球价值链不可或缺的一环。

中国的产业政策是促使中国与众不同的一个重要原因。林毅夫、蔡昉和李周（1999）认为"东亚奇迹"的产生是由于政府在经济发展的不同阶段制定了符合自身比较优势的产业政策。中国的产业政策可以提供补贴、利息优惠、税收优惠等直接的优惠，也会通过完善基础设施建设、打造园区、降低贸易壁垒等手段降低贸易成本。税收优惠和政策不确定性的降低可以影响企业出口决策，并且显著地促进出口增长。政策之所以能充分发挥作用，主要是由于政策能够降低贸易成本，它分担了企业所需要承担的压力，给予企业更多的自主能力去进行出口贸易。

而产业政策能够促进出口规模的上升还有一个重要因素是在于产业政策能够改善资源的配置。虽然在此之前，一直有学者认为政府的干预事实上是使得资源错配，但是随着产业政策的不断完善和发展，政府对企业的选择更加科学化。根据宋凌云和王贤彬（2013）的研究，政府能够将资源配置到生产效率较高的企业当中，从而实现资源的优化配置。而根据Handley 和 Limao（2017）的研究表明，当国与国之间存在比较优势，资源会流入具有比较优势的国家，同理当产业与产业之间存在比较优势，资源也会流入具有比较优势的产业；当企业与企业之间存在比较优势，资源也会流入具有比较优势的企业。通过比较优势的增加，可以对国际贸易产生积极的影响——扩大出口规模。在政策叠加、政府驱动和市场驱动的资源流入的共同作用下，中国的产业政策能够对扩大贸易规模起到重要的作用。

（二）产业政策与产品质量

产业政策对于缓解国际贸易冲突具有重要的作用，特别是对于中美贸易争端。张先锋、陈永安和吴飞飞（2018）研究表示，当产品为低端产品，或其质量处在中端产品中的较高水平或高端产品中的较高水平时，出口产品质量升级有利于避免进口国对中国企业出口行为的倾销认定；当产品质量处于中端产品中的较低水平或高端产品中的较低水平时，出口产品质量升级将会伴随与国际同类产品的竞争加剧，进而引致进口国对中国企业出口行为的倾销认定。除此之外，产品质量的提升侧面反映了中国创新能力和技术能力的提高，这和《中国制造2025》以及建立贸易强国是一脉相承的议题。早在之前，许多学者就认识到产品质量对于一个国家经济发展、贸易扩大的意义。首先，产品质量的提高需要更高质量生产力的投入，所以它可以带来生产力技术溢价、工人工资的提高（Khandelwal，2010；Verhoogen，2008）。其次，Chen和Juvenal（2016）研究表示产品质量的提高意味需求弹性的提高，企业可以销售更多的产品到更富裕的国家，从而提高企业的收入和利润。再者，产品质量的提高还可以促使中国与其他国家的技术交流和合作，互通有无，共同进步。

对产品质量提升因素的研究经历过出口规模影响—出口距离影响—出口地缘性偏向影响的研究过程。细细思考，不难发现其实产业政策可以利用要素禀赋和资源配置影响出口规模，从而从量变引起质变，推动出口质量的提高。而产业政策也可以通过关税或者其他基础设施建设的完备等优惠政策，推动和鼓励出口企业出口更多产品到高收入国家。由于高收入国家具有非同位性偏好，对高质量的产品需求更多，就会倒逼出口企业提高自己的出口产品质量，实现产业的转型升级。

二、创新是未来发展的必然之路

（一）产业内的自主创新

在经历了战火的硝烟、政治的压迫后，新中国自成立伊始就强烈希望实现中华民族的伟大复兴。在这种精神的鼓舞之下，中国依靠改革开放取得了非凡的成就，从无到有，令世界刮目相看。但是事实上，我们与发达国家相比还有一定的差距。在很多关键零部件、核心技术上，我们远远赶不上发达国家的水平。

中国的高铁技术令世界瞩目，但高铁的核心零部件却来自德国和美国。可以说，如果没有美、德提供原材料，那么中国则空有一身技术，陷入"巧妇难为无米之炊"的境地。技术命脉被掌控在发达国家手中，对方要对中国的发展进行限制相当简单。这也是在这次中美贸易战中，美国的态度如此嚣张的原因之一。

　　美国对于自己的高新科技产业往往具备掌控全局的能力。中国的贸易政策一直以出口导向为主，但是就当前贸易形势看来，进口替代也要加速配合出口导向了。再一味依靠外来产品进口推动本国产品质量的提高，只会使自己在未来的国际竞争中陷入困境。

　　我们知道虚拟经济给中国带来了巨大的、爆炸式的经济增长，从类似"双十一""双十二""六一八"等购物狂欢活动中，可以看到粗暴型的资本在市场快速流动，以及经济规模的快速扩张。但是回看这样的虚拟经济带来的增长会发现，这种增长方式是简单粗暴的，也是不可持续的，它只能在短暂的时间刺激市场的激进，但是对于长久性产业发展、原发性技术进步的作用十分有限。虚拟经济有三个层次：①原发性创新；②继发性技术进步和产业化；③以互联网思维和技术创新为基础的市场开发，其重要程度依次下降。从中国目前的状况来看，中国市场缺乏原发性创新，依赖国外市场的技术创新带来的规模经济发展路径，因而迄今为止中国的经济增长模式是不够科学的，已经不能满足当前阶段国内外竞争环境的需求，必须在经济结构、经济运行机制等方面进行更为深刻的改革。

　　从中美贸易战可以看到发达国家对于中国采用产业政策激励产业进步、促进国际贸易的不满和抵制。在未来，我们的合作对象依然会是发达国家。有人问，为什么不能转向中低收入水平国家？一是因为他们的经济规模有限；二是他们对产品质量的要求不高，不利于本国产业的转型升级。当大部分贸易合作对象都对我国的产业政策表示抵制，我国未来产业政策的实施也可能很难如过往那么容易。因此，今后中国经济发展的核心动力唯有自主创新。

　　自主创新不仅包括产业内自主创新，还包括体制和认识上的创新。

（二）体制上的自主创新

　　我国依靠传统要素禀赋所带来的比较优势确立了我国贸易大国的地位，但是要想实现《中国制造2025》中设定的目标，发展高新科技产业，就不能再仅仅依靠传统要素禀赋的比较优势。市场制度带来的比较优势也是重要的一环。高端产业的基本属性决定了它比传统产业更依赖于高质量的市场制度。一方面，高端产业内、产业间分工更加细化，交叉众多，产业链更长，而对企业间的协同作用需求更高。市场必须提供公平、公正、有保障的契约执行，才能够为企业间的共同合作提供基石。另一方面，越是高端的产业，知识和研发越密集，企业之间进行知识交流的要求越高，中间投入品的专用性越强且定价越模糊（无明确的市场参考价），从而越容易产生市场争议，这也要求有高质量的财产权利与知识产权保护制度。另外，随着对外开放规模的进一步扩大，通过降低关税等手段促进国外技术转移，实现本土企业的自主创新也需要高质量的市场制度配合。市场制度并不总是有效的，企业可能会对外来产品、中间投入品产生依赖，放弃自身的研发创新，更多地依赖外部技术和投入品，最终只是换汤不换药，变成另一种受制于人的方式。此外，由于进口带来技术溢出，推动本国技术进步就会涉及另一些贸易争端的问题——如何界定知识产权的侵权，如何保护知识产权等，这些问题的解决都需要高质量的市场制度配合。高质量的市场制度还包含了经济环境确定性的保证。政策不确定性的下降是可以推动贸易规模的增加的，因为国内企业可以更好地与国外企业建立稳定和长久的合作关系。政策的不确定性会阻碍企业创新。创新是一个长期投入的过程，而且这类投入常常是不可逆的，在创新完成前的投入都会成为沉没成本。如果未来环境存在较大的不确定性时，企业会推迟，甚至放弃创新，因为不知道创造出来的东西是否还是市场所需要的，也不知道创造出来的东西能否被知识产权所保护。

由于中国历史的原因，很多制度是向苏联和以美国为代表的西方发达国家学习而来，甚至是未经深思熟虑，就直接"拿来"使用。但是这些制度都是基于那些国家的实际国情所设立的。我们直接"拿来"使用，随着时间的推移，越来越多的问题已经暴露在市场之中，需要通过制度的革新改变错误，将错误的发展方向拉回正轨。

（三）认识上的自主创新

长久以来，我们对美国的研究都只集中在经济领域，缺乏一个整体性、综合性和系统性的深入研究。在这次中美贸易战中，我们发现发声的学者多数集中在经济领域。虽然从经济领域得到的结论并不一定出错，从其他领域得到的结论也不一定适合当前阶段的需要，但是作为学者存在于社会的意义是什么呢？就是发声告诉政府自己的建议。政府并不一定会采纳，但最起码为其提供了不同的角度以供思考，可以助其做出更科学合理的决策。

中国和外国的经济结构和社会体系是不一样的。很多学者写论文仅套用外国文献来对中国的情况进行检验，往往会得到不一样的结论；在这之后，讨论的角度一般是停留在中美的不同之处及其带来的不同发展结果。但是更深层次的，例如为什么会出现不一样的结果等问题就鲜少有人研究了。然而这部分深层次的研究才是真正的知识"技术"，知其然还要知其所以然。试想仅停留在表面分析，到底给我们带来了什么呢？每次在国内文献中，写及政策建议，有很多学者都觉得很难写，或者觉得写得不好。没有对问题进行一个深层次的思考，又怎么会有好的政策建议？

外国人很喜欢中国的《孙子兵法》，其中最喜欢的就是"知己知彼，百战不殆"。外国有很多"中国通"，对中国政府、社会、国民的特性了解得一清二楚。同样，主动了解美国或者其他发达国家绝对不是崇洋媚外。无论中国日后多么强大，去了解对手或者合作对象，本身也是对自己的负责。没有人能保持做"日不落帝国"，生于忧患，死于安乐，这些道理之所以能够长久留存下来，历久而弥新，并不是偶然的。

第六章　如何推进贸易强国建设

随着我国开放性经济新体制的逐渐建成和完善，党的十九大进一步明确提出国家未来的发展目标：主动参与和推动经济全球化进程，发展更高层次的开放性经济，推动形成全面开放新格局。基于国际经济格局的改变以及对我国外贸发展态势的预判，党在不同历史时期提出了不同的对外开放战略目标，从2007年党的十七大提出要"提高开放型经济水平"，到2012年十八大提出要"全面提高开放型经济水平"，再到2017年十九大提出"推进贸易强国建设，推动形成全面开放新格局"。从上述不断调整的战略目标可以看出，我国的对外开放水平在进一步提升，但为了构筑人类命运共同体，提高我国在国际贸易投资规则制定方面的参与权和话语权，只做贸易大国是不够的，需要真正成为世界贸易强国。同时应该清楚认识到，我国与传统贸易强国之间有着较大差距，还存在着诸多问题，像出口商品的附加值偏低、出口企业的整体实力不强、国内自有品牌的商品偏少且国际竞争力不强、服务贸易的发展状况相对落后等，致使我国出口结构不合理、处于全球价值链偏低的地位以及在国际市场话语权较弱。为此，除了做世界经济复苏的贡献者，我国需要完成由贸易大国向贸易强国的转变，这样才能巩固自己在国际市场的重要地位，保护自己在对外贸易的合法利益不受侵害，把开创性变革思想转变成实际可行举措，积极推进贸易强国的建设。

第一节　实现集约型出口模式转变，提升我国在全球价值链地位

从目前的世界经济格局来看，全球化形成国际价值链分工的趋势不会改变，能发生改变的只是价值链的布局变化。哪个国家能顺应形势，在现行国际秩序规则下提升本国出口商品和服务的质量，就能谋求价值链中的优势地位。当前多变的国际贸易格局是各国利益博弈下的调整结果，对我国的外贸来说，这既是严峻的挑战，又是难逢的机遇。作为世界第一贸易大国，我国的土地、劳动力等生产要素成本在近年来持续上涨，以往的粗放型出口模式在日益激烈的国际贸易竞争中的比较优势逐步丧失。只有通过实现粗放型出口模式向集约型出口模式的转变，才能及时发现粗放型出口模式的短板，进而做出有效的解决问题方案，使我国在多变的国际贸易格局中站稳脚步。同时，快速提升我国出口商品和服务的质量，既能使我国在与他国的利益谈判中赢得先机，也能从根本上提升我国在国际价值

链的地位。集约型出口模式的转变可以从创新贸易新模式、提高自有品牌影响力、加大对出口企业的政策支持以及出口企业经营环境的改善等方面入手。

一、促进加工贸易转型升级，优化贸易结构

通过改革开放四十年的摸索，加工贸易已成为我国对外贸易的主要组成部分，是我国参与国际价值链分工的重要形式。国内低廉的劳动力、土地等生产要素成本为我国加工贸易的快速发展做出巨大贡献，但这种加工贸易的规模扩张是以高密集的生产要素投入以及高消耗的资源使用为代价的。我国目前仍处于全球产业价值链分工的较低地位，一个重要原因在于我国的加工贸易是对附加值不高的低端产品或者初级产品的加工出口。虽然加工贸易使我国在全球产业价值链的地位偏低，但是当前我国参与国际分工的主要形式仍是加工贸易，其作用不能被忽视，我国也不能停滞或者放弃加工贸易。作为世界第一贸易大国，在当前国内劳动力成本上升、资源比较匮乏的情况下，我国要完成贸易大国向贸易强国的转变，单纯依靠传统的比较优势或者劳动密集型加工贸易是不可能的也是不太现实的，所以要继续把加工贸易当成我国重要的贸易战略，就必须对加工贸易进行调整升级，从而进一步带动出口贸易结构的优化，实现贸易增长方式转变，为提升我国的国际经济地位打下坚实基础。促成我国加工贸易转型升级可以从以下几个方面出发：

首先，降低我国加工贸易的外需依赖性和外资依赖性。尽管我国自2009年超过德国成为世界第一大出口国以来，多年高居全球第一大出口国的位置，但这种出口贸易的迅速发展主要是依靠加工贸易的规模扩大实现的，假如从自主创新能力、产业核心竞争力角度来看，我国离贸易强国仍有较大距离。加工贸易的快速发展，一方面，有利于促进我国贸易经济快速发展，但另一方面也反映了我国对外贸易依存度的不断提高。改革开放政策的实施吸引了大量外商在我国东部沿海地区投资建厂，这些跨国企业普遍采用从国外进口原材料，然后在我国工厂进行加工，最后向母国或者海外目标市场出口成品的战略。这种"大进大出"的贸易形式极度加大我国对外贸易依存度。此外，外资企业的加工技术比较成熟，企业资金实力雄厚，使其在我国加工贸易中始终占据主导地位，无形加大了我国出口贸易对外资的依赖性。更有甚者，我国加工贸易目前正严重依赖发达经济体的市场需求，因为我国大部分的出口目的国主要集中在欧洲、北美洲等较为发达的地区，所以一旦这些出口市场出现较大波动或者外资企业的经营出现问题，无疑会对我国加工贸易形成较大程度的威胁，甚至会进一步影响国内经济稳定，破坏国家经济安全。因此，要想完成加工贸易的转型升级，则需要提高我国出口企业在国际加工贸易市场的话语权，改变当前外资企业在我国加工贸易中占比过高的现状，逐步扩大中资企业在加工贸易中的比重。同时，为了提高国内产品的品质稳定性和竞争力，并且带动国内原材料市场、中间投入品市场的发展，需要积极促进外资企业在加工贸易环节与国内相关产业的关联程度进一步提

高，提高出口产品的科技含量，使加工贸易发挥对其他类型企业和地区在技术及产品质量等方面的示范作用。还可以通过中央或者地方政府的资金扶持、企业自主研发创新等多种方式，增强加工贸易的溢出效应，使出口产品的附加值得到增加，打造国内自有品牌，从而在根本上提升我国在全球产业价值链的地位。

其次，进一步扩大我国出口产品在国际市场的占有份额。近年来，由于我国的土地和劳动力等生产要素的成本不断上升，出口企业的经营压力增大而盈利能力相比过往降低不少。尽管从当前我国外贸状况来看，我国的贸易不管在交易金额还是订单数量上都呈现出稳中有进的态势，但是由于东南亚、非洲等劳动力资源丰富的地区的崛起，我国加工贸易在国际市场上的传统优势正逐步被蚕食。我国离主要出口目标市场的地理距离较远，在货物运输方面不具有优势，加之国内品牌出口产品的数量较少，劳动力成本和原材料成本的上升将会严重影响我国未来出口产品的国际市场占有率。因此，在无法避免劳动力成本上升的情况下，传统劳动密集型产业的优势不再明显，提高我国出口产品的市场占有率必须从技术升级和产品研发着手，多使用资本代替劳动力，扶持资本密集型以及技术密集型产业的成长，提高我国从事产品深加工的能力。

再者，推进延长加工贸易产业价值链。我国对外贸易体制改革以后，兴起了一股投资建厂热，这些工厂主要从事加工贸易。其所雇佣的业务人员专业知识扎实，拥有稳定的客户群体，且这些工厂大多从事加工贸易的劳动密集型环节，对外资企业的出口不构成主要威胁，所以很多外资出口企业愿意将初级加工贸易环节外包给这些工厂完成。尽管如此，我国加工贸易产业价值链还是面临缩短的威胁，主要原因在于为了加快抢占其他国家的市场以及利用这些国家廉价的生产要素，外资企业也会把初级加工贸易环节外包给这些国家具有一定资历的国内厂商，因此对我国的加工贸易厂商造成一定的利润损失。加工贸易是我国参加产业价值链国际分工的主要模式，但研发以及设计等高附加值的环节仍掌握在外资企业手中，我国加工贸易企业则参与附加值最低的组装加工环节，获利微薄，最后还是外资企业获得了大部分利润。如此一来，假如能够把加工贸易的产业价值链从制造业延伸至服务业，不仅能把我国从全球产业价值链的低端位置提升到高端位置，还能促成我国服务业结构调整和内部产业升级，但这个延伸环节的实现离不开我国加工贸易工序的增加，目前只进行简单组装加工环节，要增加产品研发设计环节，甚至考虑增加产品的品牌运营环节。提高加工贸易企业的自主设计研发能力、保证市场信息传递的质量，并且多用价格相对低廉的资本代替成本不断上升的劳动力，进一步提高加工贸易企业自动化程度，推动我国加工贸易向全球产业价值链的上游研发设计环节和下游营销服务环节延伸，从本质上提升我国加工贸易在国际产业价值链的地位。加工贸易向价值链上游研发设计环节延伸需要重点关注两个方面：第一，从简单组装加工到产品零部件生产，再到研发设计具备完全自主知识产权的产品，最后到研发、设计、运营自有产品品牌，把加工贸易环节逐层延长至价值链上游，从而进一步推动国内相关配套产业的发展，延长并完善产业价值链各个环节，从质的方面提升我国加工贸易每个环节的核心竞争力，加速我国工业现代化的进程。第二，要不断激励和重点扶持加工贸易企业的自主研发，提高整个产业的研发水平，对具备完全自主知识产权的产品研发进行经费补助。同时，我国还要大力鼓励出口企业发展自主品牌，从营销服务、品牌运营等环节增加出口产品的附加值，这样做除了有助于我国加工贸易向价值链下游营销服务环节延伸，也使得我国的加工贸易企业具有更强大的吸引力和巨大的发展空间，对于促成加工贸易的转型升级具有深远的战略意义。

最后，充分发挥我国中西部地区生产要素在资源禀赋、成本等方面的竞争优势，形成东中西部地区加工贸易协同互动发展局面。我国中西部地区拥有富裕充足的劳动力资源和土地资源，但受限于经济较为落后和交通基础设施不够完善，这些比较优势未能得到相应的重视。随着中西部地区加快河道、公路、普通铁路和高速铁路等基础设施建设，以及仓储、物流运输方式的创新发展，我国中西部地区正在逐步改善发展加工贸易的条件，为中西部地区充分发挥劳动力成本优势和原材料优势清除了前进道路上的障碍，为大力发展加工贸易带来了千载难逢的契机。所以，当前我国中西部地区发展加工贸易的方向是要充分、有效利用本地区在劳动力以及土地等生产要素、资源能源及扶持政策方面的优势，承接东部沿海地区劳动密集型加工贸易的对外转移，积极发展本地劳动密集型加工贸易，同时还要不断革新当地的投资环境，加快高等科研机构的引进以及继续优化电力、水利和交通等基础设施建设，从而为未来中西部地区加工贸易由劳动密集型环节向资本及技术密集型环节的转型提供必要条件，打下坚实的基础。需要注意的是，这里所提及的劳动密集型加工贸易是一个广义的概念，既包含传统劳动密集型产业的加工贸易，也包含资本密集型产业、技术密集型产业的劳动密集型环节，同时还包含了劳动密集型服务业。中西部地区从外部承接过来的劳动密集型加工贸易，不但可以是承接自我国东部发达地区的产业转移，通过原始手工加工到劳动密集型加工贸易的升级，带动当地经济发展的同时还能实现中西部地区加工贸易价值链的延长，将沿海地区与内陆地区的经济命运紧密结合起来，在我国对外贸易格局上形成全面多层次协调互动发展的局面；还可以是来自国外企业或者外资企业的劳动密集型加工贸易，将中西部的生产要素比较优势与外资相结合，不断激发我国实现外资利用的效率最大化。

促成加工贸易转型升级还可以带动优化贸易结构。当前我国出口贸易结构还存在像环境污染严重、能源消耗较大、出口产品技术含量较低等问题。从我国出口贸易结构整体角度来看，橡胶制品、纺织品、箱包以及鞋类等产品还是占据出口贸易额的较大比重，而这些产品的生产对我国环境污染较大；出口目标市场过度集中于欧美等国家；外资企业加工贸易占比过高；跟发达国家在国际贸易领域依旧呈现垂直型分工；与其他发展中国家有较接近的出口产品品种构成，面临严峻的国际市场竞争。因此，为了优化我国出口贸易结构，推动贸易强国建设，需要从以下几个方面进行优化：

第一，做强做优一般贸易，不断调整优化贸易结构，全面提升我国加工贸易质量。加大对以能源需求为目标的外资企业在我国境内的注册、生产和出口等活动的监控力度，严格控制其生产过程对环境危害大、消耗能源多的产品在我国的生产或者出口的数量增长，使得出口贸易结构向低能耗、低污染方向改善和保护我国资源过度外流；推动加工贸易转型升级，对进行产品自主研发以及品牌自主研发设计的出口贸易企业进行政策倾斜，例如给予适当税收减免或发放研发补贴，提高出口企业的产品生产技艺的科技水平以及自有品牌的运营能力，实现加工贸易向深度加工的转变，以此带来国内加工贸易价值链从组装生产向研发设计、营销服务环节延伸，并鼓励加工贸易由东部发达地区转向中西部落后地区发展，减轻东部沿海地区加工出口贸易的区域失衡。此外，政府还需考虑消除不同贸易方式在税收政策方面的差异，实现贸易结构方式的普遍化。

第二，积极开拓新市场，实施出口市场多元化战略。在当前部分国家的贸易保护主义势头崛起的不利局面下，除了要提前制定好克服出口目标国设立的贸易壁垒的应对措施外，我国出口企业还需要加紧寻找、开拓新的目标市场，加快推进出口市场多元化战略实施，尽快完成出口市场结构调整。着力稳定俄罗斯、中国香港、美国、欧洲、日本等传统出口市场，按照经济发展速度、经济体量相对规模、人口总量、市场消费能力、市场经营环境等参考指标，逐步选择开拓比较具备发展潜力的海外市场，如中东地区、非洲、拉丁美洲、东盟以及我国周边国家等新兴经济体或者发展中国家出口市场。出口市场多元化战略可以使我国出口贸易结构更加具有需求导向性以及出口产品的生产更加符合出口目的国设立的标准，从而增强我国出口企业在国际市场的竞争力和抗风险能力。要不断提升对欧美发达国家出口商品的科技含量，针对新兴经济体的需求情况，以及我国的产业结构转型升级，实际出口满足不同消费需求层次的贸易产品，积极主动融入区域性贸易体系，开展与不同国家的自由贸易合作，协商互信，减少彼此贸易摩擦，有利于我国实现由"出口强进口弱"到"进出口结构平衡发展"的对外贸易局面转变。

第三，重视我国民营企业的出口发展，以形成新的出口发展趋势，优化对外贸易主体结构。改革开放已实践证明，民营经济越活跃，总体经济态势就越繁荣稳定。目前，作为我国社会主义市场经济必不可少的组成部分，民营经济已经成为我国对外贸易的重要主体，为我国吸纳社会就业做出了巨大贡献。截至2016年底，我国个体以及私营企业从业人员总数已达3.09亿人次，比2010年净增加了1.44亿人次，从这个数据变化不难看出民营企业对稳定社会就业、促进经济发展的重要作用。现阶段促进我国民营经济实现高质量发展，既是盘活民营经济、释放经济发展动力的内在要求，也是把握经济发展客观规律、保障和改善民生的现实需要。做大、做强、做优民营企业是突出我国出口贸易主体优势的必要追求，需要不断优化民营企业内部管理，积极引导民营企业对国外先进设备、核心零部件以及新能源等原材料进口，加大政府对民营企业的资本、技术等生产要素投入，引导和支持民营企业发展出口贸易，积极鼓励民营企业注重于新能源、新材料、人工智能等高新科技产业，为民营企业引进国外先进技术亮政策绿灯，继续提高民营企业的自主创新积极性，以增强民营企业自主研发能力，提高民营出口企业的全要素生产率，引导民营企业在国际市场上从价格数量竞争转向品牌质量竞争，全面提升国民品牌出口产品的技术含量以及核心竞争力。

第四，提高我国制造业出口产品的核心竞争力，进一步完善出口产品结构。在当前全球不可再生资源日益减少的现实情况下，需要进一步缩减本国资源类原材料或产成品的出口规模，以保障我国资源战略性储备，减少对国外资源的依赖和降低国外以资源出口相威胁的风险，保证国家的经济与军事战略安全。通过延长我国的出口产业链，从不同环节来提高出口产品的总附加值。在稳定我国具有传统比较优势的商品外贸基础上，利用我国制造业的生产能力和生产效率，着力发展技术含量高的制造业出口产品出口贸易，向较落后的我国西北部地区或者周邻发展中国家转移初级制造业出口产品生产，增强我国制造业出口产品的核心竞争力。在提高我国制造业出口产品出口竞争力时不仅需要节约资源，而且要注重保护环境，以清洁、高效的新型生产方式来生产更高技术含量的出口产品。因此，在制造业需要加大对绿色环保技术和低碳节能技术的宣传力度以及研发投入力度时，高质量发展低能耗、低污染的绿色贸易和低碳贸易，以突破发达国家对我国出口产品在国际检验指标上设立的贸易壁垒。不断促进具备自主知识产权、自主品牌、自主营销渠道的制造业出口产品在国际市场扩大影响力，不断扩大高附加值、高科技含量、高效益、绿色低碳环保的产品出口规模，提升我国制造业出口产品的国际竞争力。

最后，鼎力支持服务贸易发展，不断扩大服务贸易在出口贸易中所占的比重，补强出口贸易短板。全球贸易投资一体化的迅猛发展为转变我国出口贸易增长方式提供了历史契机。我国要牢固把握好这一历史契机，大力扶持服务贸易的发展，着力发展生产服务性产品出口，提高出口贸易中具有高附加值的服务贸易所占比重，大力支持人工智能、大数据等高新技术以及刺绣、木雕、根雕和中医药等具有中国文化特色的重点领域的服务出口；为了促成出口贸易增长模式的转变，还需要继续提高跨境旅游服务、跨境金融服务、出国游学留学教育服务等服务贸易领域的发展水平。为了促成我国服务贸易实现快速发展，可以实施以下发展战略：实施商品出口、服务出口贸易和引进外资互动并进的协调战略；设立扶持服务贸易发展专项资金，重点发展金融、保险、商业服务、物流、信息流和区块链等资本、技术以及知识密集型产业的服务贸易；积极鼓励外资进入我国服务贸易相关领域等。

二、利用大数据现代信息技术，创新贸易新业态新模式

把我国建设成贸易强国，需要更多地依靠现代科技来建立新贸易竞争优势，并且不断提升我国贸易发展的质量与效益。大数据在国内电商平台的应用日渐广泛，为我国贸易业态和模式创新提供了巨大的发展机遇。大数据为我国发展外贸带来的新机遇主要体现在以

下几个方面：

大数据能促进贸易流程重构，激发交易增长潜力。近年来，包括敦煌网、一达通等在内的多个第三方外贸服务企业的网上交易平台保持较好的发展态势，实现了超预期的交易量增长，与整体低迷的传统外贸模式形成鲜明对比。网上交易平台可以借助大数据技术，对出口企业的货物流量信息、物流信息以及资金流量信息进行系统管理和综合分析，为出口企业节约了交易成本，也使得出口企业交易效率得到显著提升，例如，在一达通的网上交易平台上，出口企业从原来需要两天时间缩短到现在只需六小时即可完成通关，出口退税也从三个月缩短到三天。此外，网上交易平台的中小型企业还能利用大数据技术，发挥大型企业所不具备的独特优势，精准制定国别差异化的出口发展战略，以增加自己的国际竞争实力。

大数据通过与网上交易平台的数据对接，有利于扩展网上交易平台的服务功能。大数据技术与网上数据流可以实现无缝对接，即国内大型的第三方外贸服务企业为中小型出口企业提供在线交易、资金汇出以及筹集资金等服务，同时第三方外贸服务企业又可以借助大数据技术对中小型出口企业的在线操作行为所形成的信息进行数据分析，为第三方外贸服务企业主动创新数据服务能力提供契机。大数据技术还可以通过与政府部门、银行等金融机构合作，以帮助第三方外贸服务企业扩展网上交易平台服务功能，由单一的出口企业在线交易、资金汇通，扩展出跨境结算、在线报关等便捷服务，全面提升第三方外贸服务企业的服务水平和专业水准。例如一达通通过整合其平台上众多中小型外贸企业的交易信息，构造外贸景气指数、编制外贸运行动态报告等具有重要参考价值的指标或者报告，提供给金融机构或者政府部门作为其决策的辅助材料。

此外，大数据分析在降低外贸出口企业营销成本方面也具有重要作用。第三方外贸服务企业可以通过与不同进口国家的当地电信运营商进行合作，先借助大数据技术对海外市场的消费信息进行量化、分类、统计分析，而后根据分析结果制定有需求导向型、有国别针对性的目标海外市场战略，减少盲目参与海外展会以增加企业曝光度、开展海外市场调研以了解市场需求等活动带来的营销成本，提高我国外贸出口企业的信息化水平。

着力发展人工智能、大数据等先进核心信息技术，是我国培育新贸易竞争优势的重要途径。当前的时代是互联网信息科技时代，谁掌握越多的互联网信息技术，谁就拥有越多的发展机会。一个国家的对外贸易创新发展也离不开该国的互联网技术进步，这也是为什么越来越多的国家开始注重开发大数据技术在外贸领域应用的原因。因此，我国政府部门需要不断加强与民营科技企业的合作，积极开发大数据技术在外贸领域的应用，助力我国建设世界贸易强国。

第一，加快国家级外贸大数据平台建设，为出口企业提供便捷服务。加快设立国家级网上通关大数据平台，为海关、检验检疫局等政府部门与出口企业搭建数据互通的桥梁，统一管理出口企业信息流，把出口企业的报关、退税、结汇等环节都纳入大数据管理平台，例如实现出口企业在网上进行全国通货口岸的选择以及办理预报关手续，而后在选定的口岸进行在场报关报检，推动出口流程无纸化建设。

第二，加快推动解决大数据实际应用难的问题。加大我国大数据、数据信息分析领域的高端人才培养力度或者从海外引进相关领域的高端人才，不断提高我国出口企业的大数据应用能力和数据信息分析创新能力。积极宣传和引导大数据在不同经济领域的应用，加快利用大数据技术搭建外贸企业征信体系、海外仓综合服务平台，为出口企业提供更加全面、便捷、高质量的金融服务。

第三，加紧出台与大数据相关的法律条文，为大数据的合法、合规、合理应用保驾护航。在跨境电商、出口贸易相关的法律框架里增加有关大数据应用的法例条文，利用大数据技术建立和开放权威的进出口数据库以及公正透明的互联网诚信体系，不断强化大数据应用收集、使用以及揭露各类信息的合法性、合规性，切实保障信息源的合法权益。

三、打造世界知名品牌，提高自有品牌国际影响力

自 20 世纪末以来，经济全球化已成为世界潮流，频繁的贸易、科技、文化交流不断推动着全球经济的快速发展，同时也带来日益激烈的国际市场竞争。在残酷的国际市场竞争中，跨国企业和国外大型企业主要靠品牌抢占先机，不断扩大市场占有率。21 世纪企业与企业间的竞争、国与国间的竞争也将会是品牌的竞争，谁拥有更多的国际知名品牌，谁就掌握更强的竞争优势和比较优势。2018 年，一共有 120 家中国企业入围《财富》杂志的世界 500 强榜单，比 2015 年增加了 14 家，说明我国不管是国有品牌还是民营品牌，在国际市场的品牌大战中的竞争力逐渐得到显现和强化。因此，我国若要在全球经济中取得成功，关键在于创造出更多拥有广大消费支持群体和为消费者所认可并喜爱的品牌，特别是国际知名品牌。打造国际知名品牌，提高我国自有品牌国际影响力，需要重点关注以下几个方面的改进：

首先，提高自我品牌防护和保护能力，加快专业品牌设计人才的培养，鼓励企业进行自主研发设计。①设立品牌企划部门，专门负责品牌设计、注册和保护等各项事宜。②大胆进行自主研发设计，结合采用高科技防伪技术。企业有了自主创新，还要在国内外积极申请专利保护，以防被他人抢先注册专利而丧失自己对原创专利的既得权益。③除了对技术要申请专利保护外，还要及时积极进行商标的国内外注册，防止被其他企业抢注，以防日后为挽救商标而付出巨大代价。在国内外进行商标注册时，可以采取商标战略，将所有相近的商标和商识都进行注册，防止其他企业采取"傍名牌"的不正当利益争夺手段，切实保护自身利益。④对于其他企业的品牌侵犯行为或者不正当竞争行为，要勇于利用法律维权，当被海外企业起诉侵犯商标时，也要合规合法运用法律积极应诉。⑤重视商标许可权的使用。注册了商标不是一劳永逸，还需要注意商标许可权的使用，这一环节的重要性

经常容易被忽略。因此，在转让商标使用权时，要加大对被许可人的资格审核力度以及产品质量的监督力度，防止商标的信誉受损。

其次，培养具有国际性深远眼光的优秀企业家。打造自有品牌是个非常复杂的过程，不仅研发设计要强，营销手段也很重要，但这些环节很大程度上要看企业家或者管理者的眼光有多深远。例如，企业家是否愿意放弃订单数量来提高产品的技术含量，是否愿意放弃故步自封而接触其他同行企业的产品，通过与不同企业的产品进行对比，发现自身优势以及不足，从而锻炼本企业未来进行自主研发和创新的本领，是否愿意把企业部分利润用以增加研发投入而不是热衷于复制山寨等。可是由于加工贸易利润薄，很多出口企业的管理者可能比较注重短期利益而非长远利益，不愿意在品牌设计和研发创新环节投入太多精力；自有品牌、商标以及专利技术的保护意识不强也导致部分企业辛苦设计出来的商标被抢注，辛苦研发出来的产品很快被山寨复制，从而更加促使企业仅注重短期投机，而缺少动力进行长期自主研发创新。这也是许多国内出口企业依然在进行代工组装或者山寨国际知名品牌，无法进一步提升我国出口企业在全球产业价值链上的分工地位的根本原因。因此，打造国际知名品牌，出口企业管理者的素质提高和眼光培养显得十分重要。

此外，积极引进国外品牌。目前无自有品牌，且资金、技术等实力仍存在明显不足的我国出口企业可以引进、借用国外品牌，还需附加条件如同时引进该品牌公司的资金、管理、技术、营销渠道等国外品牌涵盖的内容。我国中外合资企业大多使用国外品牌，例如广汽本田、一汽大众、上海西门子以及青岛朗讯。这些公司在国内外市场上广受消费者青睐，广汽集团等汽车企业甚至通过引进、学习国外汽车品牌的技术，然后进行自主创新，单独研发出具备完全自主知识产权的独立品牌汽车。因此，若采用这种方式，需要重点留意两处细节：一方面，防止国产品牌被国外品牌压垮，不能因为引进了国外品牌而放弃国产品牌的经营和创新；另一方面，我国出口企业应积极向外国合资合作企业学习，尽己所能，抓紧时间掌握其先进技术，提高自身的企业管理水平和科研创新能力，为自创品牌打好坚实基础。

最后，鼓励有实力的出口企业并购国外品牌。不仅要鼓励我国出口企业的产品"走出去"，更要鼓励我国出口企业自身也大胆"走出去"，到国外投资。因此，可以借鉴国际跨国公司创立世界品牌的经验，鼓励我国出口企业以国际市场为纽带，以国际名牌产品为龙头，鼓励我国出口企业向外兼并、吸收一些相关企业，把自身发展成为国际知名的大型跨国企业集团，或依据自愿原则与国外大型跨国企业进行异业合作，重新创建国际跨国集团，以此实现出口企业的规模经济效应，进一步加强我国出口贸易的竞争实力，以适应竞争越来越激烈的国际市场环境。我国出口企业并购国外品牌可以考虑使用以下两种方式：一是可以直接并购国外企业，利用被兼并的企业已经具备的现成销路和营销渠道，创建专属的具备完全自主产权的国际品牌；二是可以直接收购国外已经成熟运营的知名品牌，在国内重新设立品牌研发设计中心，加强与该品牌的母国研发设计中心的交流学习，努力学习该品牌的设计理念和经营理念，并在国外新兴市场开创更多的门店，进一步增强被并购品牌的国际影响力，增加我国出口企业利润。

四、加大对出口企业的政策支持力度

建设贸易强国不仅需要我国出口企业加强自身建设，还需要我国政府提供各种高质量的政策服务，帮助出口企业在当前我国整体低迷的外贸状况下渡过难关。总的来说，我国政府可以从推进出口企业贸易便利化、实施市场多元化战略以及扶持国产自有品牌商品出口等方面支持出口企业的发展。

第一，继续深入推进出口贸易和投资便利化，深层次提高出口贸易效率。扩大出口退税商品以及服务的覆盖范围，逐步提高退税标准，提高出口退税办理效率。加强国内道路交通、沿河沿海运输港口等基础设施建设，全面提高物流运输效率；简化出口商品的海关报验流程，这样，一方面提高了出口企业办理货物出口的通关效率，为出口企业带来便捷服务；另一方面，流程简化可以降低出口企业的鞋底成本，增强出口企业的盈利能力和抗风险能力。此外，由于当前中美贸易摩擦不断，这使得我国出口企业的国外订单受到不同程度的不利影响，所以需要重点扶持在中美贸易摩擦中遭受严重影响的出口企业，为其进行新市场开拓的指导，给予其在新市场出口商品的渠道供给和税收减免，以及对进行新产品研发、技术升级的出口企业提供一定的科研补贴，减轻企业研发的成本压力，这样一来，不仅能显著增加我国出口商品的科技含量，还能相应带动相关技术以及产业的快速发展。支持我国服务业走向国外，鼓励计算机、通信信息业等行业人员走出国门，学习外国先进的计算机技术和通信技术，或者在相关领域与外资企业加强合作，边做边学，在国际环境中不断锻炼服务业人员的能力。为服务贸易开通绿色政策通道，着力发展跨境旅游、物流运输、医疗卫生、教育以及文体等服务贸易，促进服务贸易在出口贸易占比的提升。

第二，积极推动出口市场多元化战略的加紧实施。虽然目前我国部分出口商品在美国市场遭受特朗普政府的高关税壁垒，但是放弃美国市场不是理智的选择，因此，在这个困难时期，政府还应鼓励出口企业尽量坚守美国市场，遵守美国的关税条例；在继续深耕欧盟、澳大利亚、日本、新加坡等传统发达国家和地区市场的同时，出台利好政策助力出口企业开展非洲、中东、东南亚、南美洲等新兴市场以及地中海沿岸、中东欧等转型国家市场的开拓工作，提高出口目的地国家市场的均匀度和分散度，规避由于出口目的市场过度集中而带来的系统性风险。

第三，大力扶持我国自有品牌商品出口。一是要制定完善的出口商品市场准入制度和系统的商标管理体系，不断完善市场竞争规则，同时还要加大执法力度，加大对出口企业发布虚假广告、出口企业贿赂政府官员和政府官员收受企业回扣等不正当竞争行为的行政和司法打击力度，海关要加大稽查和处罚力度，坚决防止假冒伪劣产品流向国外，以免影响出口企业品牌声誉。二是可以通过我国驻外使领馆和在外的各大商会，调查并收集我国出口企业自主商标是否有被国外企业或其他组织抢注、仿冒的证据，然后及时向国内的商标持有企业通报消息。特别是要对我国的驰名商标进行有关市场信息的密集跟踪调查，一旦发现有侵损我国驰名商标的现象，要及时利用国际法律法规进行控诉，或者通过外交手段，积极帮助我国出口企业解决商标被抢注和被仿冒的侵权问题，切实维护我国出口企业的在外合法权益，坚决维护我国驰名商标在国际上的形象和地位。三是大力扶持有实力的企业走向国际市场，通过增强对拥有自有品牌企业、知名产品的保护力度，在鼓励企业增加科研创新投入、打击相关假冒伪劣产品等方面给予更大的政策支持，增强企业"走出去"的信心支撑。另外，对于消费者公认的知名品牌，政府应重奖对创立该品牌有卓越贡献的企业管理者、企划人员以及工程技术人员等。四是要设立专门管理商标的政府权威网站，通过介绍、宣传国内外有关商标的法律法规，让我国出口企业在向外出口商品以及到海外进行投资之前能预先熟悉有关国家在商标注册和保护方面的法律法规，进而有针对性地做出应对措施，以免使自己处于盲目被动局面。

五、出口企业经营环境的改善

相比资金实力雄厚、信誉良好、抗风险能力强的大型企业，许多中小型企业对我国出口贸易做出的贡献也不能被忽视，但这些企业在当前我国外贸不景气的状况下，经营更加困难，因此，它们不仅需要政府的政策扶持，更需要政府为其改善市场竞争环境做出努力，以求在公平的竞争环境中取得突破。为了切实帮助中小型企业解决实际遇到的难题，政府在频繁出台调控政策的同时，应该充分考虑政策的连贯性、具体性、稳定性和可预期性，让中小型企业有缓冲期适应，使其外部经营环境更加稳定。

第一，政府需要加快金融自由化改革，积极鼓励和加强引导我国金融机构坚持创新金融服务产品，通过增加服务产品种类来提高金融机构的综合服务能力，为国家资本或者民间资本的战略投资提供智囊支持和安全保障，从而助推我国经济结构转型调整和出口产品结构升级。这就要求金融机构不断放宽出口企业的信贷限制条件，大幅降低出口企业融资门槛，在融资渠道、融资方式以及融资品种上能实行多元化方案；建立完善的中小型企业融资融券担保机制，对优质、有发展潜力的中小型企业能够提供更多的金融服务支持，帮助这些企业妥善解决经营资金短缺、筹集资金困难等问题。

第二，在我国金融发展水平稳步提高、人民币国际化进程扎实推进的前提下，还需要继续保持人民币汇率相对稳定。进一步发展、完善人民币汇率形成机制，在当前美国贸易保护主义盛行、与他国或其他国际贸易联盟贸易摩擦不断的情况下，美元的地位受到了挑战，我国政府可适当考虑由目前人民币单一盯住美元的汇率形成机制，转换为人民币盯住几种与我国外贸联系紧密国家所使用货币的汇率形成机制。鉴于人民币汇率变动对出口贸易的强相关关系，为了保证我国出口贸易状况的相对稳定，完善人民币汇率形成机制的同时也需要适时灵活调整货币政策，并采用积极有效措施，以控制人民币汇率在一定范围内波动，进而达到扩大出口贸易伙伴国范围的目的。

第三，增大对出口贸易的政策扶持力度，完善出口退税相关制度。我国政府在鼓励出口贸易政策方面应该加大扶持力度、增加鼓励政策种类、明确具体鼓励政策细则，同时确保相关政策能够及时落实到位。例如，针对目前许多中小型企业所反映的若将出口产品其整个出口环节都进行参保，出口成本过高，导致企业经营压力进一步加大的问题，我国政府应该加强与相关信用保险公司的沟通，采取有效举措说服后者在可承受范围内进一步调低出口企业的相关保险费率，并对出口企业的参保环节不另加强行规定。考虑到加工贸易对我国出口贸易的重要作用以及当前仍然在我国出口贸易总额中占据较大比重，所以在当前我国外贸状况不佳、出口企业经营压力加大的情况下，政府对出口企业所用的进口设备特别是来料加工进口设备应该继续予以免征进口关税的政策支持。在帮助国内自有品牌建设方面，政府还应继续扶优扶强，充分发挥龙头企业在带动行业发展中的引擎作用，增加对出口产品技术创新、品牌研发、商标注册、取得国外技术贸易壁垒的认证资格、参加相关贸易展会等活动费用的资助力度。同时还要帮助出口企业及时把握国家外贸政策及国际政治、经济和社会形势变化，以便出口企业做出对外贸业务以及发展战略的调整，指引出口企业开拓新市场等。

第四，进一步推进贸易投资一体化战略。继续调整进出口贸易和招商引资政策，为中资企业与外资企业营造秩序井然、公平竞争的外部环境，尽快实现内资、外资、外经贸和金融市场协调发展的联动。积极促进外资企业地区总部经济的发展，通过利用总部经济的优势，中资企业可以对外资企业地区总部的核心技术进行引进、学习模仿、消化吸收和二次创新等，对优秀跨国公司的先进技术进行改良再开发，最后形成具备完全自主知识产权的技术开发，从根本上提升我国的高端制造产业的技术发展水平；进一步提高外国高端科技在我国国家创新发展体系中的助燃器作用，在具体实践中不断拓宽我国高端技术开发的广度和深度。

制定推动企业科研创新的发展战略，不断提升制造业企业的自主创新能力，积极探索制造业企业到海外进行投资的有效途径。始终坚持"引进来"与"走出去"相结合的对外开放战略，在以习近平总书记为核心的党中央领导集体的"互利共赢的开放战略"的指引下，大力培育国内的大型跨国企业，在国际市场上打造我们自己的知名品牌；利用辽宁、吉林等东北地区传统重工业基地以及粤江浙沪等东部沿海地区高端制造业基础雄厚的比较优势，实行我国制造业企业到海外投资的路径探索。大力培养在国内行业领先、享有一定国际知名度以及能完成自主创新投资的大型民营企业，并积极鼓励这些民营企业到海外进行投资，必要时提供相应的海外投资政策支持。此外，我国政府可以考虑将有实力的大型民营企业在海外进行投资的计划纳入国家中长期发展规划，给予与行业相同、规模相近的大型国有企业同样的优惠待遇；将有实力的大型民营企业在海外研发投资的计划纳入国家整体创新体系统筹规划；大力支持民营企业收购国际品牌以及培育自有国际名牌等。

第五，海关等政府部门可以在出口企业办理货物报关报检方面加快审核速度，简化处理流程，不断提高出口贸易和引商投资的自由化、便利化水平，帮助出口企业度过不景气时期。对于商检部门在检测出口商品的环节，可以考虑借鉴国外第三方检测的方式，即商检部门以监管环节的合规合法性为主，间接参与检验管理，减少强制检验，提高效率。

为了刺激外贸增长，我国政府可以考虑对大部分出口商品的退税率均恢复到零税率的水平，并保持长期相对稳定；支持银行、信托、基金等金融机构为在海外投资建厂或者承包项目工程的出口企业提供债券融资、融券融资抵押担保；设立专项支持基金，专门为出口企业开拓新目标市场以及在海外投资建厂提供资金支持；继续推动进出口贸易体制改革，简化出口货物报关报检退税等流程，促进贸易便利化和自由化，提高海关、检验检疫局等政府部门的审核处理效率。

第二节　深入推进与加强对外合作，落实对外援助任务

一、提高外资的利用效率

改革开放四十年来，我国在吸引、利用外资方面的能力和规模均有显著的提高，目前已是全球第二大外资利用国，而且全球规模最大的跨国企业已有近500家落户我国。外资在我国经济制度变迁、社会人口就业、出口贸易等方面发挥积极作用，为我国市场经济的资本投入、产业结构升级的技术引进做出重要贡献。推进贸易强国建设，需要继续扩大外资引进，不断发挥外资的重要作用。为了提高我国吸引外资的能力和利用外资的效率，可以从以下几个方面做起：

第一，创新外商引资制度，提高外资利用的规模和质量。不断完善我国的外资管理体制，逐步开放我国资本市场以吸引外资，利用融资方式的创新，有效提高我国资本市场对外资的吸引能力。需要不断完善我国产权交易和知识产权保护制度，有效降低外商投资的风险。尽快搭建适合我国企业进行跨国并购的法律体系基本框架，规避国内投资者实施跨国并购的法律风险，同时为国外投资者对我国企业进行跨国兼并重组提供一个良好的制度环境。加强对内对外知识产权保护，不断完善我国知识产权制度是改善外资投资环境、吸引外资在我国进行投资的催化剂。加强知识产权保护的主要作用在于有利于保护外资企业在我国的资产设备、先进技术的既得权益，当前外资企业与中资企业还未进行深层次合作的一个重要原因就是外资企业特别重视企业核心技术和知识产权保护，对中资企业的戒备

心较强。

第二，进一步优化外资利用结构。对于通用外资利用的方式，国际上将其分为证券投资、外债持有以及直接投资，并且三者具有互不相同的特点。我国在举借外债和对外投资等方面具有较大的自主性；国外投资者在我国进行的直接投资一般是热钱投资，呈现出外资入市速度快，获得收益后外资退市速度也快的特点，这种短期投资对我国金融市场影响较大，而对实体经济影响程度较低，因为这部分资金还没来得及转化为我国的实际资产就又流回海外。而对于证券投资方式，境外投资者可以通过购买我国上市公司的股票等形式进行间接投资，具有将分散的来源资金集中起来使用的特点。我国需要及时调整引资结构，并通过不同途径利用外资，外资利用效率最大化。一方面，可以利用海外共同基金、母基金等新型外资利用方式；另一方面，可以利用外资对国有企业资本结构进行混合所有制改造，不断尝试开拓 ABS 投资方式、国际信托投资等资本投资方式，适当增加证券投资在我国外来资本投资结构中所占的比重；同时，逐步开放我国 A 股、B 股、新三板等证券市场，通过证券市场的资源自由配置作用，提高国外资金被我国企业有效利用的效率，不断优化我国企业的资本结构。

第三，我国要促进新型工业化的成长，积极引导资本流向环境污染小、节能环保、拥有高技术含量的高新技术产业，不断提高外资有效转化率和综合利用效率，加速实现我国经济结构由低端劳动密集型产业向高端知识密集型、技术密集型产业进行调整升级。截至目前，超过七成的外商其直接投资仍然集聚在制造业领域，这种状况在短期内不会发生太大改变。所以需要发挥外资对我国实现新型工业化的积极作用，充分发挥外资对我国制造业技术升级、国有经济资本结构调整、市场经济深入改革等方面的重要作用，大力促进我国工业现代化、信息化建设。今后我国需要重点鼓励、支持外资流向先进制造业和高新技术产业，同时加强国内产业基础设施配套，延长国内出口产业价值链，以求更好地受益于外资投资的技术外溢效应。

第四，还需要进一步促成我国服务业实现较快发展。我国要进一步推动服务贸易领域对外开放，大力促进服务业吸收外资和壮大服务业的国际竞争力。对券商、银行、保险、基金等金融服务业，需要根据我国金融监管能力的提高程度、资本市场的成熟程度推行逐步向外资开放的战略；对商贸流通、文化体育教育、医疗卫生等服务业，可以在总结以往外资引进的经验基础上进一步扩大开放程度；对会计审计、商业服务、邮电、信息技术等服务业实行全面开放；对高附加值的生产性服务业，由于其具有高聚集度和强大的辐射周边能力等特点，所以要做好前期区域布局工作，重点引资区域应该集中在北京、上海、深圳以及广州等一线城市以及西安、重庆、郑州、成都、武汉等国家中心城市或者区域中心城市。

此外，逐渐降低我国服务贸易领域的外资准入门槛，继续扩大我国服务贸易的对外开放范围。由于我国目前外资利用主要领域在制造业，这对我国产业结构转型调整升级造成了一定的阻碍。因此，我国需要适时放开服务贸易领域的外资准入限制，提高外资的利用效率，如此一来，不仅有利于通过国际市场竞争来提高我国服务业产品的质量和水平，还有利于促进我国现代服务业实现迅猛发展，最终提升我国经济的整体综合实力。我国还需完善吸引外资的奖励机制，针对不同等级重要项目的外资引进，分别对当地政府、引资企业推行差异化的奖励政策。但是当前有许多地方政府为了获取中央的政策奖励，不断加大引进外资企业的招揽力度，不加筛选即对外资企业推行减低融资门槛、减免所得税上缴额度甚至提供科研活动补贴等方面的优惠政策，这必然导致了当地经济的中资企业与外资企业间不公平竞争环境的产生以及外资企业骗税、骗补贴的风险。因此，地方政府需要提高优惠政策实施的科学性和有效性，有针对性地对重要外资引进项目进行政策奖励，而不是不加筛选对所有外资注入都实施优惠政策，这样除了造成对外资的低效利用外，可能还会招致骗税等财政风险。重要外资引进项目是指引进的外资与国内重点发展产业所需资本类型具有较高的契合度，并且具有高经济效益、高价值链附加值、低污染、低能耗等优良特点的相关项目，或者是可以体现未来发展实力和竞争水平的相关项目。这些重点外资项目往往会伴随着国外专利技术、专利产品的引进，这些专利产品通常具有较高的科技含量，可以为我国技术进步提供促进作用，有利于缩短我国与世界强国的技术差距。

第五，积极转变政府经济管理职能，改善外商投资环境。在经济全球化、互联网发展势头良好的形势下，各国在经济方面的合作越来越紧密。伴随我国市场主体的多元化转变以及社会主义市场经济体制的不断完善，我国政府在国民经济发展中所发挥的职能也需要做出相应的改变，应该由传统的管理型职能转变为服务型职能，注重政府在维护社会公平、保障民生权利等非经济领域的服务职能建设，在经济领域，不对市场做过多干预，充分发挥市场在配置社会资源方面的决定性作用。进一步来说，政府职能的转变离不开进一步完善相关的法律法规，而从提高外资利用效率的角度来说，也需要适当地修改相应的法律法规。

具体体现为：①为了加强对外资结构的管理和促使对外资利用方向的调控更加科学，需要成立特定的外资监管部门，合理引导外资服务于我国社会主义市场经济建设，以最小成本发挥外资的最大作用。此外，由于外汇储备是衡量一国维护本国国际收支平衡的能力高低的有效指标，我国需要把外汇储备维持在一定数量水平，只有维持稳定的外汇政策，才能保证人民币国际化的顺利进行，从而为维持我国经济贸易的稳定打好基础。②相关政府部门需要不断加强对外资引进项目的监管，通过制定强有力的法律法规，严惩外资引进项目假借投资名义骗取银行贷款、假借投资名义骗取政府补贴等恶劣行为，确保外资利用正当、合法合规，并有效地服务于我国的生产建设。③还应该限制或者减少外资企业可能会对我国生态环境造成污染的生产经营活动，严格控制国外高污染型产业转移到我国，对我国环境造成破坏。一方面，可以充分利用我国是世贸组织成员国的身份，大力促进世贸组织的国际公约相关条款进行适度修改，以有利于发展中国家实现资源、环境、经济持续和谐发展；另一方面，我国政府要加快制定惩罚污染转移型产业的相关法律法规，同时，尽快搭建与国民经济绿色发展相配套的干部政绩考核机制，将外资利用效率指标与环境保护指标、社会人文指标等联系起来，积极鼓励外资企业采用母国环保新技术，加快实现清洁生产，从而提高我国外资企业的清洁高效生产能力以及保证我国经济可持续发展的能力。

总而言之，要不断完善我国政府的服务类型，尽快实现政府服务职能转变，有效提高政府调控宏观经济的效率，以及充分发挥市场在配置社会资源方面的决定性作用。还要推动完善社会主义市场经济制度，实现公平、公正、公开的一体化市场体系。成立专门的外资监管部门，制定强有力的法律法例，加大对外资流向的监管，规范外资的使用方式和打击外资的短期投资动机，大幅度提高外资的利用效率，真正实现外资对促进我国产业结构转型升级和加快转变经济增长方式发挥有利作用。

第六，引进外资的同时需要不断增强维护金融市场安全的意识，加大力度强化外资监管和内部调控。随着我国国民经济实力的大幅增强，金融市场安全的意识显得越来越重要。加之经济全球化对中国金融市场以及外贸市场的不断渗透，国外投机资本的高隐蔽性难免威胁我国金融市场安全，甚至还会严重打击我国金融市场的发展。提高外资监管部门对外资的监管能力、内部控制能力，以及不断增强社会各行业的金融安全意识，则可以增强我国宏观经济整体抵御风险的能力，从而提高我国金融市场以及外贸市场的风险防范机制的运作效率。

作为社会主义市场经济的关键部分，金融服务业是否安全运行将直接影响我国的经济安全和稳定，因此有必要加大对我国境内的内外资金融机构的业务经营、违约风险等的监管力度，确保其能够安全稳定地运行。我国金融机构还需要紧紧围绕防范金融风险和强化内部控制两个主题，继续完善风险管理的能力，不断健全风险管理机制，尽可能避免产生不良资产和发生违规风险。所以，要实现上述目标，离不开我国金融机构核心竞争力的持续增强。增强我国金融机构的核心竞争力可以由以下改革举措入手：加强内资金融机构的品牌形象建设，并对不同类型的市场进行细分，从市场细分角度出发，加强零售服务业务的发展；还需要逐渐取消外资金融机构在我国享受到的超国民待遇，使内外资金融机构在同一起跑线上公平竞争。

对外资的监管主要从对外资企业设立的监管和对外资流动的控制两个方面进行。一方面，金融监管部门要对外资企业的数量和规模进行有效监管，以达到控制外资企业适度扩张的目的。当前我国对外资企业的监管主要集中于进入审批环节，通过经营能力、盈利能力以及偿债能力等指标来监管、考核，但对这些企业所涉及的金融业务的监管力度略显不足。因此，从风险控制的角度来说，金融监管部门需要加强对外资企业相关金融业务的监管力度，全面规范外资企业的经营活动，以保障我国金融体系得以安全有效地运行，有效规避金融风险。另一方面，我国要尽快建立全覆盖、功能齐全的跨境资本流动监测预警体系，同时密切监视外国资本的动向，严厉打击外国资本的投机活动，遏制外国投机资本在全球狙猎扩张，勇于承担大国责任。随着我国资本市场日益成熟，可以稳步推进资本金融项目的开放，但这也要求加强我国对外资流入规模的控制，尤其是加强对短期外资流入的监管力度，将控制外资流向的重点由鼓励流入、限制流出转为流入与流出相平衡，帮助我国不断强化资本金融项目的自我调节能力。

二、多方面深层次推动"一带一路"建设

作为坚持共商、共建、共享创新理念的新型区域经济合作模式，"一带一路"建设为引领新型国际经济合作不断提供实践经验借鉴。"一带一路"建设顺应了经济全球化趋势以及各国积极寻求合作的美好心愿，有着光明的发展前景。丝路基金、亚洲基础设施投资银行等各种金融机构设立的目标是服务于"一带一路"实体经济的发展，是为了推进投资合作、产业建设以及贸易发展的便利性和安全性，因此，在推进国际金融服务和金融合作的基础上，还需要采取其他措施来促进"一带一路"建设。但是在实际开展"一带一路"建设的过程中，难免会遇到来自社会、经济、文化、政治等方面的风险挑战，所以我国必须根据这些风险因素，从企业、侨商、投资、贸易等多方面来采取相应措施，积极推动"一带一路"建设的全面实施，以不断深化我国对外开放的发展水平。

第一，积极推进出口企业外交。以出口国企作为战略外交的主要力量，并大力鼓励出口民企"走出去"，到海外进行投资，也积极鼓励社会民营资本尝试参与。"一带一路"建设过程中的大型海外工程应交给大型企业来完成，确保工程进度和质量。出口企业在海外进行投资经营活动，首先要熟悉并掌握东道国的管理体制、会计准则等，还要要遵守市场规则，诚信守法经营，同时注意培养企业的可持续发展意识和社会责任意识。积极鼓励国内出口企业在海外与外企合作建立产业园区等，积极鼓励基建企业参与到"一带一路"沿线国家的基础设施建设中去，鼓励大型工程企业扩大对"一带一路"沿线国家的工程承包业务范围，同时通过广泛参与各种国际展会、峰会论坛等，加强与"一带一路"沿线国家相关企业的合作。无论出口国企还是出口民企到海外进行投资，都需要各国提供一定的市场资源和制度保障，因此需要各国政府、企业等共同积极发挥协调作用，为在本国境内进行投资的外国企业提供相应的信贷、保险、信息服务和本地的社会经济、文化风俗、法律政策等多方面的完备信息，不断完善信贷、保险以及信息服务等方面的监管机制。还需要倡导出口民企特别是中小型民企以民间商会等形式来切实保障自身权益。

第二，充分发挥我国海外华侨华商群体的重要作用。我国海外华侨华商拥有雄厚的经济实力、相对庞大的数量规模以及广泛的政商人脉，是推动我国建设"一带一路"的一股重要力量。需要充分发挥海外华侨华商在当地社会、经济、政治、文化、教育等领域的人脉资源和社会影响力，全面调动其主动性和积极性，适当让利，让其有动力投身于"一带

一路"建设，从而有利于加快"一带一路"建设。我国的海外华侨华商大约有三分之二是分布在"一带一路"沿线各国，而且这些华人拥有较好的教育经历，活跃在金融、教育、政治等领域，拥有雄厚的经济实力。因此，"一带一路"建设可以借助海外华侨华商的力量，通过推动我国与"一带一路"沿线国家进行产业投资与合作，加快转移国内过剩产能，推进"一带一路"沿线欠发达国家的工业化进程；还要加大开拓"一带一路"沿线各国贸易市场的力度，积极推动我国的技术、服务、货物、资本的输出；鼓励推动民间外交，加强各国政治互信，为"一带一路"建设奠定良好合作基调。

第三，持续加强各国之间的投资合作。"一带一路"建设将继续突出投资引领合作、带动外贸发展的作用。随着"引进来"和"走出去"战略的不断深化以及我国对"一带一路"沿线国家的重点投资项目的开展实施，我国对"一带一路"沿线国家的投资已经取得一定的阶段性成果。据我国商务部相关数据显示，2017年全年，我国与"一带一路"沿线国家的合作营业额为855.3亿美元，在同期总额的占比超过50%，同比上升12.6%；我国在"一带一路"沿线国家的新签对外承包工程合同额达到1 443.2亿美元，占我国新签对外承包工程合同总额的54.4%，同比上升14.5%。此外，我国企业对"一带一路"沿线国家的新增投资额为143.6亿美元，占我国对外新增投资总额的12%，同比上升3.5%。

但参与"一带一路"建设的国家大部分经济较为落后，而且他们的国家管理体制存在较大的个体差异，经商环境相对不稳定，金融投资风险比较高，对我国企业的投资活动造成一定阻碍。但这并不意味着我国就不能向这些沿线国家进行投资，相反，我国需要积极鼓励中资企业到这些沿线国家进行深层次的贸易合作，通过与东道国协商建立区域投资促进与保护机制，不断改善当地投资环境，为境外投资者提供更好的制度保障，以期望未来在自由贸易区框架下进一步提升投资便利化、自由化水平；扩大双向投资合作范围，利用我国先进的杂交水稻技术与"一带一路"沿线国家积极开展农业合作，优先引导我国与人工智能、大数据、通信设备等相关的先进制造业、服务业到"一带一路"沿线国家进行投资，并加大与"一带一路"沿线各国的清洁能源开发合作力度，实现"一带一路"建设的绿色发展；我国企业到东道国进行投资前应该进行可行性分析，实施有效的、具有针对性的自我保护战略，加强对东道国市场规则及产品标准的了解，以减少额外的投资成本，提高投资效率；同时我国可以加大投资环境的整治力度，为吸引"一带一路"沿线国家的大型企业来我国投资建设扫清障碍。

为了推进智能装备制造、我国过剩产能消化以及国际深层次合作，实现我国经济提质增效升级，在成立亚洲基础设施投资银行、丝路基金之后，我国又提出国际产能合作，以形成一批在国际上有强大竞争力的中资企业，进一步提升"一带一路"建设的经济和社会效益，同时不断增强其对我国经济结构转型升级的促进作用。坦桑尼亚是最早加入我国国际产能合作计划的非洲国家之一。目前，作为坦桑尼亚最大的工程建设承包国、外资来源国以及贸易伙伴国，我国初步建立与坦桑尼亚的国际产能合作工作机制。中国与坦桑尼亚的国际产能合作，除了可以帮助加快坦桑尼亚推进现代工业化进程外，还可以为其他非洲国家承接我国过剩产能转移和开展产能合作提供宝贵的借鉴经验。中资企业在坦桑尼亚所进行的投资项目里，基础设施建设所占的比重最大，占据了接近七成的坦桑尼亚基建市场份额。

此外，尽管"一带一路"沿线部分国家掌握着较为丰富的能源和自然资源，但这些国家对能源资源的开发能力比较有限，能源资源优势难以发挥，不利于当地经济发展。包括轨道交通、钢铁、矿产、制造、电信、有色金属、建材等行业是中资企业的传统优势行业，也是区域产能合作的先导行业。我国一方面在石油化工、电力燃气等行业的生产能力建设方面取得了举世瞩目的成就，生产装备优良、技术水平先进，另一方面又是世界最大的能源需求国，对外能源依存度过高，国家能源安全受到挑战。因此，加强能源领域的产能合作刚好符合我国与部分沿线国家之间的国家安全、社会经济发展等方面的需求，在推进国际产能合作时，我国可以根据"一带一路"沿线国家的资源能源储量、产能开发合作意愿、产能合作效益等因素，有针对性地选择重点合作国家，通过在东道国设立国际产能合作试验区，并向东道国输出我国的先进设备、技术以及专业人才，不断尝试探索国际产能合作的最佳模式，以达到产能合作的双赢结果。

第四，尽快形成"一带一路"沿线国家政治风险评估体系。为了保障"一带一路"建设顺利实施、我国的海外利益安全的战略高度，尽快构建关于"一带一路"沿线国家的政治风险评估体系具有重要意义，需要将有关内容系统纳入"一带一路"建设的计划制订，并为开展有关工作提供人力、物力等方面的基本保障。

构建政治风险评估体系，包括：①可以通过第三方服务机构对"一带一路"沿线国家进行科学系统的政治风险评估。对这些沿线国家进行政治风险评估，一方面时间紧迫、任务繁重，另一方面需要熟练掌握相关国家的国情，运用科学的评价方法进行评估，所以必须委托有扎实研究功底的专业机构开展。在选定专业评估机构后，还要尽快制定"一带一路"沿线国家的政治风险评估工作实施细则，健全政治风险评估考核的指标体系，并定期更新评估结果，尽可能使评估结果公正、透明、科学。②要尽快建立起综合评估结果管理使用制度。作为"一带一路"建设的发起国和主导国，我国对沿线国家的态度表现极有可能影响相关国家对参与"一带一路"建设的积极性。因此，为了保护沿线国家参与"一带一路"建设的积极性，还需要强化评估结果的非官方属性，尽力探索一种既能兼顾非官方、保密性、权威性等多层次要求，又能满足政府决策咨询所需要的综合评估结果管理使用制度。

第五，深层次强化我国与"一带一路"沿线国家在进出口贸易方面的经济联系。不管是古代丝路经济或是新丝路经济，其发展均离不开"一带一路"沿线各国之间的分工贸易合作。"一带一路"沿线各国大多是具备开发潜力的新兴市场，为我国进出口贸易带来更为强劲的吸引力和开拓动力。据我国商务部的数据显示，2017 年全年，我国与"一带一路"沿线国家的进出口贸易总额为 14 403.1 亿美元，占全国进出口总额的 36.2%。在与"一带一路"沿线国家进行出口贸易方面，对我国出口贸易总额贡献较大的包括韩国、越南、印度、新加坡、俄罗斯等国家，排名前十的沿线国家的总出口额占我国对"一带一路"沿线国家出口总额的 65.6%。在与"一带一路"沿线国家进行进口贸易方面，对我国进口贸易总额贡献较大的包括韩国、泰国、俄罗斯、新加坡、沙特阿拉伯、印度尼西亚等国家，排名前十的沿线国家的总进口额占我国对"一带一路"沿线国家进口总额的 75.5%。虽然我国与这些沿线国家的进出口贸易已取得良好成果，但由于一些发展瓶颈的存在，例如仍存在与他国之间有较多贸易壁垒、我国进出口贸易不平衡、出口商品结构较为单一等问题，这些都加大了我国与"一带一路"沿线国家进一步提升双边贸易水平的难度。这需要我国进一步挖掘新的贸易增长点，需要进一步深化我国的对外开放政策改革，积极推进我国与"一带一路"沿线国家的自由贸易区的升级建设，增大对我国跨境电商的培养力度，提高与"一带一路"沿线国家进行贸易投资的便利化以及自由化水平；及时调整我国的进出口贸易结构，不断扩大服务贸易，稳步推进我国对外贸易的均衡发展，稳步推进文化、旅游、金融、教育等领域的合作机制建设，大力发展现代服务贸易；不断减少甚至消除贸易壁垒，深化海关与质检部门之间的合作，降低出口企业的交易成本，还需要强化各国政府采购、知识产权保护领域的信息交流与合作；进一步简化通关手续，大幅提高通关效率，推进区域信息一体化以及海关信息化建设。

第六，加大与"一带一路"沿线国家间开展深层次合作的力度，加强各国间的战略协调。面对沿线地区存在的恐怖威胁、不稳定国际局势，需要我国与"一带一路"沿线国家尽快建立高层对话机制，加强各国政治互信，加强各国间的边检合作等。在推进对外合作战略的实施过程中，我国还需要继续深化与"一带一路"沿线国家的战略协调和政策沟通工作，利用国际博览会、自由贸易区以及上海合作组织等平台，不断推动贸易便利化、自由化水平的稳步提高，特别是涉及重大战略性合作项目，要找到与相关国家的利益相关点，例如优先从淡水供应、电力生产、电子通信等涉及民生的基础设施建设着手，早日实现我国与"一带一路"沿线国家在基础设施方面的互联互通。同时，还需要加强与"一带一路"沿线国家的道路交通、设备技术标准等规划方案制定，加强技术标准设立的信息交流，推动建立统一、科学的运输协调机制，为提高运输效率带来质的提升。

三、加强对其他发展中国家的援助力度，在对外援助中实现双赢

随着我国综合国力显著增强，作为一个勇于担当、有大国责任感的国家，我国对外援助的力度越来越大，援助规模随之扩大，受援国的数量也越来越多，受援所涉及的范围也越来越广。我国的贸易强国建设之路，根本在于做强贸易，而做强贸易又离不开"一带一

路"建设的贡献，两者相辅相成。"一带一路"沿线国家之中有较多的发展中国家，这些国家既是我国建设贸易强国的重要贸易合作伙伴，也是我国需要帮扶援助、休戚与共的好朋友、好兄弟。我国现阶段对外援助的主要任务是服务于"一带一路"建设，同时对外援助也有助于"一带一路"沿线国家实现本国经济发展、落实对外合作政策、加强与他国基建设施的联通以及深入推进民间交流合作等。因此，在推动"一带一路"建设、构筑人类命运共同体的基调上，为了尽快实现我国的贸易强国建设目标，我国需要增强对"一带一路"沿线发展中国家的援助力度，实现我国与受援国的双赢。

第一，继续修正改进我国对外援助政策体系框架。鉴于我国国情、受援国的困境以及全球化进程中发展中国家所要担负的责任，我国需要不断完善对外援助政策，为对外援助计划充实内容、增添内涵。从 20 世纪 60 年代以来我国对外援助理念的不断调整可以看出，我国对外援助政策的内容基本集中于尽可能帮助受援国提高可持续发展能力、不附带任何政治条件、坚持平等互利与共同发展理念等方面。由此可见，当前我国对外援助政策并不能满足对对外援助计划里面"一带一路"建设四大目标的需求，以及"一带一路"建设过程中相关金融机构如亚洲基础设施投资银行、南南合作援助基金、丝路基金等资金池的分配需求。

在"一带一路"建设的历史使命要求下，把对外援助打造成"一带一路"建设的顶梁柱和闪亮名牌，提升我国在大国外交竞技场的重要地位，我国需要继续充实、完善对外援助在"一带一路"建设总体规划里面的内容，进而确立我国对外援助政策的整体框架，利用政策框架清晰阐明当前全球发展的趋势、国家的社会责任和历史使命、国家之间的利益联系等，同时还要考虑将政策评估、预算以及监管等纳入政策框架当中。在不对他国强加任何政治条件、坚持平等互利共同发展等原则下，尽可能将中国—欧亚经济合作基金、南南合作援助基金、丝路基金以及亚洲基础设施投资银行等统一放在对外援助政策的整体框架范围内，而且我国的对外援助政策还需要适当增加援助计划的有效性，实行质量评估、可持续发展、深度扶贫、环境治理、防止权力腐败等基本内容。

第二，加快制定我国对外援助战略规划。在实际推进"一带一路"建设的过程中，对外援助战略规划的科学性和可行性只有在不断的实践、试错中才能得到检验和完善，边探索边修正完善的对外援助战略规划才能真正使得具体援助行动满足"一带一路"建设所设立的诸多目标。我国对外援助的战略实施关键在于提高组织的集中度，使战略目标更加完善明确，按照战略的需要科学合理分配援助资金，协调好受援国的政府、企业与社会三者之间的相互关系。我国对外援助的战略能力还包括战略落实能力，完备的战略没有落实也等于白费力气，因此需要强化我国对外援助战略规划的落实能力，最大限度地发挥战略落实能力对"一带一路"建设的服务作用。

我国当前迫切需要明确对外援助的目标以及制定相应的对外援助战略规划，以此阐明全球经济发展所面临的挑战以及机会、参与"一带一路"建设的现实意义等，将我国的对外援助倡议与战略、重要国家和地区已经制定的对外援助战略，以及对外援助战略评估等纳入整体战略规划之中，集中突出"一带一路"建设在政策沟通、设施联通、贸易畅通、资金融通、民心相通五个方面的优先重点事项。

第三，开展对外援助战略规划以及政策项目评估。在"一带一路"建设下，我国除了要保障对外援助规划的后续资金支持，还应该不断扩大对外援助的项目覆盖范围，战略性地使用对外援助倾斜政策以促进更加均衡的合作伙伴关系的建立。我国对外援助政策的决策者既要密切关注宏观层面的政策评估，还要关注援助项目评估。为此，我国需要把政策评估的方法推广到"一带一路"建设的评估中去。在计量方法里面，一般使用双重差分法、合成控制法来进行政策评估，这两种方法都是基于因果分析理论，通过控制其他不可观察的因素的影响以及运用强有力的反事实推理来考察某一特殊变量对政策效果的影响。对外援助战略规划以及政策项目评估涉及重点项目评估、部门优先事项评估、国别援助评估以及援助效率评估等。客观合理科学的评估有利于衡量对外援助计划的有效性及其实施结果，从而为对外援助计划的制定者、决策者以及受援群众提供各类有效信息，以改善对外援助管理制度。

第四，不断深化国际三方发展合作。在对外援助领域，三方发展合作势头良好，可以充分利用不同援助提供方的资源、知识与经验，有利于对外援助战略落实到实处。除了南南合作项目之外，我国正致力倡议开展三方发展合作以增加我国在全球发展合作与国际援助领域的参与度。我国先后与联合国开发计划署、新西兰等试点开展三方合作，同时积极研究与丹麦等相关国家开展三方合作的可行性。

在"一带一路"建设中，巴基斯坦是我国全天候战略合作伙伴，俄罗斯是我国全面战略协作伙伴，借助这两个国家与我国的密切关系，可以围绕这两个国家以及这两个国家的周边战略伙伴国家进行三方发展合作尝试，所以我国应该以中国—中亚—西亚经济走廊、中巴经济走廊、中蒙俄经济走廊等作为重点关系培养对象，不断加大我国与这三大走廊的沿线国家的三方发展合作力度。同时，我国还需要围绕中国—中南半岛经济走廊进行深层次合作关系培养，尝试与东盟开展三方发展合作。此外，继续深入推进与新西兰等南太平洋岛国在亚太经合组织等多边协议框架下的三方发展合作，以共同努力帮助南太平洋地区的小岛屿国家应对气候变化造成的不良影响。

鉴于"一带一路"建设的开放包容性，为了推动"一带一路"对外援助计划的深入开展，我国还会继续加强与其他四个金砖国家——巴西、俄罗斯、印度、南非，以及美国、日本、欧盟、北欧等国家和地区在医疗卫生、国际维稳、人道主义援助、环境保护以及扶贫减贫方面的有效沟通以及通力合作。值得关注的是，在"一带一路"建设中，中美两国已经签署了相关协议，设立了包括全球可持续发展、人道主义援助、消除极端贫穷等多个共同合作目标，为我国与他国深入开展多方面、深层次的国际合作提供经验借鉴。另外，我国与他国还可以在尊重受援国意愿的前提下在受援国境内通过设立国家开发银行等多种途径开展金融融资合作。

第五，深入推进公私合作伙伴关系。当前，公私合作伙伴关系正广泛地应用于对外政策领域，目的在于培育以及加强我国外交部门与外国私人部门之间的合作伙伴关系。公私合作伙伴关系为"一带一路"沿线国家接受他国援助提供了新的途径。在坚持"一带一路"建设的"三共"原则下，我国政府部门需要不断推进与"一带一路"沿线国家的公共部门、私人部门等在援助合作方面的合作伙伴关系建设，以此推动我国政府部门与相关沿线国家的地方政府、私人部门、民间组织等利益联系方在"一带一路"建设的援助合作领域发挥更大作用。

我国既要利用相关国家私人部门的重要商业资源，又要向其社会民间组织、教研机构等提供物力支持以提升该国的自主发展能力的建设，以此凝聚、动员全社会力量广泛参与，利用社会合力大力支持"一带一路"建设。由此，我国外交部、商务部等可以通过设立不同的社会民间组织来分别负责与相关国家的私人部门或者民间组织的援助合作项目。此外，我国政府部门也可以向由社会民间组织或高等院校主办的培训班和研讨会等提供资金资助，大力支持我国高等院校、社会组织、大型企业甚至经济比较发达地区的地方政府到相关国家尝试开展各种援助活动。

第三节　优化对外贸易的制度安排，掌握外贸规则制定权和话语权

随着近年来世界贸易保护主义的持续升温，世界经济复苏遭遇重大挑战，我国推进贸易强国建设也出现不可避免的障碍。作为当今世界上仅次于美国的经济体以及全球最大的出口贸易国，我国已经是经济全球化的活跃拥护者和主要贡献者，但在市场准入、贸易规则制定、仲裁谈判等方面与发达国家相比还有较大差距。缺少相关规则的制定权和话语权，使我国对外贸易的命运走势难免要受到他国的牵制。不断加强优化我国对外贸易制度安排，切实掌握国际贸易规则制定的参与权和话语权，才能扎实推进我国贸易强国建设之路。优化我国外贸制度安排，离不开自贸区战略的加速实施以及社会主义市场经济制度的不断完善。

一、继续推进我国自贸区建设的试点探索

我国于 2007 年首次提出"实施自由贸易区战略"，在 2012 年强调要"加快实施自由贸易区战略"，在 2013 年突出"加快自由贸易区建设"，再到 2017 年做出"推进贸易强国建设，探索建设自由贸易港"，不难看出，自由贸易区战略已升级为国家层面的战略，体现了国家对自贸区建设的高度重视。为了推进贸易强国建设、全面深化改革以及适应经济

全球化的新发展特征，我国除了需要加快国内经济结构转型升级以外，还要加紧落实自由贸易区战略。自由贸易区战略是提高我国国际地位、争取我国在国际贸易规则方面制定权与话语权的关键战略，还是推动我国贸易与投资自由化、便利化水平的重要法宝。在当前我国对外贸易发展态势疲软的前提下，自由贸易区战略可以为我国实现对外贸易方式转变以及打造经济发展新增长极提供模式探索，以刺激我国经济迸发出新活力。

我国的自贸区建设分为两个部分，一个是自由贸易区的建设，另一个则是自由贸易试验区的建设。自由贸易区是指通过缔结相关贸易协定或关税条约，将两个或两个以上国家或者地区结合在一起共同遵守有关协定或者条约的区域经济组织。目前我国已经与瑞士、巴基斯坦、澳大利亚、东盟等国家或者国家联盟建立起了自由贸易区。自由贸易试验区是指某个国家或地区在其主权领土上选取特地区域，在这片特定区域内免征外国商品关税并允许外国商品自由进出，具有这种贸易投资政策优惠的区域就是自由贸易试验区。目前我国已经建立起包括上海自由贸易试验区在内的12个自由贸易试验区。因此，继续推进我国自贸区建设的探索分别需要从两个方面出发。

一方面，关于推进自由贸易区的建设，有以下几点政策建议：

第一，完善自由贸易区战略布局，构建自由贸易区全球网络。自由贸易区战略是一项任务艰巨、程序复杂的长期系统工程。为了促成我国与"一带一路"沿线国家尽快建立自由贸易区，把我国与"一带一路"沿线国家的社会发展前景和经济利益紧密结合起来，实现共同发展的双赢局面，需要以周边国家为战略规划起点，以此搭建起贯穿"一带一路"、向全球开放的高水平、高质量自由贸易区网络。自由贸易区战略布局的完善还要求我国不断加强国际谈判能力，以稳步推进与相关国家建立自由贸易区的谈判进程，集中力量解决与他国共建自由贸易区的谈判难题，促成相关自由贸易区建设提上议程。

在当前我国的自由贸易区建设进程中，要积极推动中国—以色列、中国—斯里兰卡、中国—巴拿马等自由贸易区谈判取得突破，加紧研讨我国与哥伦比亚、斐济、加拿大、蒙古等国建立自由贸易区的可行性，不断探索与新兴市场建立自由贸易区或者自由贸易港的新型贸易合作模式。对于已签订协议的自由贸易区，继续推进自贸协定的升级谈判，以促成更多优惠政策和落实实际成果吸引更多国家与我国共建自由贸易区，使得自由贸易区战略成为区域经济合作的新典范。

第二，与已经建立自由贸易区或者探索建设自由贸易区的国家加强经济交往，努力学习、不断借鉴发达国家建设自由贸易区或者自由贸易港的优秀经验。德国、荷兰、意大利等传统欧洲经济强国拥有得天独厚的天然海港，在自由贸易区以及自由贸易港建设方面有丰富的经验，我国可以与这些国家加强经济贸易来往，进行务实合作，推动双方战略合作伙伴关系升级，以期在贸易往来过程中不断学习他们优秀的自由贸易区建设经验。我国已经与欧洲国家瑞士和冰岛签订自由贸易区建设协议，可以借此作为与欧洲其他国家开启自由贸易区建设谈判的突破口，特别是与德国、意大利、荷兰这些传统贸易强国成立自由贸易区的谈判。

此外，我国还要不断扩大边境贸易的范围。借助"一带一路"建设、上海合作组织以及博鳌论坛的国际影响力，增强与周边国家的经济合作力度和增进双边政策沟通，帮助周边国家进一步改善当地的基础设施条件，为我国与周边国家发展边境贸易打好扎实基础，从而进一步开启与周边国家的自由贸易区建设谈判，以点带面，使自由贸易区成为"一带一路"建设的关键环节。

第三，全面谋划对我国有利的国际贸易标准体系。美欧等发达经济体已经在全球推行新一代国际贸易投资规则，这样一来，虽然会对我国自由贸易区的拓展形成严峻挑战，但是这些规则也及时为我国敲响警钟，提醒我们仍然需要不断提升我国在国际贸易投资规则制定方面的参与权与话语权。我国今后需要提前设计好既符合全球通行的国际贸易投资规则，又符合我国长远发展利益的对外贸易以及海外投资的战略，尽可能联合其他受到欧美发达经济体打压的发展中国家，利用与这些国家开展自由贸易区建设，以构建有利于我国经济结构转型升级的国际贸易标准体系。

另一方面，关于推进自由贸易试验区的建设，有以下几点政策建议：

第一，创新相关制度，摆脱行政束缚，差异化自由贸易试验区发展，实施区域经济发展新引擎。在实际推进自由贸易试验区建设的过程中，不断总结以往失败经验，深化自由贸易试验区制度改革，不再以政策优惠作为自由贸易试验区的特色，而是通过提高自由贸易试验区的贸易投资自由程度、便利程度，全面迸发制度创新的活力，将建设成熟的自由贸易试验区作为示范单位在全国其他地区进行推广，逐步形成富有中国特色的可复制、可推广的自由贸易试验区建设经验。此外，建设自由贸易试验区还需要打破行政束缚，完善设立自由贸易试验区的综合评估体系，对任何具备建设自由贸易试验区条件的地区要积极鼓励支持，然后根据不同地区的资源禀赋以及地理条件进行自由贸易试验区的功能分化，在全国形成具有不同功能特色的自由贸易试验区的科学合理布局，以充分发挥自由贸易试验区对区域经济发展的新引擎作用。

第二，扩大自由贸易试验区的开放程度，以高标准、高质量统筹各方利益。建设高标准、高质量的自由贸易试验区对我国相关产业的发展是一把双刃剑，虽然通过吸引优质外资、先进技术以及专业人才促进相关产业的发展，有利于推动我国产业结构的调整升级，但需要我国相关产业进一步扩大对外开放程度，这就使得我国相关产业必须要面对来自外国相关产业的竞争冲击。因此，在规划建设自由贸易试验区之前，可以借助专业评估机构或者高等院校来综合评估和测算自由贸易试验区建设对当地相关产业发展的影响。在保证评估结果科学合理的前提下，若自由贸易试验区建设可以有效促进当地相关产业的发展，则可以进一步开放该产业；反之，则应该采取幼稚产业保护政策，维持现状甚至降低开放程度，以减少外来冲击对该产业的不利影响。

第三，自由贸易试验区的建设还要强化功能定位。在功能定位上，一方面，我国自由贸易试验区可以往转口集散型贸易区方向进行转变。欧洲大多数自由贸易港基本属于转口集散型，注重货物贸易自由、资本投资自由以及金融服务自由综合建设。这些自由贸易港的主要功能是港口货物的仓储、自由流动或者对港口货物进行商业性加工与转运，主要特点在于为转口贸易提供保税业务，为出口企业免除高额出口税费，降低出口企业经营成本。另一方面，我国自由贸易试验区还可以往贸易加工综合型贸易区转变。贸易加工综合型贸易区是目前世界上广受欢迎的自由贸易试验区类型，例如迪拜自由贸易区就是其中的典型代表，涵盖范围包括设备制造、物流、教育、金融和航空等。

我国建设贸易加工综合型贸易区可以借鉴迪拜自由贸易区的成功经验：首先，突破限制出口贸易发展的政策框架，大胆创新自由贸易试验区的税收政策。在自由贸易试验区金融交易和离岸贸易上适当降低税率，而对于出口企业的海外投资收益方面，可以适当实行企业所得税分期缴纳的优惠政策，减少出口企业税负压力。此外，还可以出台各种特殊补贴优惠政策与税费减免政策，扶持出口企业的发展。其次，由于我国自由贸易试验区选址均考虑了良好的地理区位优势，因此，我国可以充分发挥试验区所具备的区位优势，将大型保税物流节点与自由贸易试验区结合起来，由此形成"航空港＋海港＋自由贸易试验区"的对外贸易格局，加快物流运输速度，创新物流运输模式。最后，设立保税仓库区。在保税仓库区里的保税进口商品除了不需办理进口手续外，出口企业还可以对其进行分级、处理以及再包装等再加工操作，不仅方便出口企业进行加工贸易，一定程度上也促进自由贸易试验区的货物自由流动，还有利于减少出口企业的仓储成本，帮助提升出口企业利润。

二、推动出口预警机制建立，不断完善知识产权保护制度

推进贸易强国建设，需要不断完善我国的社会主义市场经济制度。只有完善好市场经济制度，发展好自身，掌握外贸规则制定的参与权和话语权，才不会惧怕其他国家挑起与中国的贸易战。推进贸易强国建设，完善市场经济制度，一是要从量的角度出发，建立我国的出口预警机制，规避外国贸易壁垒，减少他国的反倾销调查威胁；二是从质的角度出发，完善我国的知识产权制度，促进知识产权有效转化，争做国际标准的领导者和制定者。

第一，建立出口预警机制，规范出口秩序，规避外国贸易壁垒。我国加入世贸组织时承诺接受过渡时期的特殊保障条款和允许其他世贸组织成员继续采用"非市场经济"的方式处理对华反倾销。这两条限制性承诺，再加上我国多年遭受国外产业安全保护措施的严重损害，都促使我国尽快建立出口预警机制，规范我国的出口秩序。我国需要尽快创建或加入国际化的工农产品市场专业网站，及时追踪并提供反映国际市场需求关系的价格信息，为我国的出口报价和成交促成提供及时有效服务，以防在出口数量庞大的情况下，由

于我国出口报价偏低，招致国外反倾销调查。我国需要重点监测主要出口产品的价格、数量和金额以及总规模的变动情况，尽快建立包括矿物原材料、钢材、化工产品、五金产品、箱包、服装、鞋帽以及家具等在内的，容易引起国外对我国实施反倾销调查、设置贸易壁垒的有关产品的出口动态监测系统，通过及时调整这些产品的出口规模、出口总额以及出口目的国，从而避免来自国外贸易保护主义的威胁，保障我国的切身利益。我国还需要重点监测主要进口国家或地区从我国进口产品的价格、数量和金额以及总规模的变动情况，实时监测进口市场的重要分布及其变动情况，以防止进口市场过于集中，同时也要防止对特定国家的进口增幅过大而招致对方使用"两反两保"等措施使我国利益受损。我国必须要求出口企业严格按照国际实际供求状况和参考国内销售价格，做出科学合规的对外报价，而且要特别注意，对外报价不得低于国内销售价格，以免遭遇国外反倾销调查。有效规范出口秩序，关键是要防范出口企业的投机心理，即一旦注意到国际市场何种产品热销，出口企业就立马购置生产线生产、出口这种产品，从而导致这种产品在国内供不应求，销售价格虚高，而在国外供过于求，销售价格被压低，一旦国内销售价格高于国外销售价格，还可能招致国外反倾销起诉。此外，对于进行恶性竞争、严重扰乱出口秩序的有关出口企业，要严肃处理，必要时取消其出口经营资格或采取其他处罚举措，以免对出口市场造成不良影响。

第二，完善我国知识产权管理制度，促进知识产权的有效转化。知识产权管理制度是完善社会主义市场经济的关键部分，产自于市场经济，也服务于市场经济，对我国包括出口贸易在内的不同领域企业的产权保护有着不可或缺的作用。我国当前的社会主义市场经济制度仍不成熟，还需要进一步完善，让政府在提供社会服务方面以及市场在配置社会资源方面各自发挥应有的优势和作用；需要不断完善现代企业管理制度，改变以往企业管理普遍存在的发展弊端，诸如产权划定不明确、资金链不持续不稳定、管理架构混乱等问题。只有这样，积极创造和保护知识产权才能成为企业和其他微观主体的内在需求和追求。我国政府可以借鉴世贸组织《与贸易有关的知识产权协定》或者世界上比较成熟的知识产权国际协议公约，不断修改和充分完善我国知识产权立法，依法严格保护知识产权。根据加入世贸组织时所许的承诺和世贸组织的相关规则，要对国内外知识产权的保护均实行国民待遇，建立公平竞争的市场环境。

我国需要继续完善当前国家知识产权局组织机构，实现科学管理，更好发挥国家知识产权局在认定知识产权、对内对外协调知识产权保护相关工作的作用，确保实现知识产权的整体保护。此外，还要加快培养我国有关知识产权保护的法律人才，不仅要加强高等院校的法学院或者知识产权学院的建设以及资金支持力度，不断提高知识产权保护的相关法律人才待遇，还需要向社会群众进行普法教育，以在全社会形成学习知识产权法、保护知识产权的良好社会风气。

最后，将当前我国的科技成果管理统一纳入知识产权管理体制框架。我国现行的科技成果管理制度存在诸多弊端，例如科技成果得分在我国职称评选体系中所占比重过大，对科技成果缺乏切实的法律保护，忽略了科技成果如何实现实体落地的有效转化，对科技成果的研究大多停留在理论层面等。这样可能导致科技成果仅实现理论上的验证而无现实实体落地，最坏的后果是被他国发现机会并抢先注册为知识产权，窃取我国的科技成果。总的来说，因为法律只保护知识产权，但没有保护科技成果，因此，需要尽快完善我国知识产权管理制度，积极推动已有科技成果进一步转化为知识产权，同时也为实现知识产权经济效益化转化提供制度保障，为切实推进我国实现贸易强国建设目标打上强心针。

参考文献

［1］ BUREAU OF INDUSTRY AND SECURITY, U. S. DEPARTMENT OF COMMERCE. Revisions and clarification of export and re-export controls for the People's Republic of China (PRC); new authorization validated end-user; revision of import certificate and PRC end-user statement requirements ［J］. Federal register, 2007.

［2］ 中华人民共和国国务院新闻办公室. 中国的对外贸易 ［J］. 北京周报（英文版），2011, 54 (51).

［3］ 特里芬. 黄金与美元危机 ［M］. 陈尚霖，雷达，译. 北京：商务印书馆，1997.

［4］ JOHNSON R C. Five facts about value-added exports and implications for macroeconomics and trade research ［J］. Journal of economic perspectives, 2014, 28 (2).

［5］ JOHNSON R C & NOGUERA G. A portrait of trade in value-added over four decades ［J］. Review of economics and statistics, 2017, 99 (5).

［6］ KOOPMAN R, WANG Z & WEI S J. How much of Chinese exports is really made in China? Assessing domestic value-added when processing trade is pervasive ［R］. National bureau of economic research, 2008.

［7］ KOOPMAN R, WANG Z & WEI S J. Tracing value-added and double counting in gross exports ［J］. American economic review, 2014, 104 (2).

［8］ 王岚，盛斌. 全球价值链分工背景下的中美增加值贸易与双边贸易利益 ［J］. 财经研究，2014, 40 (9).

［9］ 黎峰. 全球价值链分工下的双边贸易收益核算：以中美贸易为例 ［J］. 南方经济，2015, 33 (8).

［10］ KRUGMAN P R & OBSTFELD M. 国际经济学：理论与政策 ［M］. 北京：清华大学出版社，2008.

［11］ CLINE W R & KIM J. Renminbi undervaluation, China's surplus, and the US trade deficit ［R］. Peterson institute for international economics, 2010.

［12］ AGHION P, CAI J, DEWATRIPONT M, et al. Industrial policy and competition ［J］. American economic journal：macroeconomics, 2015, 7 (4).

［13］ ZENG D Z. How do special economic zones and industrial clusters drive China's rapid development? ［M］. The world bank, 2011.

［14］张新民，张婷婷，陈德球．产业政策、融资约束与企业投资效率［J］．会计研究，2017（4）．

［15］RODRIK D. Coordination failures and government policy: a model with applications to East Asia and Eastern Europe［J］. Journal of international economics, 1996, 40（1）.

［16］WALLSTEN S. The effects of government-industry R&D programs on private R&D: the case of the small business innovation research program［J］. Rand journal of economics, 2000, 31（1）.

［17］TASSEY G. Policy issues for R&D investment in a knowledge-based economy［J］. Journal of technology transfer, 2004, 29（2）.

［18］黎文靖，郑曼妮．实质性创新还是策略性创新？——宏观产业政策对微观企业创新的影响［J］．经济研究，2016（4）.

［19］LIN J & CHANG H. Should industrial policy in developing countries conform to comparative advantage or defy it? A debate between Justin Lin and Ha-Joon Chang［J］. Development policy review, 2009, 27（5）.

［20］KLINE P & MORETTI E. Local economic development, agglomeration economies, and the big push: 100 years of evidence from the Tennessee Valley Authority［J］. Quarterly journal of economics, 2013, 129（1）.

［21］MURPHY K, SHLEIFER A & VISHNY R. Industrialization and the big push［J］. Journal of political economy, 1989, 97（5）.

［22］GREENWALD B & STIGLITZ J. Helping infant economies grow: foundations of trade policies for developing countries［J］. American economic review, 2006, 96（2）.

［23］韩永辉，黄亮雄，王贤彬．产业政策推动地方产业结构升级了吗？——基于发展型地方政府的理论解释与实证检验［J］．经济研究，2017（8）.

［24］江飞涛，李晓萍．直接干预市场与限制竞争：中国产业政策的取向与根本缺陷［J］．中国工业经济，2010（9）.

［25］耿强，胡睿昕．企业获得政府补贴的影响因素分析——基于工业企业数据库的实证研究［J］．审计与经济研究，2013（6）.

［26］BLONIGEN B & WILSON W. Foreign subsidization and excess capacity［J］. Journal of international economics, 2005, 80（2）.

［27］张曙光．市场主导与政府诱导——评林毅夫的《新结构经济学》［J］．经济学（季刊），2013（2）.

［28］HAUSMAN R & RODRIK D. Economic development as selfdiscovery［J］. Journal of development economics, 2003, 27（2）.

［29］RODRIK D. What's so special about China's exports?［J］. China and world economy, 2006, 14 (5).

[30] 裴长洪, 刘洪愧. 中国怎样迈向贸易强国: 一个新的分析思路 [J]. 经济研究, 2017 (5).

[31] 林毅夫, 蔡昉, 李周. 比较优势与发展战略——对东亚奇迹的再解释 [J]. 中国社会科学, 1999 (5).

[32] HANDLEY K & LIMAO N. Trade and investment under policy uncertainty: theory and firm evidence [J]. American economic journal: economic policy, 2015, 7 (4).

[33] HANDLEY K & LIMAO N. Policy uncertainty, trade, and welfare: theory and evidence for China and the United States [J]. American economic review, 2017, 107 (9).

[34] 宋凌云, 王贤彬. 重点产业政策、资源重置与产业生产率 [J]. 管理世界, 2013 (12).

[35] HUANG H & LABYS W C. Environment and trade: a review of issues and methods [J]. International journal of global environmental issues, 2002, 2 (1 - 2).

[36] LEVINSON A & TAYLOR M S. Unmasking the pollution haven effect [J]. International economic review, 2008, 49 (1).

[37] HERING L & PONCET S. Environmental policy and exports: evidence from Chinese cities [J]. Journal of environmental economics and management, 2014, 68 (2).

[38] 张先锋, 陈永安, 吴飞飞. 出口产品质量升级能否缓解中国对外贸易摩擦 [J]. 中国工业经济, 2018 (7).

[39] KHANDELWAL A. The long and short (of) quality ladders [J]. The review of economic studies, 2010, 77 (4).

[40] VERHOOGEN E A. Trade, quality upgrading, and wage inequality in the Mexican manufacturing sector [J]. Quarterly journal of economics, 2008, 123 (2).

[41] CHEN N & JUVENAL L. Quality, trade, and exchange rate pass-through [J]. Journal of international economics, 2016 (100).

后 记

从改革开放、加入世界贸易组织到建设"一带一路",我国对外开放水平不断提高,同时,在共筑人类命运共同体的信仰下,我国一直坚持为实现全世界各国和平发展、共同繁荣做出力所能及的贡献。2018年是全面贯彻落实党的十九大发展目标的开端之年,在当前国际贸易保护主义抬头的不利情势下,建设现代化经济体系、推进贸易强国建设的发展目标注定不可能一帆风顺。因此,了解我国出口贸易现状、分析我国出口贸易发展瓶颈以及研究如何推进贸易强国建设的必要性就显得尤为突出。基于这些研究问题,本书分析得出推进我国建成贸易强国可以从粗放型出口模式向集约型出口模式转变、推进自由贸易区和自由贸易试验区建设、推进"一带一路"建设、深入推进对外合作以及优化对外贸易的制度安排等五个方面入手。本书从多个角度出发,有助于读者理清我国出口贸易的发展历程以及了解如何把我国建成贸易强国。

本书各个章节内容的分工如下:柳仁知负责撰写第一章"中国出口贸易的现状分析";丁文静负责撰写第二章"中国自由贸易试验区建设";陈婕负责撰写第三章"'一带一路'建设";郑童负责撰写第四章"中国的对外援助";董洁妙负责撰写第五章"中美贸易摩擦";吴佳楷负责撰写第六章"如何推进贸易强国建设"。我负责制定全书的框架以及各部分撰写的提纲。吴佳楷与我共同负责最后的统稿、定稿和校对工作。

最后,衷心感谢编写组各位作者的不懈努力!本书的编写得到暨南大学产业经济研究院的大力支持。感谢暨南大学产业大数据应用与经济决策研究实验室的研究经费资助。由于编写时间较为紧迫,且平日作者们各自承担较重的科研和学习任务,错漏之处在所难免。恳请读者和业内专家不吝批评指教,以望未来进一步完善本书研究,共同为我国建成贸易强国出谋划策。本书所表达的观点仅代表每一章节作者的观点,不代表作者所在单位(机构)的观点。

余壮雄

2018年8月于暨南园